Klassische Musik, Konzert und Kommunikation
Fallstudien und Grundzüge eines Markenkonzepts für Ensembles

Der vollständige Titel der dieser Publikation zugrunde liegenden wissenschaftlichen Arbeit lautet:

„Klassische Musik und Konzert als Form und Thema der Kommunikation – Fallstudien und Grundzüge einer ganzheitlichen Markenführung für Ensembles“

Eine wissenschaftliche Publikation der Edition Stiftung Ascolta la Musica

Felicitas Irene Birckenbach

Klassische Musik, Konzert und Kommunikation

Fallstudien und Grundzüge eines Markenkonzepts für Ensembles

AM-Wissenschaft

Impressum

Felicitas Irene Birckenbach, »Klassische Musik, Konzert und Kommunikation – Fallstudien und Grundzüge eines Markenkonzepts für Ensembles«
in der Reihe AM-Wissenschaft der Edition Stiftung Ascolta la Musica

2. unveränderte Auflage/Neuauflage, Berlin 2016
1. Auflage: in der Edition MV-Wissenschaft, Münster 2015
des Verlagshauses Monsenstein und Vannerdat mit der ISBN 978-3-95645-678-7
Umschlagfoto: Ausschnitt aus dem Ricercare in ‚Das musikalische Opfer' von Johann Sebastian Bach aus IMSLP (Urheberrecht: Public Domain, Details vgl. Abbildungsverzeichnis)
Korrektorat der wissenschaftlichen Studie:
Marlis Appel, literale – Lektorat & Korrektorat, Troisdorf
Umschlaggestaltung: Felicitas Irene Birckenbach
Druck und Bindung: epubli, ein Service der neopubli GmbH, Berlin
Druck auf FSC-zertifiziertem Papier

Bibliographische Informationen der Deutschen Nationalbibliothek:
Detaillierte Daten zu dieser Publikation unter www.dnb.de

ISBN 978-3-7418-7373-7

Inhalt

Gliederung Anhang

Abbildungsverzeichnis

Abkürzungsverzeichnis

A	Anhang
Abb.	Abbildung
Abs.	Abschnitt
AD	Audience Development
ausf.	ausführlich
BPhil	Berliner Philharmoniker; Abkürzung wird auf der Website verwendet, z.B. Zukunft@BPhil, Education@BPhil
bspw.	beispielsweise
bzw.	beziehungsweise
COE	Chamber Orchestra of Europe
CRM	Customer Relationship Management bzw. Customer Retention Management (Kundenbeziehungs- bzw. -bindungsmanagement)
d.h.	das heißt
DIW	Deutsches Institut für Wirtschaftsforschung
DgCH	Digital Concert Hall
E	Zitat einer Aussage aus den Experteninterviews
et al.	und andere
etc.	et cetera
evt.	eventuell
E und U	die sogenannte ernste und unterhaltende Musik – eine Abgrenzung der GEMA
FB	die Verfasserin
f. / ff.	folgende / fortfolgende
GEMA	Gesellschaft für musikalische Aufführungs- und mechanische Vervielfältigungsrechte
gen.	genannt
ggf.	gegebenenfalls
inkl.	inklusive
Hrsg.	Herausgeber
i.w.S.	im weiteren Sinne
Kap.	Kapitel
LFO	Lucerne Festival Orchestra
LSO	London Symphony Orchestra
MCO	Mahler Chamber Orchestra; Abkürzung wird verwendet auf Website, im (bish.) Logo u. bei Projekten u. Initiativen wie MCO Landings, MCO-Education, MCO Foundation
MR	Media Relations

MINT	MINT-Fächer: Mathematik, Informatik, Naturwissenschaften, Technik
MIZ	Deutsches Musikinformationszentrum
o.A.	ohne Autorenangabe
o.g.	oben genannt
o.J.	ohne Jahresangabe
PA	Public Affairs (Lobbying)
PR	Public Relations
s. / s.a.	siehe / siehe auch
u.a.	unter anderem
USP	Unique Selling Proposition; Marketingbezeichnung für Alleinstellungsmerkmale
v.a.	vor allem
vgl.	vergleiche
WEDO	West-Eastern Divan Orchestra; Abkürzung teils vom Orchester verwendet (teils auch als ‚Divan' bezeichnet)
ZAD	Zentrum für Audience Development
z.B.	zum Beispiel
0	Quelle ohne Seitenangabe (oft bei Onlinequellen) – Seite Null

1 Einleitung

"An orchestra should continue to perform Beethoven and Tschaikowsky - wouldn't it be awful if the 'museum' dies? But it will have to change if it itself isn't going to fade away. There shouldn't just be the 'museum concerts' with the token new piece now and then [...] It's just that there should be different kinds of 'museums' for different kinds of stuff ..." (Leonard Bernstein in Cott 2013: 117)[1]

Ein ‚Blitzlicht' auf klassische Musik und Konzert zeigt derzeit ein widersprüchliches Bild, das insgesamt geprägt ist von Herausforderungen, Veränderungen und teils kontroversen Diskussionen um Tradition, Moderne und Relevanz.

1.1 Herausforderungen und Veränderungen

„Kaum Interesse an klassischer Musik" war der Titel einer Pressemitteilung der Körber-Stiftung zu den Ergebnissen einer Forsa-Umfrage im Januar 2014. Danach haben 56 Prozent der Menschen unter 30 Jahren in Deutschland keinen Kontakt zu klassischer Musik, sie besuchen keine Konzerte, spielen kein Instrument, singen nicht im Chor (vgl. Körber-Stiftung 2014: 0). Vielen scheint diese Musik zu elitär, zu anstrengend, zu ernst, zu zeitintensiv. Nach wie vor haben Kinder bildungsferner Schichten nur geringe Chancen, mit klassischer Musik vertraut zu werden, zumal der Musikunterricht in den Schulen oft ausfällt. Das bestätigt eine Studie des Rats für Kulturelle Bildung und der Mercator-Stiftung aus dem Juli 2015 (vgl. Rat für Kulturelle Bildung 2015: Studie).

Orchester werden teils aufgelöst oder fusioniert, manche Konzertveranstalter füllen große Teile ihres Programmes mit Pop- und Weltmusik oder ‚Crossover'. Einige Radio-Kultur- und Klassiksender werden bald nur noch via Internet zu hören zu sein. Schlagzeilen wie ‚Kulturinfarkt' im Jahr 2012 (vgl. Fischer 2012: 0), „Who Killed Classical Music?" (BBC 2014: 0) oder „Massacre Culturel" (de Caluwe 2014: 0) werden von den Medien aufgegriffen. Der Pianist Glenn Gould prognostizierte bereits vor Jahren den Tod des klassischen Konzertes (Gould 1986: 297). „Hört auf zu jammern", mahnt hingegen die Wochenzeitung ‚Die Zeit' (Hagedorn 2015: 0).

Der Dirigent Kent Nagano hält mit „Erwarten Sie Wunder“ (Nagano 2014: Titel des Buches) ein Plädoyer für eine größere Bedeutung der klassischen Musik in der Gesellschaft und eine Neuausrichtung von Konzertbetrieb und Schulbildung. Das DIW meldet eine Zunahme des Konzert- und Kulturbesuchs in Deutschland und der Jugendaktivitäten von Orchestern (vgl. DIW 2015: 0). Im Dezember 2014 wurden die deutschen Orchester (gemeinsam mit den Theatern) von der Deutschen UNESCO-Kommission in die neue bundesweite Liste des immateriellen Kulturerbes aufgenommen (vgl. Richter 2015a: 0) – was teils begrüßt, teils als „strukturkonservativ unter Denkmalschutz stellen“ kritisiert wird (Klein 2011a: 35).

Unter den Überschriften ‚Publikumsentwicklung – Audience Development – Musikvermittlung – Education – Konzertformate‘ sind seit einigen Jahren zahlreiche Initiativen und Ansätze für eine Öffnung und Revitalisierung des Konzertlebens zu beobachten. Dies wird unterstützt von privaten Stiftungen gerade mit Blick auf kulturelle Bildung und gesellschaftlichen Zusammenhalt. Neue Kammerorchester, Streichquartette, hoch qualifizierte, auf Kammermusik ausgerichtete Ensembles werden gegründet und bringen Dynamik in die traditionelle Klassikwelt. Hinzu kommt eine „blühende Musikfestival-Kultur“ (Nagano 2014: 12).

Die Diskussionen zeigen, dass die ‚klassische Musik‘ mit großen Herausforderungen konfrontiert ist, die sowohl das Konzert als auch die Musikwirtschaft mit ihren medialen Angeboten (LP, CD, Downloads, Streaming) betreffen. Es sind nicht allein Trends im Klassikmarkt, sondern Veränderungen des gesellschaftlich-wirtschaftlichen Umfeldes und der Rahmenbedingungen: Konzertformen und -inhalte, die Rolle und die Wahrnehmung der Musik selbst sind historisch, aber auch heute und künftig im Zusammenhang mit dem aktuellen und perspektivisch zu erwartenden Umfeld zu sehen, in dem Künstler, Ensembles, Konzerthäuser, Festivals und ihre Publikums- und Interessengruppen agieren. Es gilt Antworten zu finden auf den demografischen und gesellschaftlichen Wandel, auf Migration, verändertes Kultur-Konsumverhalten, veränderte Hör-Gewohnheiten wie auch auf die Zweifel an der gesellschaftlichen Akzeptanz von Orchestern und Konzerthäusern sowie auf die Infragestellung von Finanzierung und Aufführungsmöglichkeiten. Es gilt zudem, Gestaltungsspielräume im Interesse von Musik, Hörern, Gesellschaft und Künstlern zu nutzen.

1.2 Motivation und Ausgangsfragen

Die Motivation für diese Publikation entstand einerseits aus der eigenen Verbundenheit mit der ‚klassischen Musik', vielen prägenden Konzerterlebnissen und der Beobachtung, welche Kraft diese Musik über alle Alters-, Kultur- und sozialen Gruppen hinweg haben kann. Andererseits folgt sie der teils kritischen Diskussion um ihre Bedeutung in der Gesellschaft und dem Wunsch, dass diese Musik eine stärkere Präsenz und Zukunft im Leben auch der Menschen haben möge, die bisher nicht das Glück hatten, sie kennen und lieben lernen zu können.

- Wie entfaltet eigentlich die Musik im Konzert ihre ‚Aura', ihre große Kraft als ‚universelle Sprache'?
- Wie ist ihre Brücken bauende Kraft zu erklären, die zum Beispiel auch bei Inklusionskonzerten und bei Willkommens- und Benefizkonzerten für Flüchtlinge zu beobachten ist - und was folgert man daraus?
- Was bedeutet und bewirkt aktives Hören?
- Wie kann eine gelungene Kommunikation über Musik den Zugang zu neuen Publikumsgruppen öffnen?
- Inwiefern verändert sich dadurch das Denken und Verhalten des Publikums, und wie und wo können gesellschaftliche Wirkungen eintreten?
- Welche Schlüsse können daraus gezogen werden für Konzertformen, für die Ausrichtung von Programmen, des Repertoires und das Auftreten von Orchestern und Musikern?
- Welche Chancen bietet dies im Hinblick auf die Bedeutung im Vergleich zu vielen anderen Formen der Freizeitgestaltung?
- Wie können Ansätze aus dem Marketing mit Audience Development und Musikvermittlung in einen Gesamtkontext eingeordnet werden?
- Welche Merkmale zeichnen Marken in der klassischen Musik aus?
- Wie kann eine kluge Markenführung im Konzertwesen dazu beitragen, die Anforderungen von Markt, Umfeld und Publikum mit dem genuinen künstlerischen Anliegen in Balance zu bringen, und was bedeutet das für die Künstler?
- Wo bleibt bei all den Management-Aktivitäten die Musik als Kunst?

Abb.1: Einige Ausgangsfragen

Die Teilaspekte für die Fragestellung resultieren zunächst aus Überlegungen zum möglichen Zusammenhang von Konzerterleben als ästhetischer Erfahrung, der sozialen Relevanz der klassischen Musik als

Kunst- und Ausdrucksform und den Facetten und Möglichkeiten der Kommunikation und Markenführung als verbindendem Element.
Während zu einzelnen Aspekten teils umfangreiche Literatur existiert, sind diese Themen bislang kaum in der angesprochenen Verbindung betrachtet worden.

1.3 Zielsetzung

Anhand von Fallstudien und weiteren Überlegungen soll gezeigt werden, welche Rolle die Kommunikation mit und über klassische Musik übernehmen könnte, um die gesellschaftliche Bedeutung dieser Musik vor allem in Form des Konzerts zu stärken. Es wird aus verschiedenen Perspektiven analysiert, wie die kommunikativen Aspekte von Musik als Kernelement einer ganzheitlichen Markenführung synergetisch zusammenwirken können. Dabei geht es um eine Balance zwischen Identität und Auftrag eines Ensembles mit einem künstlerischen Qualitätsanspruch und der Besonderheit der Musik als Kunstform einerseits und der notwendigen Ausrichtung an Publikum und Umfeld andererseits.

Gefragt wird auch danach, welchen Bezug das Hör- und Konzerterleben beim Publikum und dessen Wirkungspotenzial zum Gelingen der Kommunikation und zum Streben nach gesellschaftlicher Relevanz aufweist. Insofern soll herausgearbeitet werden, wie eine solche markenorientierte Kommunikation auf verschiedenen Ebenen die Verbindung zwischen der Innen- bzw. Kunstperspektive und der Außen- bzw. Marktperspektive herstellen kann, um den inhaltlichen und ökonomischen Herausforderungen mit einem starken, künstlerischen, unverwechselbaren Profil zu begegnen (vgl. Kap. 2)[2].

1.4 Eingrenzung des Themas

Die Fragen werden für Orchester bzw. freie Ensembles unterschiedlicher Größe unter dem gemeinsamen Terminus ‚Ensemble‘ mit Fokus auf Konzerte untersucht. Nur Musiker können sowohl mittels als auch über Musik ‚sprechen‘. Konzerthäuser und Festivals, für die ähnliche Herausforderungen gelten, werden hier vor allem in ihrer Rolle als wichtige Partner und programmatische und organisatorische Anbieter von Konzerten in die Überlegungen einbezogen.

Nicht behandelt werden also Themen der Opernhäuser und ihrer Orchester. Grund dafür sind die Besonderheiten des Musiktheater-Betriebs mit Bühnenbild, Handlung und Inszenierung als Faktoren neben der Musik (zur Abgrenzung vgl. Mertens 2010: 24).

Auch die Besonderheiten solistischer Karrieren werden nicht detailliert betrachtet, weil die Kommunikation für ‚Personenmarken' anders und teils über Künstleragenturen und Plattenfirmen gesteuert wird. Nicht betrachtet wird außerdem der Bereich der Musik- bzw. Medienindustrie inkl. der Streaming-Dienste, die ganz andere Fragen bearbeiten. Ebenfalls bleiben die Formen der Kommunikation über Musik seitens der Musikkritik bzw. des Journalismus ausgenommen. Die Überlegungen beziehen sich auf Deutschland, wobei aber Impulse aus Großbritannien, Kanada und USA – besonders aus den Arbeitsfeldern Audience Development, Education, Branding – berücksichtigt werden.

1.5 Aufbau

Die Forschungsfragen und das methodische Vorgehen sind in Kapitel 2 formuliert. Kapitel 3 stellt zunächst die zentralen Akteure vor: Orchester und Ensembles, Konzerthäuser, Festivals auf der Anbieter- und Stakeholder- sowie Publikum auf der Nachfrageseite. Es wirft ein Schlaglicht auf den Status quo und die Herausforderungen des klassischen Konzertwesens in Deutschland, auf die wirtschaftlichen, finanziellen und medialen Rahmenbedingungen sowie wichtige Trends, die sowohl die Entwicklung des Konzertlebens beeinflussen, als auch Themen für die Kommunikation liefern.

Alle folgenden Kapitel betrachten Facetten der Kommunikation im Zusammenhang mit Musik und Konzert. Kapitel 4 porträtiert drei Orchester als Fallstudien im Hinblick auf Entstehen, zentrale Akteure, künstlerische und kommunikative Aktivitäten und skizziert deren Ansätze in Bezug auf Kommunikation und Markenführung. Sie werden für die anschließend diskutierten Themen exemplarisch herangezogen.

Kapitel 5 führt zentrale Begriffe für die Überlegungen ein und behandelt anschließend Grundzüge der Wahrnehmung, Verarbeitung und Wirkung von Musik – auch unter den Aspekten ästhetischen Erlebens als Verbindung von Logik und Emotion, des Musikverstehens und aktiven Hörens. Dieses Konzerterleben bildet die Grundlage für die Musik als Form der Kommunikation zwischen Hörern und Musikern.

Kapitel 6 führt diesen Gedanken weiter und betrachtet die verschiedenen Gestaltungsformen der Kommunikation mit Musik, wie u.a. Fragen der Musik als Sprache, des künstlerischen Ausdrucks, der Programmgestaltung, der Interaktion innerhalb eines Ensembles wie auch mit dem Publikum. Wirkungen des Konzerterlebens als ästhetischer Erfahrung für selbstbestimmtes Handeln und für schöpferische Tätigkeiten zeigen dann den Bezug zur sozialen Funktion von Kultur und zur sozialen Relevanz der klassischen Musik auf.

Während Kapitel 5 und 6 also den Fokus auf die Musik als Form der Kommunikation richten, behandelt Kapitel 7 vor allem die Thematisierung von Musik und Konzert im Kontext mit Marketing, PR und Markenführung. Dabei wird das Konzert zunächst markentechnisch als ‚Produkt' betrachtet, um dann die Besonderheiten und Funktionen einer Markenführung für Ensembles zu skizzieren. Dazu gibt es bisher in der Fachliteratur keine etablierten musikspezifischen Empfehlungen, sodass zunächst der für Dienstleistungsunternehmen und Kulturbetriebe generell empfohlene ‚identitätsorientierte Ansatz' als Grundlage dient.

Er definiert ausgehend von Mission und Identität den Markenkern, analysiert wesentliche Nutzenelemente für die Zielgruppen und leitet daraus eine Soll-Positionierung ab, die mit verschiedenen Instrumenten der Kommunikation im Rahmen der Markenführung umgesetzt wird. Auch diese Überlegungen werden anhand der Fallbeispiele verdeutlicht. Dabei kann gezeigt werden, wie die künstlerischen Anliegen in der Kommunikation mit und über Musik in Botschaften und eine ‚Erzählung' (Storytelling) verdichtet und über Konzerte und Medien verbreitet werden.

Auf Grundlage dieser Betrachtungen führt Kapitel 8 dann die einzelnen Ansätze zu einem Gesamtbild von Musik und Konzert als Form und Thema der Kommunikation zusammen. Es zeichnet Grundzüge einer ganzheitlichen Markenführung für Ensembles und illustriert dies ebenfalls an den Fallstudien. Als Rahmen für die Einschätzung des Nutzens der Kommunikationsmaßnahmen für die intendierten Wirkungen sollen Beiträge für Fortschritte im Hinblick auf vier zentrale Zielfelder[3] ‚Qualität – Publikum – Relevanz – Ressourcen' (in Anlehnung an Siebenhaar 2008: 0), dienen. Kapitel 9 fasst die wesentlichen Punkte zusammen, zeigt als Fazit die wichtigen Schlussfolgerungen auf und skizziert einen Ausblick auf daran anknüpfende und noch offene Fragen.

2 Forschungsdesign

„Andererseits sieht es nicht so aus, als ob das Konzert so schnell verschwinden würde, wie ich es ... zum Wohle der ganzen Menschheit ... gehofft hatte. Es hat sich allerdings verändert.“
(Glenn Gould im Interview; Gould 1986: 297)

2.1 Leitende Fragestellung

Die leitende Forschungsfrage beinhaltet fünf Aspekte. Zunächst (1) geht es darum, die einzelnen Elemente von Musik als Form und Thema der Kommunikation bei allen Beteiligten zu identifizieren, um (2) die damit verbundenen Gestaltungsmöglichkeiten für ein Ensemble aufzuzeigen. Weiter ist (3) zu fragen, wie eine markenorientierte Kommunikation über Musik im Sinne von PR und Marketing im Musik- bzw. Konzertbereich aussehen könnte und wie (4) sich die herausgearbeiteten Elemente über eine ganzheitliche Markenführung verbinden lassen, um den intendierten Ausgleich zwischen Innen- und Außensicht bzw. künstlerischen und ökonomischen Fragen zu ermöglichen. Dabei geht es (5) um die Frage, welche Implikationen dies hat für die aufgezeigten Herausforderungen und das Zielviereck, also für die künstlerische Qualität, das Erreichen des Publikums (räumlich, intellektuell und emotional), die benötigte gesellschaftliche Relevanz und die für das Erzeugen einer hohen musikalischen Qualität und für die öffentliche Kommunikation zur Ansprache eines genügend großen Publikumskreises erforderlichen Ressourcen.

2.2 Methodisches Vorgehen

Entsprechend den eingangs skizzierten Herausforderungen im Klassikbereich steigt die Zahl an Projekten, Experimenten, Innovationen im Hinblick auf neue Konzertformen, Marketing und ‚Audience Development‘, Publikumsforschung, Musikvermittlung und auf Fragen der kulturellen Bildung mit Musik. Die Zahl der Studien wie auch der Perspektiven und wissenschaftlichen Ansätze ist entsprechend umfangreich und diese sind weitgehend nicht aufeinander abgestimmt.

2.2.1 Fachliteratur und Medien

Zu Fragen der Zusammenführung der verschiedenen kommunikativen Aspekte und Ebenen oder der Markenführung für Ensembles gibt es bislang kaum spezifische Literatur. Um dem Anliegen gerecht zu werden, eine Systematisierung vorzunehmen und eine Verbindung herzustellen zwischen den Perspektiven der Musik bzw. der Kultur und des Marketings sowie der Ökonomie, wurde eine Methodenkombination gewählt. Die Überlegungen basieren zunächst auf der Auswertung von Fachliteratur zu verschiedenen Teilaspekten, ergänzt um eine Vielzahl von aktuellen Veröffentlichungen in Tageszeitungen und Mediatheken (v.a. der öffentlichen Sendeanstalten), aber auch in den ‚sozialen Medien', die derzeit ein sehr lebendiges Diskussionsforum bieten. Sie zeigen auch, wie stark der Klassikmarkt zurzeit in Bewegung ist und welche Fragen und Ideen derzeit, teils kontrovers, diskutiert werden.

Weiterhin wurden Fachartikel bzw. vorliegende Studien zur Publikumsforschung ausgewertet. Ergänzend wurden Informationen und Aussagen aus Panel-Diskussionen von zwei Fachkonferenzen in Heidelberg 2014 und 2015 berücksichtigt. Um den künstlerischen Besonderheiten von klassischer Musik und Konzert gerecht werden zu können, werden einige Werke exemplarisch u.a. zur Erläuterung bestimmter Aspekte des Hörens genannt. Zudem werden einige bedeutende Persönlichkeiten des Musiklebens zitiert, besonders hinsichtlich der Fragen des künstlerischen Ausdrucks im Konzert (vgl. Kap. 6).

Jedem Kapitel ist ein die jeweilige Fragestellung betreffendes Zitat vorangestellt – diese Aussagen sind teils gegensätzlich, wie etwa die von Gould und Brendel (Kap. 2 bzw. Kap. 6), was auch die lebhaften Diskussionen illustriert. Im Anhang A2 ist detaillierter ausgeführt, welches Material mit welchen Methoden zu welchem Themenaspekt verwendet wurde. Ein Vorschlag für denkbare weiterführende Markenstudien ist dort ebenfalls hinterlegt. Die entwickelten Überlegungen werden teils mit Grafiken illustriert, auf die wegen der vielfältigen Wechselbeziehungen an verschiedenen Stellen jeweils erneut hingewiesen wird.

2.2.2 Fallstudien

Die Fallstudien dienen vor allem der Diskussion und Veranschaulichung der angesprochenen Themen und Fragestellungen. Die Analyse stützt sich dabei vorrangig auf vorhandenes Sekundärmaterial:

Dokumentationen und Studien, Artikel bzw. Kommentare, in Medien als Text oder Ton vorliegende Aussagen von Akteuren sowie weiteres Medienmaterial wie insbesondere Webseiten und Social-Media-Seiten. Ergänzend fließen Eindrücke aus der teilnehmenden Beobachtung (im Folgenden kurz für die Verfasserin: FB) von Konzerten, offenen Proben und des Konzertumfeldes ein. Für den Schluss auf allgemeine Regeln genügt dies so nicht, kann aber Tendenzen aufzeigen und ein weiteres Befassen mit der Thematik anregen. Ergänzende Informationen finden sich im Anhang.

2.2.3 Experteninterviews

Um die fachliche Perspektive verschiedener Akteure auf die Fragestellung zu berücksichtigen und die in der Literaturrecherche und -auswertung gewonnenen Erkenntnisse und konzeptionellen Überlegungen kritisch zu diskutieren sowie auf Plausibilität zu prüfen, wurden im Zeitraum von 23. Juni bis 13. Juli 2015 acht halbstandardisierte, leitfadengestützte Experteninterviews geführt (auf Basis von Mayer 2008: 37 ff. und Bogner et al. 2014: 24 ff.; Leitfaden siehe A3). Die Interviewpartner verfügen über eine besondere Kenntnis des Klassikmarkts, des Konzert- und Orchesterwesens, der Musikpädagogik und -vermittlung, des Musikjournalismus und des Musizierens (vgl. Abb. 2).

- Kai-Michael Hartig, Leiter Kultur der Körber-Stiftung Hamburg;
- Louwrens Langevoort, Intendant Kölner Philharmonie, Geschäftsführer ‚KölnMusik' GmbH und Künstlerischer Gesamtleiter Festival ‚Acht Brücken – Musik für Köln';
- Berenike Langmaack, Musikerin und Musikpädagogin (Cello, Gesang, Chor); Dozentin Universität Köln;
- Jörg Lengersdorf, Musiker (Violine), Radiomoderator u.a. WDR, SWR (jeweils Kultur- bzw. Klassiksender), Konzertmoderator;
- Gerald Mertens, Geschäftsführer der Deutschen Orchestervereinigung DOV;
- Prof. Dr. Holger Noltze, Professor für Musikjournalismus der TU Dortmund, Journalist, Sprecher des Rats für Kulturelle Bildung;
- Andreas Richter, Geschäftsführer Kulturberatung, Künstlerischer Direktor Esterházy Kulturbetriebe Eisenstadt;
- Thorsten Schmidt, Intendant Musikfestival ‚Heidelberger Frühling'.

Abb.2: Gesprächspartner der Experteninterviews (in alphabetischer Reihenfolge)

Für die Interviews wurde vor allem auf das Wissen, die Beobachtungen und Erfahrungen der Interviewpartner und auf möglichst unterschiedliche Perspektiven zum Thema abgestellt. Die Fragen sind geleitet von der in Abschnitt 1.3 formulierten Zielsetzung und den Forschungsfragen und bewusst offen und assoziativ gehalten, um die jeweilige individuelle Sichtweise und auch unerwartete, aber relevante Aspekte berücksichtigen zu können. Die Expertenmeinungen (vgl. A4) sind in Form von Anregungen und Hinweisen im Text aufgenommen. Der Forschungszeitraum endete am 31. Juli 2015.

2.2.4 Künstleraussagen zum Musizieren und zur Kommunikation mit Musik

Zu dieser ‚Überschrift' als Themenbereich, der in Kapitel 6 analysiert wird, gibt es kaum Literatur. Die Ausführungen resultieren insofern aus der eigenen (FB) Bewertung und Strukturierung diverser Signale, Mitteilungen und Zeichen, die in einem Konzert von Seiten der Aufführenden und der Musik selbst im Rahmen des Konzerts ausgesendet werden können – Möglichkeiten, mit Musik zu kommunizieren. Ergänzend wurden hier Artikel und Essays aus der aktuellen Diskussion um neue Konzertformen herangezogen, die nicht vorrangig – aber auch – den Aspekt des ‚Zugangs' zur Musik behandeln und insofern auch die Suche nach dem Zugang des Hörers, damit die Mitteilung ans Publikum ankommen kann. Die Überlegungen zu dem, was vom Hörer zurückgesendet wird, resultieren aus Aussagen von Künstlern wie Claudio Abbado oder Alfred Brendel wie auch aus eigenem Erleben bei Konzerten. Über derartige Phänomene wird in Konzertrezensionen oft als ‚Magie' berichtet, jedoch nicht erkennbar unter der Überschrift ‚Kommunikation'.
Im Hinblick auf Aussagen zum künstlerischen Ausdruck und zur Kommunikation werden folgende Musiker und Dirigenten zitiert:

- Abbado, Claudio: Dirigent (1933 – 2014), u.a. Chefdirigent der Berliner Philharmoniker, Gründungsdirigent des MCO und COE, Chefdirigent des ‚Lucerne Festival Orchestra' LFO
- Barenboim, Daniel: Pianist und Dirigent, u.a. Chefdirigent des Orchesters der Staatsoper Berlin, Mitbegründer des West Eastern Divan Orchestra WEDO, Buchautor, Inhaber des israelischen und palästinensischen Passes
- Brendel, Alfred: Pianist und Autor von Büchern über Musik

- Bernstein, Leonard (1918 – 1990): US-amerikanischer Komponist, Dirigent und Pianist, Erfinder von Werkeinführungen im Fernsehen, Chefdirigent u.a. des New York Philharmonic Orchestra' in der Nachfolge von Gustav Mahler, Willem Mengelberg, Arturo Toscanini, John Barbirolli, Bruno Walter, Leopold Stokowski und Dimitri Mitropoulos
- Gerhaher, Christian: Lied- und Opern-Bariton, Professor Musikhochschule München, Buchautor
- Gilbert, Alan: Dirigent, Chefdirigent des ‚New York Philharmonic Orchestra' und somit in der Nachfolge von Bernstein stehend
- Gould, Glenn (1932 – 1982): kanadischer Pianist, Komponist, Organist und Musikautor, der sich bewusst von der Konzertbühne zurückzog und auf Studio-Aufnahmen konzentrierte
- Fischer, Iván: Dirigent, u.a. Musikdirektor des Berliner Konzerthauses und Chefdirigent des Konzerthausorchesters Berlin
- Furtwängler, Wilhelm (1886 – 1954): Dirigent, Komponist, Chefdirigent der Berliner Philharmoniker
- Ma, Yo-Yo: Cellist, der sowohl mit Klassik konzertiert, wie auch mit Musik anderer Kulturen (u.a. Silk Road-Project)
- Metzmacher, Ingo: Dirigent, führte u.a. beim Deutschen Symphonie-Orchester Berlin moderierte ‚casual concerts' ein, dirigiert bei Musikfestivals wie u.a. Salzburg und Berlin, Autor mehrerer Musik-Bücher
- Mortier, Gèrard (1943 – 2014): Opern- und Theaterintendant, u.a. Salzburger Festspiele, Ruhrtriennale, Opernhäuser Paris, La Monnaie in Brüssel und Buchautor
- Nagano, Kent: Chefdirigent Staatsoper Hamburg und des ‚Orchestre Symphonique de Montréal', Buchautor
- Nelsons, Andris: u.a. Chefdirigent des ‚Boston Symphony Orchestra', designierter Gewandhauskapellmeister
- Nézet-Séguin, Yannick: Dirigent, Music Director des Philadelphia Orchestra und des ‚Rotterdams Philharmonisch Orkest'
- Nono, Luigi (1924 – 1990): Komponist
- Pärt, Arvo: Komponist und Preisträger des Praemium Imperiale
- Petrenko, Kirill: Dirigent, derzeit Staatsoper München, designierter Chefdirigent der Berliner Philharmoniker
- Rattle, Sir Simon: Chefdirigent der Berliner Philharmoniker und Künstlerischer Leiter der Berliner Philharmonie
- Halsey, Simon: Dirigent, Chorleiter, langjähriger Leiter des Rundfunkchors Berlin
- Stokowski, Leopold (1882 – 1977): Dirigent, Komponist, Arrangeur

Abb. 3: Übersicht zitierte Persönlichkeiten des Musiklebens

2.3 Methodologische Reflexion

Aufgrund der überwiegenden Verwendung von Sekundärmaterial können zu den diskutierten Aspekten vor allem Tendenz-Aussagen getroffen werden – für erste Überlegungen sollte dies jedoch ausreichend sein. Jede verwendete Studie, Medien-Berichterstattung, Beobachtung oder Befragung für sich kann methodische Fehler und Verzerrungen auf Seiten des Studienleiters, Interviewers, Beobachters oder Befragten aufweisen. Eine Aussagekraft lässt sich jedoch damit begründen, dass das Material aus mehreren Jahren und aus unabhängigen Quellen stammt und dennoch Gemeinsamkeiten aufweist. Auf dieser Basis ist eine vorsichtige und kritische Interpretation und Deutung möglich. Dennoch stehen die Aussagen und Folgerungen unter dem Vorbehalt, dass sie für die jeweils zitierten Fälle gelten mögen, eine zu simple Verallgemeinerung aber problematisch ist.

Wie qualitative Forschung generell, so dient auch der Einsatz von Experteninterviews dem Zweck, einzelne Aspekte aus anderer Perspektive zu beleuchten, ergänzen, verstehen und zu plausibilisieren (vgl. Leifeld 2014: 28). Der Leitfaden unterstützt die Strukturierung, Systematisierung und Vergleichbarkeit der Antworten, lässt aber das flexible Eingehen und Nachfragen auf spezifische Aussagen und Anliegen zu. Insgesamt sind die Ergebnisse der Interviews ebenfalls als exemplarisch (und nicht als repräsentativ) zu betrachten. Die für diesen Ansatz typischen Schwierigkeiten waren auch hier vorhanden: das Erreichen von Experten, die Vereinbarung von Terminen, teils sehr kurze Zeitfenster. Die limitierte Zeit führte auch dazu, dass nicht alle Aspekte in der Tiefe besprochen werden konnten. Dennoch haben sich die Gesprächspartner sehr intensiv mit den Fragen auseinandergesetzt und auf einen offenen Dialog eingelassen. Auf die Einhaltung der Gütekriterien (vgl. Leifeld 2014: 31 ff.) Objektivität, Repräsentativität, Validität, Reliabilität wurde geachtet.

Insgesamt sind die erfolgten Schritte und entwickelten Ergebnisse objektiv nachvollziehbar. Fragestellung, Strukturierung und Methoden sind aufeinander abgestimmt.

3 Ausgangssituation – Akteure und Umfeld

„Werte im Wandel, Welt im Wandel [...] Es gibt einen internationalen Trend, der die Künste in Frage stellt [...] Die immer wiederholten Sätze zur Bedeutung von Kunst und Musik für eine Gesellschaft sind kaum mehr als Lippenbekenntnisse, wenn wirtschaftliche und politische Entscheidungen in die entgegengesetzte Richtung führen."
(Nagano 2014: 81)

Dieses Kapitel betrachtet wichtige Akteure, Anspruchsgruppen und deren aktuelle Situation und Herausforderungen, vor allem hinsichtlich des einleitend genannten Zielvierecks ‚Qualität – Publikum – Relevanz – Ressourcen' und möglicher Implikationen für die Kommunikation. Angesprochen werden bereits beobachtete und derzeit absehbare Entwicklungstendenzen der Markt- und Umweltbedingungen im Bereich des klassischen Konzerts. Diesen Wandel beschreiben die Schlagworte: wirtschaftliche, politische und gesellschaftliche Veränderungen wie zunehmender Konkurrenzdruck auf dem „postmodernen Freizeitmarkt" innerhalb der sogenannten „Erlebnis- und Eventgesellschaft", multioptionale Medienangebote, hybride Publikumsinteressen und -gewohnheiten sowie die Auswirkungen des demografischen Wandels mit seinen Hauptausprägungen „älter, bunter und weniger". Risiken für die Finanzierung und damit für die Existenz von Ensembles, Orchestern und Konzertinstitutionen sind sinkende bzw. stagnierende öffentliche Zuwendungen sowie ein zunehmender Legitimationsdruck als „Ausdruck einer grundsätzlichen Infragestellung der kulturellen Dominanz und gesellschaftlichen Vormachtstellung der Hochkultur in einer kulturell stark pluralisierten Gesellschaft" (Glogner-Pilz/Föhl 2011a: 10). Dies führt unter anderem dazu, dass im kommunalen Wahlkampf teils die Interessen der sportinteressierten und die der musikinteressierten Bevölkerungsteile gegeneinander ausgespielt werden.

Besondere Aufmerksamkeit gilt der Zusammensetzung und Entwicklung des Publikums. Die Hörer sind der Schlüssel, um Musik im Konzert als Kunstform lebendig entstehen zu lassen und einen gesellschaftlichen Nutzen zu bewirken, zumal die öffentliche Kulturförderung einen Teil ihrer Legitimation aus genau diesem Vermittlungsanspruch bezieht. Außerdem ist das Publikum ein Fundament der Finanzierung, die aus den Erlösen des Ticketverkaufs sowie aus dem Nachweis eines substanziellen Interesses und Besuchs für etwaige Sponsoren u.a. Partner möglich wird. Verbindendes Element ist auch hier die Kommunikation: ohne Kommunikation keine künstlerische Aussage, keine Qualität der Aufführung. Ohne Kommunikation vorab und danach keine Wirkungen – ohne die Kommunikation der Wirkungen kaum Relevanz, keine Ressourcen, kein Publikum. Die Kommunikation muss immer beides im Blick haben: die Kunst- und die Managementseite.

3.1 Klassikmarkt – Umfeld, Wandel, Megatrends

Der ‚Klassikmarkt' mit Konzerten, Tourneen, Festivals, Vermittlungsprojekten, Medienprodukten etc. ist auf Anbieterseite durch die Ensembles, Orchester, Solisten, Komponisten, Dirigenten und Veranstalter und auf Nachfrageseite durch Publikum, Medien, Förderer, Financiers und Sponsoren geprägt. In Anlehnung an typische strategische Analysen sind auch für diesen Bereich demografische, wirtschaftliche, technologische und soziokulturelle Entwicklungen zu beachten, die sich gegenseitig beeinflussen und jeweils zudem weiteren globalen Megatrends unterliegen (vgl. Günter/Hausmann 2012: 144). Stichworte sind die multiethnisch-buntere Bevölkerungsstruktur, die Relativierung des Begriffs ‚klassische Musik', der ‚Kulturflaneur', der analog zum hybriden Smart-Shopper der Konsumwelt ein anderes Kulturverständnis (das E und U vereint) zeigt, weiterhin die steigende Bedeutung von Eigeneinnahmen und Finanzierung über Sponsoren sowie private Partner (Mäzene, Fördervereine).

Die Megatrends wiederum – wie etwa Globalisierung, Digitalisierung und globale Wissensgesellschaft, neue Arbeitswelten, Wachstum der Weltbevölkerung in Verbindung mit globalen Herausforderungen der Urbanisierung, Ressourcenknappheit, von Umwelt- und Klimawandel sowie Migration – wirken langfristig und unaufhaltsam und tragen stets auch einen Gegentrend in sich, die „Rekursion", um dann beide Pole zu vereinen wie u.a. bei der „Glokalisierung" (Gartiser 2014: 47 ff.). Viele Trends und aktuelle Entwicklungen äußern sich zunächst gar nicht als ‚Kulturtrends', beeinflussen aber Wirtschaft, Politik und Gesellschaft mit Folgen für alle Kultur-Akteure: Sie wirken sich aus auf das Publikum, auf Ressourcen für Konzertanbieter und sie liefern Themen, mit denen sich diese künstlerisch und organisatorisch auseinandersetzen. Im Vorgriff auf spätere Kapitel seien einige Beispiele dafür erwähnt, wie solche Themen bereits bearbeitet werden: Angebote speziell für Familien, Senioren, Migranten, Demenzkranke, Benefiz- und Willkommenskonzerte für Flüchtlinge, Integration von Social Media wie Twitter in Konzerte, Nutzung digitaler Kanäle und Übertragungen in Kinos und als Live-Stream.

Festzuhalten bleibt: Das Publikum kann aus immer mehr Musik, aus immer mehr Musikmedien und -formaten und einem breiten Spektrum unterschiedlicher Kultur- und Erlebnis-Angebote auswählen. Diese Konkurrenz um Aufmerksamkeit, Aktivierung, Zeit und Geld der potenziellen Nutzer gilt immer auch als Argument für die hohe Bedeutung einer professionellen Markenführung im Kulturbereich (vgl. Kap. 7). Besonders hervorzuheben ist hier der Trend der „Ökonomisierung von Lebenswelten" (Höppner 2012: 0). Dieser äußert sich teils in der Ansicht, dass Zeit, die nicht ökonomisch genutzt werde, einer Zeit- und Geldverschwendung gleichkomme, auch mit der Folge der Beschleunigung in allen Aktivitäten und geringerer Konzentrationsfähigkeit. Durch die Digitalisierung ist Musik unabhängig von Ort und Zeit verfügbar und kann individuell konsumiert werden.

Zudem ermöglichen technische Plattformen nicht nur neue Kunstformen und andere kulturelle Erfahrungen, sondern eröffnen auch neue Wege in der Übermittlung der Inhalte (bspw. iPod, iPhone, Streaming, Gemeinschaftskomposition via Internet). Zugleich wird ein Defizit an Orientierungs- und Entscheidungsfähigkeit im Zusammenhang mit ausfallendem Musikunterricht und der Fokussierung auf MINT-Fächer in den Schulen sowie eine „Narkotisierung durch Überreizung" beobachtet (Höppner 2012: 0). Die allgemein bekannten Einflüsse und die Fragen, die sich daraus für die Gestaltung von Konzert und Kommunikation ableiten, wurden somit schlaglichtartig genannt. Diejenigen Aspekte, die für das klassische Konzert, die wichtigen Anspruchsgruppen und somit auch für die Kommunikation und Markenführung besondere Relevanz haben, werden in den folgenden Abschnitten behandelt.

3.2 Akteure – Ensembles als Konzertanbieter

Die Betrachtung zentraler Akteure als Gestalter der Kommunikation mit und über Musik ist hier konzentriert auf professionelle Konzert-, Kammer-, Projektorchester und Ensembles, die überwiegend „klassische Musik aufführen" und „deren Musiker und Mitarbeiter ihre Tätigkeit im und für das Ensemble ausüben, um zumindest teilweise ihren Lebensunterhalt zu verdienen" (Rosu 2014: 1). Beispiele sind Orchester mit und ohne eigene Aufführungsstätte, professionelle freie Ensembles mit und ohne Spezialisierung auf ‚Neue' oder ‚Alte' Musik, aber auch kleinere Kammerensembles oder Projektorchester, wie sie etwa für Festivals oder Konzertreihen gebildet werden. Sie können sowohl öffentlich finanziert und getragen sein, als auch sich ganz bzw. teilweise privat organisieren und finanzieren.

Auf Rechtsform, Träger und Finanzierungsquellen kommt es in diesem Kontext nicht an (in Unterscheidung zum Begriff ‚Kulturorchester', wie er von der DOV verwendet wird und der die öffentliche Finanzierung als eines der Hauptcharakteristika ansieht, vgl. Mertens 2010: 1 f.). Relevant ist hier, ob und dass sie als Organisation in Abstimmung u.a. mit Trägern und Partnern weitgehend autonom ihr Repertoire entwickeln, ihre Konzerte und Tourneen planen und ihr Auftreten und ihre Kommunikation gestalten können. So vielfältig wie die Ensembles sind die Auftrittsstätten wie Konzert- und Kammermusiksäle, Kirchen, Säle in Villen, Schlössern und Burgen, Museen, Veranstaltungsforen (vgl. Mörchen 2008: 0, auch zu Historie von Orchester und öffentlichem Konzert). Als sicher gilt, dass alle Ensembles zukünftig einem härteren Verteilungskampf um öffentliche und private Finanzmittel und steigendem Legitimationsdruck entgegensehen (vgl. Mertens 2014: 15 f.).

3.3 Konzerthäuser und Festivals als Partner

Konzerthäuser und Festivals (vgl. Willnauer 2012: gesamter Aufsatz) vor allem mit eigener Intendanz und Programmplanung sind für Ensembles und Orchester zentrale Partner, auch wenn Orchester und Konzerthaus verbunden sind wie in Berlin oder Leipzig. Auch sie müssen Publikum gewinnen, binden und ihre Programme gegenüber relevanten Anspruchsgruppen etablieren. Zugleich sind sie wichtige Zielgruppen[4], denen gegenüber Ensembles sich mit besonderen Qualitätsmerkmalen positionieren müssen, um Auftrittsmöglichkeiten zu erhalten und so attraktiv für das Publikum zu sein, dass die Säle möglichst ausverkauft sind (vgl. etwa Langevoort 2015: E). Konzerthäuser müssen ihre meist öffentliche Finanzierung legitimieren[5] und die oft auf privater Basis finanzierten Festivals ihre Existenzgrundlage sichern. Dafür brauchen sie qualitativ hochwertige Programme wie auch Künstler und Ensembles als Partner, die diese umsetzen. Vice versa ermöglichen sie den Musikern, über die entsprechende Infrastruktur künstlerische, programmatische und kommunikative Vorstellungen zu realisieren. Es besteht insofern eine Symbiose trotz der jeweiligen Eigenständigkeit sowie im Hinblick auf Kommunikation und Marken eine Komplementarität. Kennzeichnend für die Markenführung von Konzerthäusern und Festivals ist der regionale Bezug (mit dem oft genannten Argument der ‚Umweg-Rentabilität'), was für ein vor Ort residierendes Ensemble gleichermaßen relevant, für andere (freie) Ensembles aber lediglich eine von mehreren Optionen ist (vgl. Kap. 7).

3.4 Bezugsgruppen

Der Begriff ‚Bezugsgruppen' (synonym für Stakeholder, Anspruchs- oder Interessengruppen verwendet) bezeichnet solche Personen und Gruppen, die einen materiellen oder immateriellen Anspruch an eine Organisation richten und sie deshalb in ihrer Entwicklung beeinflussen (vgl. Rosu 2014: 38) und vice versa. Die Frage nach relevanten Anspruchsgruppen stellt sich zunächst aus dem künstlerischen Auftrag heraus, insofern als das Gelingen eines Konzerts nicht nur Musizierende, sondern auch Hörer erfordert (siehe dazu Abschnitt 3.5). Sie stellt sich auch aus strategisch-existenzieller Sicht, denn ein Ensemble ist nur dann überlebensfähig, wenn eine konstruktive Wechselbeziehung mit der gesellschaftlichen Umwelt besteht und es gelingt, mindestens Bekanntheit, Akzeptanz und Vertrauen zu generieren bzw. bestenfalls Nutzen, die sogenannte Value Proposition (vgl. Kap. 7), für diese Gruppen zu beweisen (Bezug zum Zielviereck). Auch für die Gestaltung der Kommunikation ist zu klären, an wen sie sich in welchem Umfeld und Kontext richten soll und welche Folgerungen sich daraus für Inhalte und Form ergeben (vgl. Kap. 7 und 8).

Typisch ist die Differenzierung in interne und externe Anspruchsgruppen (vgl. Rosu 2014: 44). Intern sind dies insbesondere das künstlerische und nicht künstlerische Personal, Träger bzw. Eigentümer, extern insbesondere das Publikum und Kooperationspartner wie Konzerthäuser und Festivals, Fördervereine, Bildungsinstitutionen, Medien, Financiers und Sponsoren, Dienstleister, Interessenverbände, Entscheider und Meinungsführer aus Politik, Kultur und Wirtschaft sowie die allgemeine Öffentlichkeit.

All diese Gruppen haben differierende Erwartungen an künstlerisches Konzept, Programm und Ausrichtung (vgl. Klein 2011a: 72). Zum Feld der Stakeholder gehören aber auch alle Konkurrenten um Aufmerksamkeit, Interesse, Wohlwollen und Zeit des Publikums sowie um Ressourcen (wie Räume, Unterstützung, Finanzmittel) – und dies sind nicht nur andere Klassikanbieter, sondern vor allem die zahllosen Alternativen der Freizeitgestaltung (vgl. Abb. 4)

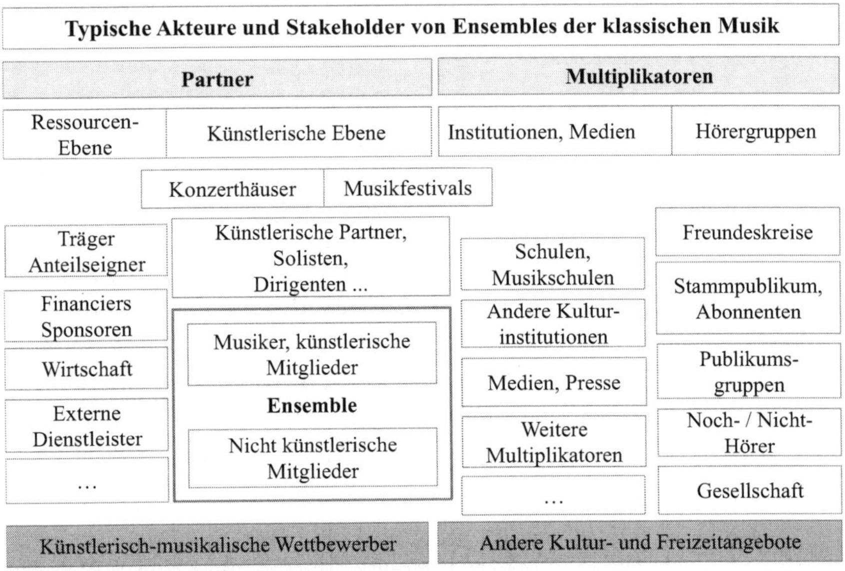

Eigene Darstellung © Birckenbach

Abb. 4: Akteure und Multi-Stakeholder-Struktur

3.5 Publikumsgruppen – die Nachfrageseite

Um Zielgruppen für eine passgenaue Kommunikation in Bezug auf klassische Musik und Konzert zu identifizieren, zu gewinnen und zu binden, werden Informationen über existierende sowie potenzielle Publikumsgruppen benötigt. Nachdem sich in den Organisationen des ‚hochkulturellen Musikbetriebs' ein Bewusstsein dafür unter den Stichworten ‚Besucherbindung' und ‚Audience Development' ausgeprägt hat, sind inzwischen zahlreiche Kultursparten übergreifende sowie musikspezifische Untersuchungen zur Zusammensetzung und Motivation von Publikum und Nicht-Besuchern durchgeführt worden[6].

3.5.1 Publikumsforschung

Die Forschungslage wird als „disparat, heterogen, unsystematisch, polytelisch“ eingeschätzt (Glogner-Pilz/Föhl 2011a: 16 f.), denn verschiedene wissenschaftliche Disziplinen untersuchen ‚das Publikum‘ mit unterschiedlichen Zielen und Perspektiven, begrifflichen und theoretischen Konzepten, methodischen Ansätzen und Einzelbefunden, die (weitgehend) nicht aufeinander abgestimmt sind. Je nach Untersuchungsansatz und Datenlage sind Ergebnisse für die konkrete Ausrichtung von Maßnahmen in Programmplanung und Kommunikation oft nur näherungsweise nutzbar, wie etwa allgemeine statistische Aussagen zum Interesse an Kultur oder klassischer Musik[7].

Die Fragestellungen richten sich auf soziodemografische und ökonomische Merkmale, auf Einstellungen, Erwartungen, Präferenzen, Motive, Informations- und Besuchsverhalten, Kulturrezeption und -erleben, Wirkungen, Barrieren für Besucher – sowohl in der Rolle als Konsumenten und Gesellschaftsmitglieder in ihrer Lebensrealität wie auch Kultursparten übergreifend und spezifisch im Hinblick auf Musik. Je nach Ausrichtung finden sich Vorschläge der marketingorientierten Segmentierung bzw. der kultursoziologischen Milieu- und Identitätsbildung bzw. Lebensstilgruppierung. Weitere Studien betrachten einen spezifischen Ausschnitt der Bevölkerung, wie etwa Jugend, Senioren oder Migranten[8]. Das Spektrum der spezifischen Musikpublikumsforschung ist wiederum gekennzeichnet durch eine Vielzahl an Studien und Ergebnissen aus unterschiedlichen Disziplinen[9] mit Aussagen zu Musikgeschmack und musikalischen Präferenzen, zur Rezeption und Nutzung von Musik in unterschiedlichen Lebensphasen, zu Beurteilung und Wirkungen von Musik, zur musikalischen Sozialisation als Voraussetzung oder Barriere, zu musikalischen Sub- und Fankulturen bzw. -szenen.

3.5.2 Zentrale Ergebnisse

Das Konzertpublikum ist ein „Aggregat“ vieler Individuen, die zu einem musikalischen Veranstaltungsangebot dieselbe Wahl getroffen haben („Selbstselektiertheit“, Neuhoff 2008: 0). So unterschiedlich die Besucher in demografischen Merkmalen, Einstellungen und Mentalitäten sind, so ähnlich sind jedoch oft für sie die Funktionen von Musik und Konzert. Aus der Perspektive der Kommunikation im Rahmen von Marketing, PR und Markenführung wie auch der kulturellen Bildung sind die folgenden fünf, erneut bestätigten Ergebnisse zusammenfassend hervorzuheben. Diese Ergebnisse sind im Kontext mit weiteren Aspekten, die in den Folgekapiteln ausführlich behandelt werden, im Überblick in Abb. 5 dargestellt.

Verschiedene Studien zeigen (1) deutliche und stabile Zusammenhänge zwischen Musiksparten und soziodemografischen Merkmalen wie Alter, Geschlecht und Bildung. Der Altersaspekt ist für den ‚Klassikmarkt' besonders relevant, wo wiederholt eine „Veralterung" des Publikums als ein zentrales Problem diagnostiziert wurde (Neuhoff 2008: 0; dazu auch Rhein 2011: 201). Unabhängig von zahlreichen Initiativen der kulturellen Bildung (vgl. Scheytt/Sievers 2010: 30) hat ‚das Klassikpublikum' (2) nach wie vor einen hohen Bildungsstand. Der Zusammenhang von Konzertbesuch und sozialer Ungleichheit bleibt unverändert im Hinblick auf sozioökonomischen Status wie Einkommen, Bildung, Berufsprestige und weitere Ungleichheiten wie Lebenslage und Lebensstil, Alter, Geschlecht und Ethnie sowie Werte und Mentalitäten (vgl. Neuhoff 2008: 0). Hervorgehoben wird, dass die Problematik der „sozialen Schere" sich bei Kindern und Jugendlichen eher zu verschärfen scheint (Glogner-Pilz/Föhl 2011: 48). Dies wird durch eine im Juli 2015 veröffentlichte Studie des Rats für Kulturelle Bildung sehr deutlich (vgl. Rat für Kulturelle Bildung 2015: gesamte Studie).

Weiter sind die Musikerlebnisse in früher Kindheit prägend und so finden (3) Menschen, die nicht bereits früh die klassische Musik kennengelernt haben, später kaum oder sehr schwer Zugang zu ihr (vgl. Dorin 2015: 0). Das unterstreicht die Bedeutung des Musikunterrichts in allgemeinbildenden Schulen und der zahlreichen Ansätze zur Musikvermittlung für Kinder und Jugendliche. Entsprechend werden die inzwischen erwachsenen Generationen (Inländer und Migranten), die überwiegend ohne klassische Musik sozialisiert wurden (u.a. wegen fehlendem Musikunterricht), nur mit verstärkten Bemühungen zu erreichen sein, z.B. durch Konzertangebote an den Orten, wo sich diese Zielgruppen aufhalten.

Im Übrigen hat sich (4) der Kulturbegriff erweitert: In Befragungen zur Kulturnutzung werden sehr unterschiedliche Angebote dazu gezählt, die der „Kulturflaneur" in der „Erlebnisgesellschaft" spontan auswählt.

Merkmale sind ein Motivmix für den Besuch einer Kultureinrichtung und eine Unbeständigkeit in Bedürfnissen und Kulturnutzungsverhalten, und zwar im Sinne eines „wechselhaften Spartenverhaltens“ vom Ausstellungs- und Theaterbesuch bis zum Rockkonzert (Glogner-Pilz/Föhl 2011: 30). Damit verbunden ist die Diversifizierung von bisher als stabil eingeschätzten Gruppen, wie das einst etablierte klassische Bildungsbürgertum als traditionelles Publikum. Der Kulturflaneur bindet sich nicht leicht, mit der Folge, dass Planungssicherheit z.B. durch Stammkunden als Abonnenten erschwert wird – eine Herausforderung für Kommunikation und Marketing.

Für Markenführung und Kommunikation sind von Interesse (5) die Rezeptionsmuster (vgl. Glogner-Pilz/Föhl 2011b: 30), Erwartungen und Motive für den Konzertbesuch, die obigen Verhaltensänderungen folgen, denn hier sind Elemente für die Nutzenargumentation (vgl. Kap. 7) zu suchen. Dies sind (a) die Kontemplation mit Fokus auf das geistige und seelische Genießen hochkultureller Werke und (b) die kognitiv-intellektuelle Auseinandersetzung mit dem Werk. Hinzu kommen (c) die Unterhaltung, die sich auch auf das Ansprechen mehrerer Sinnebenen (Hören, Sehen, auch Speisen und Getränke) und teils auf „populäre Kultur-, Vermittlungs- und Angebotsformen“ richtet, (d) die Komponenten der sozialen Interaktion und des Gemeinschaftserlebnisses. Der Aspekt der Expression (e) wird auch als „Identitätskonstruktion über Musik“, als ein wichtiger Motivationsfaktor für die Wahl zwischen E- und U-Musik und den Konzertbesuch genannt (Tröndle 2009: 0). Als weiterer auswahlrelevanter Aspekt gilt (f) die Ankündigung von Stars mit einer besonderen Ausstrahlung (vgl. Langevoort, Lengersdorf 2015: E). Diese Motive werden im Kontext mit der Erläuterung des ästhetischen Erlebens im Konzert vertieft (vgl. dazu Abb. 5).

Diese Informationen – und viele mehr aus den vorhandenen Studien – bieten mögliche Orientierungsansätze für Markenführung, Programmgestaltung und kommunikative Ansprache, und zwar sowohl im Hinblick auf die Auswahl aktiv anzusprechender Zielgruppen als auch auf Inhalte, Formate und Nutzenbotschaften. Sie weisen aber auch auf gesamtgesellschaftliche und kulturpolitische Aufgaben hin, die in ihren Dimensionen nicht auf der Ebene einzelner Kulturinstitutionen allein geleistet werden können.

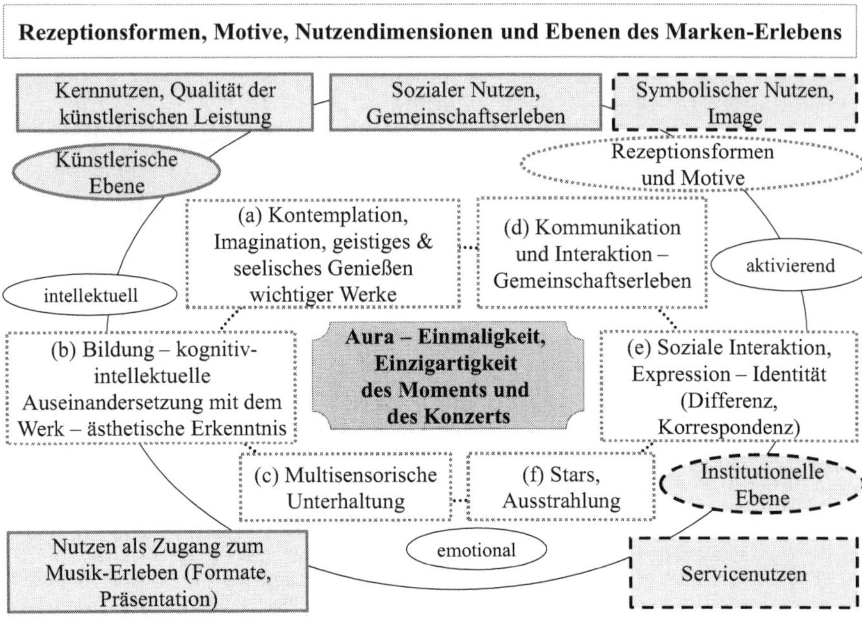

Eigene Darstellung FB mit Bezug auf Klein 2011a: 108; Baumgarth 2014a: 210 f. © Birckenbach

Abb. 5: Rezeptionsformen, Nutzendimensionen, Marken-Erleben

4 Fallstudien

Dieses Kapitel betrachtet als Fallstudien drei Orchester, deren Kommunikation und Initiativen hier und in den folgenden Kapiteln für die Analyse und Veranschaulichung der jeweils behandelten Themen beispielhaft herangezogen werden. Dies sind (1) die Berliner Philharmoniker (BPhil) mit ihrer herausragenden künstlerischen Leistung und Aktivitäten für die gezielte Öffnung gegenüber neuen Publikumsschichten wie u.a. mit ‚Rhythm is it!' im Rahmen ihrer Musikvermittlungsprogramme, (2) das Mahler Chamber Orchestra (MCO), das hohes künstlerisch-kammermusikalisch ausgerichtetes Renommee mit dem Bild einer musikalischen Reise (Schlüsselbegriff ‚journey') und dem Projekt ‚Feel the Music' verbindet, und (3) das West-Eastern Divan Orchestra (WEDO) mit besonderen humanistisch-gesellschaftlichen Bezügen.

Die Auswahl basiert auf der Beobachtung, dass diese Orchester verschiedene Alleinstellungsmerkmale entwickelt haben, die Bezüge sowohl zur künstlerischen Kernleistung als auch zu gesellschaftlich relevanten Themen aufweisen und über die sie sich als Marke positionieren. Außerdem unterscheiden sie sich in ihrer Aufstellung, insofern als die Spanne von einem etablierten Ensemble mit eigenem Haus und Ganzjahresbetrieb bis hin zu kleineren, projektorientierten Ensembles reicht. Es gibt weitere Orchester und Institutionen, die ebenfalls als Fallstudie hätten diskutiert werden können; daher werden punktuell in der Diskussion und Analyse ergänzend Beispiele anderer Ensembles wie auch von Konzerthäusern und Festivals genannt.

Weitere Auswahlkriterien folgen der Überlegung, dass zur Diskussion der Kernfragen bestimmte Aspekte für die spätere Analyse wichtig werden, die sich in den folgenden Merkmalen abbilden: Sitz und Herkunft, Organisationsform, Finanzierung und Trägerschaft, eigenständige Entwicklung, nationale und internationale Bekanntheit, nationales und internationales Renommee, wahrnehmbare bzw. sichtbare Kommunikation, Ansätze für die Verknüpfung von Musik und gesellschaftlicher Relevanz. Alle drei Orchester haben den Sitz bzw. mindestens ein Standbein in Deutschland[10], denn der Fokus dieser Analyse liegt auf dem Inland – aufgrund der Besonderheiten des ‚Orchesterlands Deutschland' mit (immer noch) hohem Anteil öffentlicher Trägerschaft und Finanzierung und von anderen Ländern abweichenden Rahmenbedingungen.

Neben den Berliner Philharmonikern als Orchester des Stadtstaats Berlin wurden zwei freie Ensembles in unterschiedlicher Größe und Ausrichtung gewählt, die sich zügig etabliert haben. Anders als von Kommunen oder Rundfunkanstalten getragene Orchester mussten sie aufgrund der Notwendigkeit aktiver Ressourcenbeschaffung bereits früh innovative, auch marktorientierte Wege gehen. Insofern sind hier beispielgebende Impulse für die Themen zu erwarten. Außerdem kann dadurch das komplexe und heterogene Spektrum der öffentlichen Kulturträgerschaft mit einer Vielfalt spezifischer Entscheidungsprozesse, die oft ein – wenn auch nur partiell – autonomes Agieren kaum zulassen, hier weitgehend ausgespart bleiben.

Die gewählten Ensembles verfügen über sehr unterschiedliche Ressourcen, was Höhe und Quelle anbetrifft, und unterscheiden sich in der rechtlich-organisatorischen Verankerung, Führung und Nähe zur öffentlichen Trägerschaft mit enger Anbindung an das städtische Kulturleben bei BPhil, während WEDO und MCO als freie Ensembles agieren. Die Besonderheiten aus verschiedenen Frageperspektiven wie v.a. Markenorientierung[11], kulturpolitische oder gesellschaftliche versus betriebliche Sicht werden in den Folgekapiteln aufgenommen.

4.1 Berliner Philharmoniker – BPhil

„Es gibt kein anderes Orchester auf der Welt, in dem so eine große Anzahl von erstaunlichen Persönlichkeiten versammelt ist wie bei den Berliner Philharmonikern. Jeder spielt einzigartig. Das ist phantastisch: Die Philharmoniker sind das einzige All-Stars-Team, das ich kenne in der Musikwelt. [...] Die Konzerte hier können wirklich ekstatisch sein. Klar, auch die Proben, der Arbeitsprozess. Speziell für dieses Orchester hier aber, für die Berliner Philharmoniker, gilt, dass sie am allerbesten live in der konkreten Aufführung sind. Sie spielen dann wie ein sehr gutes Kammermusikensemble. Es gibt Abende, da sind sie unschlagbar, da steht man fassungslos da und denkt nur noch: Wahnsinn!"
(Sir Simon Rattle im Interview mit Büning 2015: 0)

4.1.1 Profil, Entstehungsgeschichte und Entwicklung

Die Berliner Philharmoniker sind eines der bekanntesten Orchester (der ‚Top Five') weltweit und genießen längst Markenstatus. Sie haben eine lange Tradition, sodass ihr Profil hier nur skizziert werden kann.
Am 1. Mai 1882 gründeten 54 Musiker eines als Mietkapelle angelegten Orchesters mithilfe des Konzertveranstalters Hermann Wolff das ‚Berliner Philharmonische Orchester' mit dem Ziel musikalischer Selbstbestimmung. Es etablierte sich bald als führendes Orchester auf höchstem künstlerischem Niveau im Berliner Musikleben mit eigener fester Spielstätte und Abonnementpublikum. Es arbeitete mit den renommierten Dirigenten Nikisch und von Bülow, und bedeutende Komponisten der Zeit wie Brahms, Tschaikowsky, Mahler und Strauss dirigierten persönlich Aufführungen ihrer Werke (vgl. BPhil-Website 2015). Seit 1963 konzertieren sie in der von Scharoun konzipierten Berliner Philharmonie und sind seit 2002 als Stiftung des öffentlichen Rechts unter Trägerschaft des Landes Berlin organisiert. In den vergangenen Jahren haben sie ihr Repertoire stetig erweitert und wurden mehrfach auch für ihre innovativen Ansätze im Hinblick auf die Entwicklung des klassischen Konzerts und die Themensetzung in der Musikvermittlung ausgezeichnet. Die Philharmoniker gastieren weltweit in den wichtigen Konzerthallen und auf bedeutenden Festivals und konzertieren von Beginn an mit bedeutenden Künstlern.

4.1.2 Akteure und Struktur

Das Orchester ist autonom und basisdemokratisch organisiert und hat 128 feste Mitglieder. Sie wählen einen Orchestervorstand, der sie in den Medien und organisatorisch vertritt und von einem Organisationsteam unterstützt wird. Das Orchester wählt seine Chefdirigenten und Intendanten selbst. Die Dirigenten prägten jeweils eine Ära. Den o.g. Chefdirigenten Hans von Bülow und Arthur Nikisch folgten Wilhelm Furtwängler, Leo Borchard, Sergiu Celibidache (interimistisch), Herbert von Karajan, Claudio Abbado, Simon Rattle und künftig Kirill Petrenko. Aus den Reihen der BPhil haben sich viele kammermusikalische Ensembles gebildet, wie u.a. die 12 Cellisten, das Philharmonia Quartett und das Scharoun Ensemble (vgl. BPhil-Website 2015).

4.1.3 Herausforderungen und Perspektiven

Die BPhil sind Pioniere in der Nutzung der technischen Möglichkeiten für Ton- und Filmaufnahmen – von der Schallplatte zum digitalen Aufnahmeverfahren und zu Audio-CDs bis zur digitalen Übertragung ihrer Konzerte. Die Aufnahmen des Orchesters haben zahlreiche Auszeichnungen erhalten. Die Konzerte sind so begehrt, dass die Kartennachfrage unabhängig vom jeweiligen Programm meist das Angebot übersteigt. Dennoch haben auch sie konstatiert, dass ‚ihre Musik' in der öffentlichen Wahrnehmung an Bedeutung verliert und für weniger Menschen zum Lebensalltag gehört, weshalb die öffentlich-rechtlichen TV-Anstalten angesichts von ‚Quoten' nur noch dreimal jährlich BPhil-Konzerte senden (Saison-Schlusskonzert in der Waldbühne, Europakonzert, Silvesterkonzert).

Die Philharmoniker haben auf diese Entwicklungen mit der Kinoübertragung von Konzerten, mit Kinofilmen, neuen Programmformaten und Bildungsprojekten geantwortet (vgl. Laudenbach 2014: 0) und auf die Herausforderungen der Internetwelt mit der ‚Digital Concert Hall' reagiert, die seit 2008 systematisch (kostenpflichtig) ganze Konzerte in Livemitschnitten online anbietet (vgl. Engel 2014: 0; DgCH-Website). Schlagzeilen erzeugte der am 11. Mai 2015 gescheiterte erste Versuch der Wahl eines neuen Chefdirigenten; die Wahl wurde nicht nur in den Feuilletons, sondern bis hinein in die Massenmedien bereits im Vorfeld mit dem päpstlichen Konklave verglichen. Die Findung des neuen Chefdirigenten wurde als Sinnkrise, Herausforderung und Weichenstellung für die künftige Ausrichtung des Orchesters – musikalisch und als Marke – betrachtet (vgl. etwa Finkernagel 2015: 0). Auch die Wahl von Kirill Petrenko am 22. Juni 2015 fand eine starke Medienresonanz. Dies hat die Wahrnehmung des Orchesters und die Diskussion um die Marke in den Medien – von den Feuilletons bis hinein in die öffentlich-rechtlichen Sender und Wirtschaftspresse – deutlich geprägt, zugleich aber auch gezeigt, welche Bedeutung eine Marke in der Musikwelt haben kann (vgl. Theurich 2015: 0).

4.1.4 Bezug zu Markenführung, Kommunikation und gesellschaftlicher Relevanz

Die BPhil zählen nicht allein aufgrund ihrer musikalisch-künstlerischen Qualität zu den weltweit wichtigsten Orchestern – sie wurden mehrfach auch für ihr gesellschaftliches Engagement ausgezeichnet, u.a. als UNICEF-Botschafter, und sind in der Stadt Berlin fest verankert. Mit der Orchester-Akademie fördern sie Nachwuchsmusiker (vgl. BPhil-Website 2015). Mit Simon Rattle führten sie 2002 eine systematische Musikvermittlung ein, um die klassische Musik einem breiten Publikum zugänglich zu machen.

So dokumentiert der Film ‚Rhythm is it!' das Projekt einer sechswöchigen Probenarbeit des Choreografen Royston Maldoom mit Berliner Schülern für die gemeinsame Aufführung von Stravinskys ‚Le Sacre du Printemps' mit den BPhil. Gezeigt wird das Zusammentreffen eines Elite-Orchesters der ‚Hochkultur' mit der sozialen Wirklichkeit im Leben von Jugendlichen aus Berliner Problemvierteln. Als professioneller Anspruch der Education-Arbeit gilt, jeden Teilnehmer „an seine individuellen Grenzen zu führen – und mit ein bisschen Glück sogar darüber hinaus" (Lemke-Matwey 2005: 0). Das Projekt wurde als „ein genialer Schachzug in Sachen Marktpositionierung" gewertet (Tewinkel 2004: 0) und es wird noch heute im Kontext mit den BPhil als prägend genannt.

Simon Rattle äußert sich überzeugt, dass eine weitere Öffnung für alle Schichten und die „Lockerung" des Orchesters notwendig ist: „Den Kampf, der mit ‚Rhythm Is It' begann, den haben wir noch nicht gewonnen" (Rattle im Interview mit Büning 2015: 0). Ähnlich plädiert der derzeitige Intendant Martin Hoffmann dafür, die Konzerttradition zu bewahren und gleichzeitig Raum für neue Formate zu schaffen (vgl. Hoffmann 2015: 0). In der Philharmonie wurden u.a. mit ‚Lunch-' und ‚Late-Night'-Konzerten längst einige neue Angebote eingeführt. Unter dem Motto „In jedem steckt Musik" wurde das Education-Programm mittlerweile aufgefächert für unterschiedliche Zielgruppen (Familien, Kitas, Schulen, soziale Einrichtungen, Musikliebhaber) und richtet sich explizit an Menschen aller Altersstufen und unterschiedlicher sozialer und kultureller Herkunft zur „aktiven und künstlerischen Auseinandersetzung mit Musik“ (BPhil-Website/Education 2015). Sowohl die Experteninterviews als auch die Medienauswertung zeigen, dass das Orchester als führendes Spitzenensemble mit höchster musikalischer Qualität wahrgenommen wird – bei dem sich die Vorreiterrolle auch in allen anderen Aufgaben zeigt, die von dem Orchester angepackt werden – und dass es auch als Marke als maßstabsetzend gilt (vgl. Anhang A4 Experteninterviews).

4.2 Mahler Chamber Orchestra – MCO

„Der Klang kommt vom Orchester, vom Zusammenwirken des Orchesters mit dem Dirigenten. Wenn in einem Saal jedoch ein Publikum atemlos zuhört, dann erzeugt das einen anderen Klang, die Elektrizität des Publikums erzeugt einen anderen Klang. Wenn ein Publikum, bei einem Pianissimo zum Beispiel, atemlos ist, dann ist eine andere Spannung da, man fühlt das. Und wenn das Publikum berührt ist, dann spürt man das auch. [...] Man erfasst die Emotion des Publikums genauso wie die eines Solisten. [...] Nehmen Sie nur den Moment der Stille, zum Beispiel nach Mahlers Neunter Symphonie [...] – das ist Musik, diese Ruhe nach dem Konzert. Diese Musik soll nicht plötzlich enden, diese Ruhe, diese Stille soll immer weitergehen. [...] Es ist ein Zauber, den man in immer neuer Weise erlebt. Man ist sich einer großen Seele bewusst, die einen selbst, das Orchester, das Publikum, die Musik, den Augenblick umfasst. Und man spürt die Seele nur, weil auch die anderen sie spüren. Das ist ein gemeinsamer Flug. Das ist Musik – viel mehr als die Gefühlsbewegung eines Einzelnen.“ (Claudio Abbado in Hager 2000: 177)

4.2.1 Profil, Entstehungsgeschichte und Entwicklung

Das MCO wurde 1997 von ehemaligen Mitgliedern des Gustav Mahler Jugend-orchesters als Kammerorchester mit Unterstützung von Claudio Abbado und als Verein mit Sitz in Berlin gegründet. Der Name des Orchesters folgt diesen Wurzeln und betont die von den Musikern geteilte kammermusikalische Grundhaltung im Zusammenspiel.

Neben 45 festen Mitgliedern internationaler Herkunft arbeitet das MCO projektbezogen mit einem Netzwerk aus Solisten und Orchestermusikern. Das Repertoire kann von der Kammermusik bis hin zur groß besetzten Sinfonie und Oper erweitert werden und reicht inhaltlich vom Barock bis zu Uraufführungen zeitgenössischer Werke. Das MCO hat sich als freies, international ausgerichtetes Ensemble über weltweite Konzerttourneen mit längeren Proben- und Konzertphasen an Residenzorten etabliert. Seit 1998 ist es Residenzorchester in der norditalienischen Stadt Ferrara, arbeitet dort mit dem Conservatorio zusammen und hat außerhalb des Teatro Comunale eine Kammermusik-Konzertreihe im Jazzclub. Es gastiert seit 2003 jährlich beim Lucerne Festival und bildet dort den Kern des von Abbado initiierten renommierten Festivalorchesters (LFO). Gefördert von der Kunststiftung NRW war das MCO einige Jahre Residenzorchester in den Konzerthäusern Dortmund, Essen und Köln. Es arbeitet auch weiterhin mit diesen Häusern zusammen – u.a. in Schülerprojekten wie dem ‚KinderOrchesterRuhr‘ und Auftritten in der Dortmunder Klassiklounge ‚WechselBar‘ – und wirkt im Orchesterzentrum NRW an der Aus- und Weiterbildung des Musiker-Nachwuchses mit (‚MCO Academy‘; vgl. MCO-Website 2015).

4.2.2 Akteure und Struktur

Geführt wird das MCO von einem Orchestervorstand und einem Management bei demokratischem Mitspracherecht der festen Mitglieder. Als Verein finanziert es sich weitgehend ohne öffentliche Gelder vor allem aus Konzerteinnahmen, ergänzt durch Spenden, Mittel aus Partnerschaften und Sponsoring. Wichtige musikalische Partner sind nach dem Gründungsdirigenten Claudio Abbado der ‚Principal Conductor‘ Daniel Harding, weitere Dirigenten, Komponisten und künstlerische Partner, mit denen längerfristig angelegte Projekte umgesetzt werden. Dazu gehört etwa der norwegische Pianist Leif Ove Andsnes, der unter dem Titel ‚The Beethoven Journey‘auf einer internationalen Tournee von 2012 bis Sommer 2015 das MCO vom Klavier aus leitete.

Seit August 2015 zählen zu den künstlerischen Partnern außerdem die Geigerin Isabelle Faust und die Dirigenten Teodor Currentzis und Daniele Gatti. Weitere projektbezogene Partner sind die o.g. Residenzen in Luzern und Ferrara. Wichtiger organisatorisch-finanzieller Partner ist die 2008 gegründete MCO-Foundation, die u.a. die Aktivitäten von Freundeskreisen koordiniert und neben regelmäßigen Zuwendungen auch einmalige Spenden für Projekte, den Kapitalstock sowie Erbschaften und testamentarische Verfügungen annimmt (Administration beim Deutschen Stiftungszentrum DSZ, vgl. MCO-Stiftung 2015).

4.2.3 Herausforderungen und Perspektiven

Das MCO sieht sich einem erneut verschärften Wettbewerb um verlässliche finanzstarke Partner gegenüber angesichts Globalisierung, Finanzkrise, des Strukturwandels im Konzertbereich, die (u.a.) „in Europa manches zur Disposition gestellt haben, was jahrzehntelang als selbstverständlich genommen wurde" (MCO-Website 2015). Für ein freies Ensemble ist ein auf mehreren Säulen strukturiert aufbauendes und langfristig ausgerichtetes Finanzierungs-Fundament von existenzieller Bedeutung, sodass ein entsprechend breites Spektrum an Projekten und Partnern entwickelt wurde. Grundlagen dafür sind hohe musikalische Qualität, Flexibilität und innovative Ansätze, um international Publikum zu erreichen und zu binden (vgl. Schmidt 2015: E). Herausforderungen ergeben sich auch daraus, dass das MCO keinen festen Sitz hat und damit auch keine lokale Stammhörerschaft, was man u.a. mit den Freundeskreisen auszugleichen versucht (vgl. Langevoort 2015: E).

4.2.4 Bezug zu Markenführung, Kommunikation und gesellschaftlicher Relevanz

Das MCO hat in relativ kurzer Zeit hohe Bekanntheit erreicht, wichtige Auszeichnungen für die musikalische Qualität seiner Aufnahmen und Konzerte erhalten (Grammy, deutscher Schallplattenpreis, BBC-Preis) und war offizieller Europäischer Kulturbotschafter für die Jahre 2011 bis 2013. Das Zusammenspiel im Orchester ist von der Arbeit mit Claudio Abbado geprägt, der das ‚Aufeinander-Hören' und eine „Durchsichtigkeit im Klang" förderte. Dieses „kammermusikalische Ethos" führt zu einem weiteren spezifischen Merkmal, indem das MCO häufiger auch Projekte ohne Dirigent umsetzt, in denen ein Solist oder Konzertmeister die leitende Funktion übernehmen (Castell 2015: 0).

Als kleines, freies Ensemble hat es früh begonnen, ergänzend zu traditionellen Konzerten in kammermusikalischer Besetzung neue Konzertorte und -formate anzubieten, auch gemeinsam mit dem Radialsystem Berlin (vgl. Richter 2015: E). Die Aktivitäten im pädagogischen und sozialen Bereich werden unter den Namen ‚MCO Academy' und ‚MCO Landings' kommuniziert.

Für das den Beethoven-Zyklus – der mit einem Auftritt in der Royal Albert Hall vor 6000 Zuschauern beendet wurde (vgl. Jebsen Foundation 2015: 0) – begleitende Projekt ‚Feel the Music' wurde das MCO u.a. mit dem Europäischen Kulturmarken-Award ‚Europäisches Bildungsprogramm des Jahres 2014' ausgezeichnet. Das Projekt öffnet mit Bezug auf Beethoven und seine Ertaubung die Welt der Musik für gehörlose und schwerhörige Kinder.

Während der Tournee erlebten Kinder aus Europa in Workshops mit Orchestermusikern und dem Pianisten Leif Ove Andsnes sowohl an den Schulen als auch in den Konzertsälen – etwa während des Beethoven-Festivals in Bonn 2014 –, wie Musik mit allen Sinnen wahrgenommen werden kann. "I've learnt many important lessons from meeting deaf children all over the world but I would say the most important is to keep an open heart, an open mind, just like they do. The children are so open to new experiences and almost never impose barriers on themselves. It's been a wonderful learning experience and one I hope continues well into the future." (MCO-Oboistin Emma Schied 2014: 0)[12]. In den Experteninterviews und auch in den Medien – etwa bei Live-Übertragungen des Senders Deutschlandfunk – wird das MCO als hervorragendes, junges, flexibles und äußerst engagiertes Ensemble wahrgenommen, das regelmäßig mit renommierten Solisten und Dirigenten auftritt.

4.3 West-Eastern Divan Orchestra – WEDO

„Gottes ist der Orient! Gottes ist der Occident! Nord- und südliches Gelände ruht im Frieden seiner Hände.“ [...] „Welch eine bunte Gemeinde! An Gottes Tisch sitzen Freund' und Feinde.“ (Johann Wolfgang von Goethe – „West-Östlicher Divan“; Ausgabe 2004: 10, 65)

4.3.1 Profil, Entstehungsgeschichte und Entwicklung

Das West-Eastern Divan Orchestra (WEDO), in dem junge begabte Musiker aus Israel und aus arabischen Staaten zusammen spielen, wird seit seinem ersten Auftritt 1999 in Weimar bei Konzertereignissen und in den Medien als Modell einer ‚real vorgelebten Utopie' des friedlichen und musikalischen Zusammenwirkens von Mitgliedern der in Krieg und Konflikte verwickelten Nationen präsentiert. Es entstand zunächst als ein „unwägbares kühnes Experiment“ auf Initiative von Bernd

Kaufmann, damaliger Leiter des Weimar-Festivals, gemeinsam mit dem Dirigenten und Pianisten Daniel Barenboim und dem amerikanisch-palästinensischen Literaturwissenschaftler Edward Said.

Es versteht sich als „humanistisches und musikalisches“ Projekt im Bemühen um Verständigung im Nahen Osten (Barenboim 2008: 181) und nimmt mit seinem Namen Bezug auf Goethes Gedichtsammlung: „Das Interessante an Goethe – und damit auch an unserem Weimarer Projekt – ist, dass Kunst gerade für ihn immer eine Reise zum ‚Anderen‘ war und keine bloße Selbstbespiegelung [...], dass man seine Welt verlässt, um den eigenen Horizont zu erweitern“ (Said 2004: 28). Erstmals kamen junge Musiker aus Ägypten, Syrien, dem Libanon, Jordanien, Tunesien und Israel zusammen, um in Workshops, Meisterkursen und Proben einen Dialog zwischen den verschiedenen Kulturen des Nahen Ostens und das gemeinsame Musizieren in Proben-Workshops und im Konzert zu erleben (vgl. Said 2004: 22). Für viele Teilnehmer war dies die erste positive Begegnung „mit jemand von der anderen Seite“ (Barenboim 2005: 260). Weitere Treffen in Weimar und Chicago folgten, und 2002 erhielt das Orchester auf Einladung der Regionalregierung Andalusiens einen festen Sitz in Sevilla, anknüpfend an das einst tolerante Zusammenleben von Muslimen, Christen und Juden (vgl. Website 2014a). Im August 2005 gab es in der palästinensischen Stadt Ramallah ein Konzert – erstmals in den besetzten Gebieten – und viele Palästinenser im Publikum sahen zum ersten Mal Israelis in Zivil: „You are the first thing I’ve seen from Israel that is not a soldier or a tank“ (eine junge Zuhörerin, Website 2014a)[13]. Das Konzert war von großer Sorge um die Sicherheit von Musikern und Publikum geprägt und wurde in vielen Ländern im Fernsehen live übertragen.

4.3.2 Akteure und Struktur

Die Struktur zeigt eine spezifische Komplexität aufgrund vieler heterogener Akteure, der flexiblen Zusammensetzung, des politischen Hintergrunds und des Arbeitens in Netzwerken. Prägend sind neben den Orchestermusikern vor allem die beiden Gründer Said (heute seine Witwe Mariam) und Barenboim – mit Gemeinsamkeiten „in ihrer Passion für Musik, dem Denken in Parallelen zwischen Musik und Leben, dem Eintreten für humanistische Werte und Ansichten im Hinblick auf den Friedensprozess in Nahost“ (Guzeliman 2004: 2). Wichtige Partner sind Gastmusiker, die den Nachwuchs unterrichten und als Mentoren begleiten, sowie Schriftsteller, Künstler und Philosophen. Für institutionelle Stabilität und finanzielle Unterstützung sorgen mehrere Stiftungen, das Land Berlin und die Region Andalusien. Viele Musiker nehmen mehrjährig teil, aber grundsätzlich soll das Orchester jährlich neu in einem komplizierten Bewerbungs- und Auswahlprozess formiert werden. Die angestrebte Balance zwischen Israelis und Arabern kann zeitweise aufgrund des andauernden Nahostkonflikts nicht erreicht werden. Die Proben- und Workshop-Phasen beinhalten nicht nur Meisterklassen, Kammermusikgruppen und Orchesterproben, sondern auch Exkursionen, Sport und Diskussionsabende über Musik, Kultur, Philosophie und Politik. So musizieren und leben Studenten zusammen, die sich sonst nie hätten begegnen können.

4.3.3 Herausforderungen und Perspektiven

Kennzeichnend ist auch heute die andauernde Spannung aufgrund der ungelösten politischen Probleme: Konzerte müssen abgesagt werden, Musiker werden im Heimatland kritisiert, können wegen der Kriegssituation oder der Teilnahme am Wehrdienst nicht ausreisen, nicht an Proben und Tourneen teilnehmen. Aus solchen Phasen wird über akute Existenzkrisen des Orchesters berichtet. Dennoch wurde z.B. 2014 die Tour und die Vermittlung der ‚Botschaft' durch die Musik fortgeführt, auch in zusätzlichen Konzerten auf öffentlichen Plätzen. Während in Gaza und Israel Krieg herrschte, spielten Musiker dieser Region nebeneinander an einem Pult Mozart, Beethoven und Ravel. Die Aufmerksamkeit und Berichterstattung wie auch der Zuspruch vieler Menschen bei den Konzerten und in den sozialen Medien waren beeindruckend. Um die musikalische Qualität des Orchesters aufrechtzuerhalten und zugleich neuen jungen Musikern aus der Region Chancen zu bieten, werden diese künftig u.a. in einer neu gegründeten Akademie unter dem Motto ‚Das Denken mit der Musik verbinden' ausgebildet – im Herbst 2015 beginnt die Ausbildung von Stipendiaten (vgl. Deutsche Welle 2014: 0; Musik-Heute 2015: 0).

Das Anliegen des Orchesters ist angesichts der ungelösten Konflikte weiterhin aktuell. Der musikalische Erfolg und die internationale Unterstützung halten an und stabilisieren die Existenzgrundlage. Von Beginn an war ein erklärtes Ziel, das führende Orchester in Nahost für junge Talente der Region zu werden und in allen Heimatländern der Musiker auftreten zu können – was weiterhin unmöglich scheint.

„Das wahre Potential des West-Eastern Divan wird erst an dem Tag erreicht werden, an dem es in Libyen, Syrien, Jordanien, Ägypten, Israel, Palästina, der Türkei und dem Iran auftreten kann – in den Ländern, aus denen die Musiker stammen." (Barenboim, 2014: 0)

4.3.4 Bezug zu Markenführung, Kommunikation und gesellschaftlicher Relevanz

Das WEDO, zunächst als Experiment für ein einmaliges Festivalkonzert in Weimar geplant, hat in kurzer Zeit international hohe Bekanntheit erreicht und steht als Marke für den Gedanken, dass dank der Kraft der Musik und unter der Voraussetzung der Gleichberechtigung beim Musizieren eine Verbindung und Verständigung zwischen Menschen möglich ist, die sonst in unüberbrückbaren Konflikten stehen. Das zeigen die besondere Medien-Aufmerksamkeit und viele Würdigungen des Engagements für Frieden und internationale Verständigung sowie Konzerte an symbolträchtigen Orten, wie in Ramallah 2005, vor den Vereinten Nationen in New York 2006, für den Papst 2012 oder an der Grenze zwischen Nord- und Südkorea 2011 (vgl. WEDO-Website 2014).

Die Arbeit an musikalischer und menschlicher Verständigung ist auch in Filmen dokumentiert und prägt das Auftreten und die Kommunikation über die Konzerte des Orchesters. Damit werden über das traditionelle Klassikpublikum hinaus weitere Gruppen erreicht und die Konzerte erhalten eine besondere Anmutung, wenn die Musiker schon beim Betreten der Bühne teilweise mit Standing Ovations allein für ihr gemeinsames Kommen begrüßt werden.

Die Botschaft „Equal in Music" wird parallel zu Konzerten auch bei Gesprächsabenden, in Filmen und über Social Media transportiert. Dort kommen auch Musiker beider Seiten zu Wort: "The music sets a bridge. Through the music you open yourself to things you would not have been open to otherwise" (israelische Musikerin, Website 2014b, Musician Spotlight) bzw. "The problems are still unsolved, and the conflict is still there, the war is always there. I mean, those thoughts will always be there. But how you deal with them, and go forward, that's the important part" (arabischer Musiker, Riiser 2009: 92)[14].

In den Experteninterviews wird das Orchester klar mit der gesellschaftlich-humanistischen Idee assoziiert, und stets werden die Namen Barenboim und Said genannt. Das Orchester wird als Vermittler der Kraft der Musik für zahlreiche Adressaten wahrgenommen.

5 Wahrnehmungsprozesse als Basis der Kommunikation mit Musik

"The power of music lies in its ability to speak to all aspects of the human being – the animal, the emotional, the intellectual, and the spiritual. How often we think that personal, social and political issues are independent, without influencing each other. From music we learn that this is an objective impossibility; there are simply no independent elements. Logical thought and intuitive emotions must be permanently united. Music teaches us, in short, that everything is connected."
(Daniel Barenboim 2008a: 134)[15]

Die Kapitel 5 und 6 setzen sich mit Musik und Konzert als Form der Kunst und der nonverbalen Kommunikation auseinander. Zunächst ermöglicht ein Konzert eine künstlerische Aussage, nämlich die der Komponisten als Schöpfer sowie der Solisten, Ensembles, Dirigenten als interpretierende und ausführende Künstler gegenüber einem zunächst anonymen Publikum und der Gesellschaft. Mit der Konzertsituation verbunden ist die Kommunikation im Ensemble sowie mit dem Publikum. Sie kann beiderseits als besondere Energie und Spannung bis hin zu Magie empfunden werden und basiert auf der künstlerischen Performance und der Konzentration und Bereitschaft bzw. Fähigkeit des Publikums zum bewussten oder aktiven Hören. Ein solcher wortloser Dialog mit der Musik wirkt zurück auf das Erleben der Aufführung und ihrer Qualität für alle Anwesenden: „Im Konzertsaal ergibt sich dank der Konzentration des Publikums eine Art Wechselwirkung" (Brendel 2005: 436). Dann wird Musikhören zu einem Erlebnis und ähnlich wie das Musizieren aufgrund der musikalischen Vorstellungskraft zu einem schöpferischen Akt (vgl. Schaub 2002: 13; Sacks 2008: 49 ff.).

5.1 Zentrale Begriffe

Als Analysegrundlage werden zunächst die Begriffe ‚Kommunikation – Musik – klassische Musik als Kunstform – klassisches Konzert' und dann die Verarbeitungsprozesse im Gehirn beim Musikhören und Musizieren vorgestellt. Dabei werden auch die der Musik zugeschriebenen Emotionen und sprachverwandte Aspekte der Musik betrachtet.

Auf dieser Grundlage wird anschließend die Verbindung von Logik und Emotion bei ästhetischen Erfahrungen des Hörens und Musizierens erläutert. Bewusstes, aktives Hören und Musikverstehen im Konzert ermöglichen eine Interaktion zwischen Publikum und Interpreten. All diese Vorgänge werden hier zusammengefasst als ‚Kommunikation mit Musik – Musik als Form der Kommunikation'.

5.1.1 Musik

Musik ist eine der ältesten und grundlegenden sozial-kognitiven Aktivitäten des Menschen. Der Hörsinn ist der Sinn, der als erster im Mutterleib entwickelt wird, und auch derjenige, der als letzter beim Sterben erlischt (vgl. Höppner 2012: 0). Musikalische Fähigkeiten spielen vermutlich schon bei der Evolution von Sprache eine Schlüsselrolle, denn Kinder lernen Sprache zunächst durch ihre musikalischen (prosodischen) Aspekte. In allen Kulturen machen Menschen Musik, und gemeinschaftliches Musizieren hatte und hat wichtige evolutionäre Funktionen in der Kommunikation, Kooperation, Gruppenkoordination, der Organisation des Gemeinschaftslebens und bei der Herstellung sozialer Kohäsion (erläutert am Beispiel der Wiegen-, Arbeits-, Marsch, Kirchen-, Fest- und Trauermusik, vgl. Koelsch/Schroeger 2007: 1). In den letzten Jahren kam die Identifikation und gegenseitige Abgrenzung von (Sub-)Kulturen als sozialer Aspekt des Musizierens und Musikhörens hinzu (vgl. Altenmüller 2002: 19).

Musik kann zunächst in einer umfassenden und nicht wertenden Bedeutung als nach Regeln gestaltetes, zeitlich strukturiertes Klangmuster beschrieben werden (vgl. Altenmüller et al. 2002: 60). Anders als ‚Geräusch' haben die Töne, die diesem Klang zugrunde liegen, eine regelmäßige Schwingung (vgl. Metzmacher 2005: 103). Dieser „son organisé" lässt Raum für „jede erdenkliche Form des menschlichen Selbstausdrucks durch Klänge" (vgl. Höppner 2012: 0, mit Verweis auf den Komponisten Varèse) und verschiedene Formen der Deutung dieses Klangs. Insofern ist Musik nicht das, was als Schallwelle ins Ohr dringt, sondern das, was der Empfänger daraus macht (vgl. Schaub 2002: 241). Musik ist in dieser Betrachtung dann nicht nur „klangvolle Luft", sondern „... eine menschliche Schöpfung, die die Natur in ihrem profundesten Sinne nachahmt", und zwar weil sie „entsteht aus dem Nichts und endet im Nichts, in der Stille – wie das Ein- und Ausatmen, wie ein Menschenleben, ein Pflanzenleben, wie die Beziehung zwischen Leben und Tod. [...] Ähnlich haben alle Künste eine organische Beschaffenheit, doch in der Musik kommt das Element der Zeit hinzu" (Barenboim 2005: 269, u.a. mit Verweis auf Busoni). Die Zeitdimension hat hier eine zentrale Bedeutung (Metzmacher 2005: 32), jedoch ist solcher Klang noch nicht notwendig auch Kunst.

5.1.2 Musik als Kunstform

Zur Kunst wird Musik erst dann, wenn eine inhaltliche Aussage in ästhetischer Form übermittelt wird: „Entscheidend ist hier [...], dass ein Kunstwerk eine Erzählung oder Botschaft enthält, die aber nur ‚gelesen' werden kann, wenn die materielle Gestalt, die ihm der Künstler gegeben hat, die Phantasie des Publikums aufleben lässt: ein Werk, das keine Botschaft enthält, das also die soziale Kommunikation nicht in der einen oder anderen Form vitalisiert, ist kein Kunstwerk" (Bendixen 2011: 37). Insofern ist „Unschärfe" ein wichtiges Kriterium und macht Musik als Kunstform „erst faszinierend" (Gerhaher 2015: 27).

Musik wird also dann zur Kunst, wenn sie eine ästhetische Erfahrung bewirkt, in der Emotionales mit Intellektuellem zu einem einmaligen Ganzen zusammenkommt und dadurch eine Bedeutung und einen Bezug zur realen Welt erhalten kann. Mit Bezug auf die Parallelität zum Leben und zur Natur hat Musik eine „Eigenständigkeit", in der sie „Ausdruck des Individuums und seiner Beziehung zur Welt" ist und zugleich „eine transzendentale Qualität" erhält (Barenboim 2005: 269 f.). Ein weiteres Merkmal der Musik ist, dass sie „vollkommen abstrakt und zugleich zutiefst emotional ist". Sie kann auf einzigartige Weise innere Zustände, Bewegung oder Gefühle und die Wahrnehmung der Welt ausdrücken. „Musik kann direkt zum Herzen sprechen; sie bedarf keiner Vermittlung. [...] Und schließlich gibt es da noch ein tiefes und rätselhaftes Paradoxon, denn während solche Musik einerseits den Schmerz und Kummer vertieft, bringt sie andererseits gleichzeitig Trost und Erbauung" (Sacks 2008: 330).

In der Musik als Kunstform finden jedoch sowohl Abstraktheit als auch Emotion eine Form: "It is abstract to start with: it deals directly with the emotions, through a transparent medium of tones which are unrelated to any representational aspects of living. The only reality these tones can have is form - that is, the preceise note motive as well as of a phrase, or of the whole second act of an opera. One can not abstract musical tones - on the contrary they have to be given their reality through form - up-down, long-short, loud-soft" (Bernstein 2007: 12)[16].

5.1.3 Die klassische Musik

Der Begriff ‚klassische Musik' beschreibt zum einen die Musik aus der Epoche der (Wiener) Klassik mit den Komponisten Haydn, Mozart und Beethoven. Weiterhin hat ‚Klassik' insofern wertende Natur, als damit oft Musik gemeint ist, die „erst-klassig" ist, „ewigen Werten" standhält (Schaub 2002: 17).

Hier soll der Begriff eine komplexe Musik beschreiben, die mehrere Epochen bis in die heutige Zeit hinein umfasst und zusammenfassend die europäische Musiktradition der ‚Kunstmusik' meint. Sie grenzt sich von der traditionellen und modernen Popularmusik ab, indem sie einen Anspruch an ihr künstlerisches Niveau und sowohl an die Interpreten und Ausführenden als auch an die Hörer stellt. Eine ästhetische Wertschätzung, was zum ‚Kanon' als ‚zeitlos und überragend' gehört, wird oft erst ex post, teilweise viele Jahre später vorgenommen. Als ein wichtiges Beispiel dafür ist Johann Sebastian Bach und die ‚Wiederentdeckung' der Matthäuspassion durch Felix Mendelssohn Bartholdy 1829 zu nennen (vgl. u.a. Schaub 2002: 16).

Die Gleichsetzung mit der Bezeichnung ‚E-Ernste Musik' gegenüber der ‚U-Unterhaltenden Musik' in der Abgrenzung der Verwertungsgesellschaft (vgl. GEMA-Website 2015) ist zwar irreführend, da E-Musik durchaus unterhaltende Genres kennt – wie etwa Tafelmusiken, viele Walzer und andere Tänze – und in der U-Musik durchaus einige Stücke ‚ernst' sind und vielleicht das Potenzial zum ‚Klassiker' haben (vgl. etwa die Diskussion von Eggert 2015: 0 sowie einen Hinweis von Martens 2015: E mit Bezug auf besondere Filmmusik). Aber trotz dieser problematischen Kategorienbildung meint hier die Bezeichnung ‚klassisch' einen Überbegriff für die verschiedenen Strömungen der E-Musik im Sinne von ‚Musik als eine der Künste der Hochkultur'. Das Spektrum umfasst konkret „alles, was diese Kunstform seit fast 1000 Jahren bis heute hervorgebracht hat": die mittelalterliche Musik, die Musik der Renaissance und des Barock, die Klassik (Epoche) und Romantik, die Neue Musik, die Oper, das Kunstlied, sinfonische Werke, Solistenkonzerte, Kirchen- und Kammermusik. Der Begriff umfasst eine lange Tradition und einen „Kanon mit Werken aus unterschiedlichen Epochen. In ihr liegt nie versiegende menschliche Kreativität. [...] In ihr liegen auch das Gemeinschaftserlebnis und die Begegnungen in den Opern- und Konzerthäusern“ (Nagano 2014: 11).

5.1.4 Das klassische Konzert

‚Konzert‘ meint hier das Ereignis einer meist öffentlich zugänglichen Aufführung – und nicht das Stilprinzip ‚concertierender Stil‘ und auch nicht die Bedeutung von ‚Concerto‘ als Ensemble. Es hat verschiedene Facetten wie Kammerkonzert, Recital, Sinfoniekonzert etc. (vgl. Metzler 2005: 125 ff.). Der Begriff bezeichnet seit dem 18. Jahrhundert öffentliche Aufführungen wie das concert spirituel in Paris, castle concerts in London, Subskriptionskonzerte z.B. von Mozart in Wien oder öffentliche Konzerte in Leipzig (woraus 1781 die Gewandhauskonzerte entstanden, vgl. Schaub 2002: 101). Das Aufkommen des öffentlichen Konzerts ist eng verknüpft mit der sozialgeschichtlichen Wandlung des Musiklebens, die dem Bürgertum den Zugang zum öffentlichen Konzert gegen Entgelt eröffnete. Das Konzert wurde zur festen Institution des öffentlichen Lebens (vgl. Neuhoff 2008: 0) und zu einem Ereignis, das nun die Musik in den Mittelpunkt stellte, die aus ihrer bisherigen Funktionalität (Repräsentation in der Kirche oder am Hofe) heraustrat. „Mit dem Zutritt und dem Zahlen des Eintrittspreises erkauft man sich die Möglichkeit, frei zu wählen je nach Programm und auch Kritik zu üben, unabhängig vom Urteil der Fürstenloge“ (Schaub 2002: 101).

Im Gegensatz zur Oper geht es um die rein musikalische Darbietung und die live und ohne elektrische Verstärker (vgl. Lengersdorf 2015: E) spielenden Musiker, wenngleich in den letzten Jahren teils auch technische sowie visuelle Elemente zu beobachten sind (etwa Video-Monitore, Lichteffekte). Während sich in Deutschland für die Konzert- und Opernorchester weitgehend die Übernahme der Trägerschaft durch Staat und Kommunen durchsetzte, mussten sich die Unterhaltungsgenres und ihre Musiker auf Märkten behaupten. Dort hat sich das Konzert anderen Musikstilen wie Jazz, Pop oder Rock angepasst. Hingegen sind Dramaturgie und Rituale des ‚klassischen bürgerlichen Konzertes‘ seit seiner Etablierung Mitte des 19. Jahrhunderts bis in die Gegenwart nahezu unverändert. Die Entwicklung des Konzertwesens blieb stets gekoppelt an den gesellschaftlichen, allgemeinkulturellen und technologischen Wandel, wie die Entwicklung der Klangspeicherung auf LP und CD und die Klangübertragung in Hörfunk als Zugangsform (vgl. Neuhoff 2008: 0). Damit stiegen auch die Ansprüche an die Qualität.

Das Konzert schien entbehrlich, hinzu kam der Zugang zu anderen Musikformen aus fernen Kontinenten, wie Jazz oder Tango. Erst in den letzten Jahren wurden auch im Klassikbereich zahlreiche neue Konzertformate entwickelt.

Konzerte sind nicht nur musikalische, sondern stets auch soziale Ereignisse – denn erst durch die Anwesenheit eines Publikums wird die Aufführung von Musik zum Konzert und nur dort kann Kommunikation entstehen. Unscharf ist die Abgrenzung zu Formen wie z.B. dem Public Viewing von auf Screens übertragenen Konzerten, dem Senden von Konzerten im Kino oder dem Live-Streaming eines Konzertes. Unscharf bzw. fließend ist auch der Übergang von Konzert zu Musikvermittlung (vgl. Kap. 6).

5.1.5 Kommunikation

Kommunikation beinhaltet Prozesse „symbolvermittelter Interaktion" (Leifeld 2009: 191 ff.). Der Begriff Kommunikation – etymologisch abgeleitet aus dem lateinischen ‚communicatio, ‚Mitteilung oder Unterredung' (vgl. Pons 2015) – meint zunächst in einem allgemeinen Sinn den Austausch von Mitteilungen, Botschaften oder Informationen zwischen Personen. Dieser Austausch erfolgt durch Symbole, etwa durch geschriebene und gesprochene Sprache oder auch nonverbal, etwa durch Mimik, Gestik, Blickkontakt in direkter persönlicher oder auch medial vermittelter Form. Menschen treten miteinander in Verbindung, verständigen sich, teilen etwas[17]. Im Hinblick auf den Inhalt und Sinn einer Mitteilung (vgl. Bode 2012: 88) werden verschiedene Elemente und Funktionen differenziert, u.a. die Darstellung von Objekten oder Sachverhalten, ein Ausdruck aufgrund von Eigenschaften oder Absichten des Kommunikators und ein Appell als intendierte Reaktion der Rezipienten. Jede kommunikative Handlung hat einen Beziehungsaspekt, eine Mitteilung definiert die soziale Beziehung zwischen den Akteuren, und aus wechselseitig aufeinander bezogener Kommunikation wird Interaktion (vgl. Bode 2012: 88; Gabler 2015: 0).

Übertragen auf die musikalische Ebene besagt das: Musik als kommunikative Form hat Bedeutung, die Künstler (Komponist, Interpret) möchten etwas ausdrücken und sie erwarten oder wünschen Reaktionen der anderen Musizierenden und des Publikums, zu denen sie in einer Beziehung stehen. Über Musik oder Konzert als Thema zu kommunizieren betrifft u.a. eine Information über den Sachverhalt wie

Ort, Zeit, Programm eines Konzertes, aber auch den Wunsch, damit etwas zu thematisieren. Der Appell richtet sich u.a. darauf, am Konzert (konzentriert) teilzunehmen und eine Beziehung zwischen Musikern und Hörern entstehen zu lassen.

Die folgenden Überlegungen betrachten nicht einzelne Kommunikationsmodelle oder theoretischen Ansätze zur wissenschaftlichen Erklärung von Kommunikation oder den Merkmalen und Voraussetzungen für ein Gelingen der Kommunikation, wenngleich dies punktuell angesprochen wird (etwa im Kontext mit der Diskussion um Parallelität von Musik und Sprache). Vielmehr wird es um verschiedene Formen der Kommunikation mit und über Musik auf den Ebenen der Kunst und der Markenführung und mögliche Verbindungen gehen. In diesem Sinne wird Kommunikation dann zu einem sehr komplexen System aus musikalischen und verbalen Aussagen in der Interaktion zahlreicher Kommunikationspartner auf verschiedenen Ebenen und mit unterschiedlichen Perspektiven auf die Musik (vgl. Lüddemann 2007: 10).

5.2 Emotion und Logik in der Verarbeitung von Musik

Im Folgenden werden die Besonderheiten der Verarbeitung von Musik mittels Verbindung von Emotion und Logik beim Musikhören als ästhetischem Prozess skizziert. Dieser Schritt ist die Grundlage dafür, dass Musik im Hörvorgang jedes einzelnen Teilnehmers – Musiker und Publikum – als Kunstwerk im Konzert überhaupt vollendet werden kann und dass durch konzentriertes Hören eine Interaktion von Publikum und Musikern ermöglicht wird. Der Zugang zu klassischer Musik verlangt zunächst die Fähigkeit, über einen längeren Zeitraum zuhören zu können: “Music has been an occasion for curiosity, speculation, excitement and we are still discovering Haydn symphonies, Handel operas. And it still requires a momumental effort of concentration for the concertgoer to absorb the Eroica as a full, continuous formal experience” (Bernstein 2007: 9)[18]. Sie verlangt, sich darauf einzulassen und sich mit den Inhalten zu befassen.

5.2.1 Besonderheiten der Wahrnehmung von Musik

Ein Violinkonzert wird vom Gehör nicht als ‚Konzert‘ aufgenommen. Es trifft zunächst als ‚Schallereignis‘, d.h. als Vielzahl auditiver

Informationen auf das Ohr und wird dann als sensorische Information im Gehirn aufbereitet, um es letztlich als Musik – als manifeste Information, als kognitive (gedankliche) Repräsentation – und nicht als Nebengeräusch oder Lärm einzustufen. Diese ‚Hör-Ebenen' arbeiten vernetzt, teilweise parallel (vgl. ausführlich Jourdain 2001, das gesamte Buch ist diesen Fragen gewidmet).

Musik ist insofern die Kombination aus einem komplexen Hörreiz und dessen kognitiver Aufbereitung und insofern immer ein vom Menschen geschaffenes „künstliches Gebilde" (Schaub 2002: 35). Wer Musik hört, hört tatsächlich zunächst unterschiedliche Grundelemente, wie Ton, Tonhöhe, Tondauer, Klangfarbe, Lautstärke, Tempo, Rhythmus, Phrasen und Kontur. Durch die vielfältigen Kombinationen von Tönen und Stille entstehen akustische Muster und Strukturen (vgl. Jourdain 2001: 87 ff.).

Diese lösen im Gehirn eine Vielzahl komplexer Funktionen aus, die der akustischen Analyse, dem auditorischen Gedächtnis, der auditorischen Gestaltbildung sowie der Verarbeitung von musikalischer Syntax und Semantik dienen. Im Vergleich zu den bildenden Künsten ist neben der Abstraktheit die Zeitdimension eine zentrale Besonderheit der Musik. Deshalb werden beim Musikhören und Musizieren viele unterschiedliche Wahrnehmungsvorgänge in einen auch zeitlichen Zusammenhang gebracht und dann im Langzeitgedächtnis als im Gehirn präsente „Musikbibliothek" gespeichert. Wer Musik hört, vergleicht sie mit bereits vorhandenen Mustern und prüft sie auf „Vertrautheit und musikalischen Sinngehalt" (Altenmüller 2002: 20 f.).

5.2.1.1 Musikalische Strukturen

Musikalische Strukturen werden beschrieben durch die Melodiestruktur, die Zeitstruktur, eine vertikale harmonische Struktur und eine dynamische Struktur (Kap. 9 greift auf diese Aspekte zurück). Die Melodiestruktur besteht aus Tönen, die zu Klängen, Intervallen und Konturen (Gestalt der Melodie) gebündelt werden – je nach Länge der jeweils betrachteten und verarbeiteten Zeitsegmente – und die bestimmten Symmetrieregeln und Harmoniegesetzen gehorchen.

Die Zeitstrukturen betreffen Metrum (den kontinuierlichen Schlag als Indikator für Tempi), Takt (Gruppierung von Grundschlägen zu einer Betonungsstruktur), Rhythmus (zeitliche Dauerstruktur von Tönen und Pausen) und Phrasierung (als zeitlich unterscheidbare Abschnitte) in einer bestimmten Ordnung. Neben diesem horizontalen Aufbau als

Abfolge von Tönen besitzt Musik eine vertikale Struktur, nämlich die Klangfarbe der einzelnen Töne und Harmonie der Mehrklänge.

Schließlich ist noch die dynamische Struktur eines Stückes zu hören als Lautstärkeverhältnis innerhalb eines Klanges – vertikale Dynamik – und als Lautstärkeverlauf – horizontale Dynamik – innerhalb einer Gruppe aufeinander folgender Klänge (vgl. u.a. Jourdain 2001: 164 ff.). Beim Hören werden einzelne akustische Ereignisse zu zusammenhängenden Einheiten, z.B. zu Motiven oder Melodien verbunden, d.h., das Gehirn bildet melodische und rhythmische Gruppen bzw. „auditive Gestalten" (Koelsch 2005: 0)[19]. Dieser Vorgang folgt den Gestaltprinzipien von Ähnlichkeit, Nähe oder Kontinuität und so werden bspw. die Einzeltöne eines Akkordes eben deshalb als Akkord wahrgenommen, weil sie zeitgleich gespielt werden.

5.2.1.2 Das Verhältnis von Musik zu Sprache

Aus evolutionärer Sicht baut Musik nicht auf der Entwicklung von Sprache auf, sondern ist Grundlage der Sprache (Koelsch/Schroeger 2008: 18 f.). Studien zeigen, dass Sprache und Musik im Gehirn eng miteinander verbunden sind: Die Verarbeitung von Sprache und Musik basiert auf stark überlappenden, teilweise sogar identischen neuronalen Ressourcen, und die Netzwerke im Gehirn, die bisher speziell für die Verarbeitung von Sprache zuständig zu sein schienen, verarbeiten offensichtlich auch (oder erst recht) Musik. Auch wenn funktionell bildgebende Verfahren oft eine linkshemisphärische Gewichtung für die Verarbeitung von Sprache und eine eher rechtshemisphärische Gewichtung für die Verarbeitung von Musik zeigen, sind oft beide Hemisphären in die Verarbeitung sowohl von Sprache als auch von Musik involviert. Die musikalischen Ereignisse werden ähnlich wie Sprache entsprechend einem musikalisch-syntaktischen Regelsystem zu zusammenhängenden Strukturen („Satzstrukturen") verbunden, analysiert und eingeordnet (Koelsch/Schroeger 2008: 9). Nicht nur ausgebildete Musiker, sondern auch Menschen ohne formales musikalisches Training haben ein implizites Wissen über die Regeln der musikalischen Syntax[20], das durch Hör-Erfahrung im Alltagsleben erworben wird, und sie reagieren mit Emotionen darauf (vgl. Koelsch/Schroeger 2008: 10).

Musik funktioniert zwar anders als gesprochene Sprache und es gibt keine eindeutige Bedeutung einer Tonfolge analog zu einem Wort, sie kann jedoch ebenfalls Bedeutung übermitteln. Ein Mensch, der Musik spielt oder komponiert, möchte sich ausdrücken, etwas mitteilen.

Diese musikalische Bedeutung (musikalische Semantik) kann durch Merkmale vermittelt werden, die bekannte Assoziationen wecken, wie etwa an einen Vogel, an Volksweisen oder an andere Kompositionen. Sie kann auch bestimmte Eigenschaften beschreiben, wie: hoch, hell, schnell, warm, weich. Sie kann aber auch durch das Arrangement formaler Strukturen wie Spannung, Auflösung, Überraschung durch einen unerwarteten Akkord u.a entstehen: musikwissenschaftlich die „Bedeutung von Musik sui generis“ (vgl. Koelsch/Schroeger 2008: 14 ff.).

5.2.1.3 Hören und Musizieren

Das Hörsystem ist lernfähig und neuere Ergebnisse zeigen, dass jeder Mensch Musik in etwas unterschiedlichen Hirnregionen verarbeitet und dass bereits eine geringe eigene musikalische Aktivität die Gehirnaktivitäten verändern kann (vgl. Altenmüller 2002: 18 f.). Universell für das Musikhören sind der Sinnesapparat im Innenohr, die Hörbahn vom Ohr zum Gehirn und die oberen Schläfenlappenwindungen, um Schallwellen als Musik dechiffrieren zu können.

Auch die überwiegende Arbeitsteilung zwischen der linken und der rechten Gehirnhemisphäre – rasche zeitliche Analyse sowie Rhythmus links, Verarbeitung von Tonhöhen sowie Melodie rechts – gilt als im Wesentlichen allgemein gültig. Die Vielfalt in der Aktivierung des Gehirns entsteht jedoch zum einen durch die Komplexität der gehörten Musik und zum anderen maßgeblich durch Unterschiede in musikalischen Aktivitäten und Erfahrungen. Elemente wie Rhythmen, Intervalle, Melodie, Phrasierung etc. werden in verschiedenen, teilweise überlappenden Hirnregionen verarbeitet, die mit steigender Komplexität stärker gefordert werden[21].

Im Gegensatz zum ungeübten Hörer ist bei Musikern dieselbe Musik mehrfach im Gehirn repräsentiert, nämlich als Klang bzw. Klangvorstellung, als Symbole (Noten) und als (geübtes) Bewegungsprogramm. Aktives Musizieren ist eine Hochleistung des gesamten Gehirns, denn es umfasst das planmäßige Zusammenspiel zahlreicher Nerven und Muskeln beim Spielen des eigenen Instruments, das Lesen und Interpretieren der Noten, das Pendeln der Augen zwischen Instrument, Noten, Dirigent und anderen Musikern, die ständige Kontrolle jeder musikalischen Nuance durch das Ohr, unterschiedliche Gedächtnisleistungen und musikalisches Vorstellungsvermögen, das Steuern und Einsetzen von Emotionen wie auch die Planung und Ausführung von Passagen im eigenen Stil (vgl. Jourdain 2001: 16 ff.).

Wie Musik bei einem Menschen im Gehirn repräsentiert ist, wird also von der Summe all dessen bestimmt, was er bisher auf musikalischem Gebiet erlebt und gelernt hat. Seine ‚auditive Lernbiografie' wird geprägt von Wissen, Erfahrungen, Emotionen, vom jeweiligen kulturellen Rahmen und der aktiven Auseinandersetzung damit (vgl. Altenmüller 2002: 25). Dieser Umstand wird in Abschnitt 5.3 im Kontext mit dem Begriff ‚ästhetische Prozesse' aufgegriffen, um zeigen zu können, warum ein klassisches Konzert durch konzentriertes, aktives Hören und von ‚geübten Hörern' anders erlebt werden kann und welche Implikationen dies für die Kommunikation hat. In jedem Falle bewirkt Musikhören eine einzigartige Verbindung von Logik und Emotion.

5.2.2 Einheit von Logik und Emotion in der Musik

Musik hat messbare Effekte auf den Pulsschlag, die Atemfrequenz[22], das vegetative Nervensystem, das Hormon- und das Immunsystem. Die Wahrnehmung von Musik kann zur inneren und äußeren Bewegung anregen (vgl. Koelsch/Schroeger 2008: 1, dort ausführlich zur Verarbeitung von Musik und ihren Elementen Melodie, Rhythmik, Semantik, Syntax). Das herausragende Merkmal der Musik aber ist ihre unmittelbare Wirkung auf die Emotionen: „Musik kann bewegen, ohne dass dies mit Worten angemessen ausgedrückt werden könnte" (Altenmüller 2002: 22, 25). Parallel wird Musik als „klingende Architektur" beschrieben (Schaub 2002: 232 ff.) und von Musikern, Konzertkritikern und Musikwissenschaftlern in ihrem logischen Aufbau analysiert.

5.2.2.1 Emotionen

Musikhören hat oft einen „selbstbelohnenden Charakter", und kaum ein anderes „Kommunikationsmittel" (Altenmüller 2002: 20) kann so starke emotionale Reaktionen auslösen – mit der Folge, dass Musik im Alltag und auch in der Werbung eine wichtige Rolle spielt. Musik „ist in der Lage, Landschaften, Gebäude, Situationen, Menschen und ganze Phasen der Vergangenheit in der eigenen Vorstellung auferstehen zu lassen" (Nagano 2014: 15).

Sprechen Menschen ‚über Musik', so sprechen sie meist über die Empfindungen, die sie bei ihnen auslöst. Musik kann als geradezu magisch und überirdisch empfunden werden und „selbst wenn sie zu Tränen rührt, kann dieses Erlebnis als begeisternd, angenehm oder beglückend empfunden werden" (Grewe 2006: 1). Die Emotionen werden subjektiv oft den Werken selbst als ‚Eigenschaft' zugeordnet – Forschungsergebnisse zeigen jedoch, dass keine universelle Kausalbeziehung zwischen einem bestimmten Musikstück und einer spezifischen emotionalen Wirkung besteht (obwohl es kompositorische Regeln gibt, die mit hoher Wahrscheinlichkeit von vielen Menschen ähnlich empfunden werden). Die Untersuchung verschiedener Musikrichtungen und des unterschiedlichen Gebrauchs von Musik zeigt, dass sie weder a priori und universal bestimmbare Gefühle erzeugt, noch per se eine spezifische Bedeutung hat. Beides entsteht erst in der Interaktion von Musik und Interpretation, im historischen und sozio-kulturellen Kontext, und zwar abhängig von erlerntem musikalischen und außermusikalischen Wissen, Erfahrungen, Erlebnissen und Geschmacksmustern sowie den akustischen Bedingungen von Konzertsaal bis zum iPad oder MP3-Player, von visuellen Eindrücken der Musiker und dem Gemeinschaftserlebnis des Hörens (vgl. Zalfen 2013: 0; Greve 2006: 7): Ein Stück wird nicht nur von jedem Menschen anders gehört, sondern auch bei jedem Hören anders.

Die emotionale Prägung von Musikproduktion und -rezeption hat sich in der Geschichte ebenso verändert wie die Musik selbst und ihre Aufführungsformen. Im Zuge dieser Entwicklung sind spezifische „Gefühlsordnungen musikalischen Ausdrucks und Erlebens entstanden, die Künstlern und Publikum ermöglichten, vielfältige Emotionen in Musik zu legen und ihr gegenüber zu empfinden" (Zalfen 2013: 0) – etwa durch einen Konsens über die Bedeutung von Tonarten für die Stimmung (wie C-Dur als ‚direkter Draht zu Gott'). Die Virtuosenkonzerte des 19. Jahrhunderts und die sich entwickelnde Rezeptionspraxis zeigen, wie das konzentrierte, still sitzende (Zu-)Hören als ‚Technik' entwickelt wurde, durch die bestimmte Eindrücke wie Hingabe, Ernsthaftigkeit oder Erhabenheit auch aktiv herbeigeführt werden können (betont von Noltze 2015: E).

Spezifische Bedingungen des Musik-Erlebens also prägten und prägen stets auch das Musikempfinden. Umgekehrt bestimmten geltende Annahmen über die Rolle der Musik für individuelle und generelle Empfindungen auch die Rahmenbedingungen für deren Erleben. Stillsitzen und andächtiges Zuhören formt das emotionale Erleben von Musik anders als rhythmisches Tanzen, marschierendes Singen oder Musik als Begleiterscheinung zum Essen oder Autofahren. Unterschiedliche Formen des Musik-Erlebens ermöglichen somit auch andere Emotionen. „Der Kontext verändert die Bedeutung von Musik und mit ihr die Gefühle der Identifikation oder Ablehnung, welche die Musik vermeintlich selbst hervorbringt oder auslöst“ (Zalfen 2013: 0). Viele Werke sind so komponiert, dass sie nur durch konzentriertes Zuhören überhaupt erfasst werden können (vgl. Langevoort 2015: E, der hier u.a. Bruckner und Mahler erwähnte).

5.2.2.2 Logik

Auch weil Musik erst durch die kognitive Aneignung entsteht (vgl. Schaub 2002: 239), beeinflussen Interpret und Hörer ihr Empfinden wesentlich selbst durch die Aufmerksamkeit und Bereitschaft, sich aktiv mit eigenen Erinnerungen, Wissen, Assoziationen auf die Musik einzulassen (vgl. Grewe 2006: 3). Dies kann, muss jedoch nicht das sein, was der Komponist oder Interpret auszudrücken intendierte. Musik wird außerdem als logisch-analytische Konstruktionsarbeit zu „klingender Architektur“, die die künstlerische Aussage in einen Bogen sinnvoller formaler Abläufe bringt – etwa durch die Berücksichtigung von Kompositionsregeln, formale Gestaltung, Stile und Umbrüche der Komposition wie auch durch die Aufführungspraxis (etwa die ‚historisch-informierte‘), durch die jeweilige Interpretation oder die Annäherung an die ‚Musiksprache‘ (vgl. Schaub 2002: 244 f.).

5.2.2.3 Einheit von Emotion und Logik

Das besondere Wesen von Musik liegt darin, dass beide Elemente – Emotion und Logik – in ihr „in vollkommener Undurchschaubarkeit vereint“ sind, denn die logisch-rationale Konstruktion ist geradezu die Voraussetzung dafür, dass der Künstler – Komponist, Interpret – sich in einer Form artikulieren kann, die „künstlerischem Rang entspricht“ (Schaub 2002: 248)[23]. Der Musik wird insofern ein ‚dialektisches Wesen‘ zugesprochen, das sich in der „Spannung zwischen emotionaler Wirkung auf den Hörer und der logisch-kritischen Reflexion ihrer Anlage“ (Böhm 2001: 251, mit Bezug auf Bloch) zeigt.

Der Pianist und Dirigent Barenboim formuliert diesen Zusammenhang so: „Eine Ansammlung von Tönen wird erst Musik, wenn alle Elemente in einem Kontext gegenseitiger Abhängigkeit verbunden sind. Es geht um ein Konzept, aus dem nichts herausgelöst werden kann – wo alles eins ist. So ist das Prinzip der Musik: Gefühl wird nicht vom Denken, das Denken nicht von der Wahrnehmung und das Temperament nicht von der Wissenschaftlichkeit getrennt (Barenboim 2005: 319). „In der Musik kann es keine Trennung zwischen Gedanken und Emotionen geben, zwischen Vernunft und Intuition – all diese Elemente fügen sich zu einer Einheit zusammen: welche kompositorischen Mittel wurden verwendet, wie sind die harmonischen Bezüge, wie der Weg der Melodie, die rhythmischen Muster, die Zusammenhänge – all diese Elemente müssen in irgendeiner Weise zur organischen Gesamtheit in Beziehung stehen“ (Barenboim 2005: 307).

5.2.3 Ästhetische Prozesse als Grundlage für Musizieren und aktives Hören

Aktives Hören und Konzerterleben sind eine bewusste, ganzheitliche Wahrnehmung der Musik und werden mit ihren Wirkungen wichtiger Teil der ‚Nutzen-Argumentation‘ sein (vgl. Kap. 7). Deshalb werden zunächst mit Bezug auf die in Kapitel 3 erläuterten Rezeptionsformen ästhetische Prozesse beschrieben, um dann das ‚aktive Hören‘ konkret zu erläutern. Der Begriff Ästhetik bezieht sich auf das griechische Wort ‚Aisthêsis‘ und meint eine ‚Kunst der Wahrnehmung‘ (vgl. etwa Brandstätter 2012: 0 mit Bezug auf Alexander Baumgarten).

Eine ästhetische Erfahrung geht von einer offenen, spielerischen, experimentellen Haltung aus und gelangt von bewusstem Erleben zum Beschreiben, Ausdrücken, zum Verstehen und Bewerten (vgl. Hoppe 2013b: 35 mit Bezug auf Baumgarten und Schiller). Gerade das Erleben von Kunst jeglicher Form, besonders umfassend in der Verbindung mehrerer Sinne (Sehen, Hören, Fühlen etc.), wird als modellhaft für ästhetische Erfahrungen auch im Alltag gesehen (vgl. Zirfas 2012: 0; Kahrmann 2010: 40). Diese Wahrnehmung umfasst neben der Sinnesinformation zusätzlich den geistigen Akt der Integration des Aufgenommenen in den Kontext früherer Erfahrungen. Als ‚ästhetisches Erleben‘ werden solche ganzheitlichen Vorgänge bezeichnet, bei denen ein Mensch sinnlich erfahrene, gefühlsorientierte Vorgänge gleichberechtigt mit der begrifflich-logischen und systematisierenden Verarbeitung verbindet.

Der Cellist Yo-Yo Ma beschreibt dies anschaulich: “Yet we are also aware that wise and balanced judgement results from integrating the critical and empathetic, taking emotions as well as reason into account. While this can’t be done in tandem, it does occur, we now know, through a loop-back process of layers of feedback [...]. Michelangelo famously said, ‘I liberate the statue from the marble’. Similarly, my music emerges from the life all around me and the world we all share together. One is the condition of the other." (Yo-Yo Ma, 2014: 0)[24].

Die Kombination der Rezeptionsweisen ‚Verstand und Gefühl' bewirkt einen Zirkel von ‚Wahrnehmen, Denken und Handeln' (vgl. Kahrmann 2013: 138; Sacks 2008: 53 f.). Das Nachdenken und die aktive Auseinandersetzung mit der Wahrnehmung als „Vor-Verarbeitung" wiederum ermöglicht bewusstes Agieren (auch in Form von Kommunikation), das dann zum Gegenstand weiterer Wahrnehmung und Reflexion werden kann. Ein solcher Zirkel umfasst stets kognitive und emotionale Anteile und kann Wahrnehmungen aller Art thematisieren – sowohl äußere Eindrücke und Vorgänge, etwa aus konkreten Lebens- und Alltagssituationen, der Umwelt und den Künsten, als auch „inneres Erleben und an frühere Sinneseindrücke gekoppelte Erinnerungen" (Kahrmann 2009: 233). Eine Erfahrung, die aus dem so erlebten Ganzen resultiert, unterstützt aufgrund ihrer Bildhaftigkeit Lernprozesse (also Bildung).

Um Eindrücke, Objekte oder Situationen zu erkennen, zu interpretieren und einzuordnen, werden Erfahrung, Erinnerung und Gedächtnis genutzt. Dies aktiviert die Phantasie und ermöglicht die Antizipation kommender Erfahrungen. Beides ist sowohl für das Musizieren als auch für aktives Musikhören und den Dialog über Musik relevant. Die Phantasie wiederum wird für jegliches schöpferisches Handeln genutzt, um Bilder bzw. Vorstellungen von noch nicht realen, aber möglichen Objekten, Musikwerken, Situationen und Prozessen zu entwickeln (vgl. Kahrmann 2009: 241; Sacks 208: 54).

Im Hinblick auf Musik ist sowohl die musikalische Schöpfung als Komposition gemeint wie auch als Interpretation und als individueller Hör-Eindruck. Sie entsteht sogar als rein gedankliche Hör-Vorstellung, etwa bei ‚Ohrwürmern' oder auch bei Ertaubung (vgl. Projekt ‚Feel the Music'). Ästhetische Erfahrungen ergeben sich also sowohl im rezeptiven Umgang mit vorhandenen Objekten wie einem Werk der Musik als auch in der Gestaltung. „Im Konzept der ästhetischen Erfahrung sind ästhetische Rezeption und ästhetische Produktion gleichermaßen mitbedacht". Der ‚Zirkel' ist ein andauerndes Wechselspiel „zwischen Sinnlichkeit und Reflexion, zwischen Emotionalität und Vernunft, zwischen Bewusstem und Unbewusstem, zwischen Materialität und Zeichencharakter, zwischen Sagbarem und Unsagbarem, zwischen Bestimmtem und Unbestimmtem" (Brandstätter 2012: 0). Der Zweck solcher ästhetischen Erfahrungen liegt im Prozess des bewussten Wahrnehmens etwa eines akustischen Ereignisses als Musik selbst begründet, und insofern ist die Musik als Kunstform zunächst zweckfrei (vgl. Zirfas 2012: 0).

Obwohl solche ästhetischen Erlebnisse wichtige positive Wirkungen entfalten können, bedingen sie nicht, Musik allein deshalb zu machen oder zu hören, weil es zum Beispiel Kinder intelligenter machen würde. Musik als Kunstform schult die Wahrnehmung, sie kann Utopien zeigen „frei von jedem Zweckdenken [...] Wer in der Kunst lernt, zweck- und urteilsfrei wahrzunehmen, wird auch in anderen Lebensbereichen feststellen können, dass es keine [...] geschichtsphilosophisch fundierte absolute Wahrheit gibt, sondern dass jede Wahrheitsbeschreibung ein Modell von Wahrheit ist, das die gleiche Daseinsberechtigung hat wie jede andere auf gleicher Bewusstseinsstufe“ (Heinze 2009: 30).

Wer die jungen Musiker des WEDO erlebt hat, bekommt eine Ahnung davon, wie eine solche Utopie des friedlichen Miteinanders von Israelis und Arabern funktionieren könnte und wie sich die individuelle ‚Wahrheit‘ jedes Einzelnen relativiert haben mag, indem er mit Studenten der jeweils anderen Nation gemeinsam geprobt und musiziert hat.

5.3 Aspekte des Konzert-Erlebens

“The observer has an impact on the thing observed - he changes it. So do active listeners ...” (Bernstein in Cott 2007: 95)[25]. ‚Musikhören‘ allein als ‚Beschallung‘ nebenher (Barenboim 2006, Reith Lectures 1, differenziert zwischen ‚hören – hear‘ und bewusst-aktivem ‚Zuhören – Listening‘) ist noch keine ästhetische Erfahrung. Ins klassische Konzert aber gehen Menschen, um bewusst Musik zu hören – als Antipode zum Alltag, der für diese Zeit außer Kraft gesetzt wird. Dies heißt nicht, dass andere Rezeptionsformen und -motive – soziale Kontakte, Unterhaltung, Identität – nicht ebenfalls gelten und manchmal auch dominieren können. Auf die Frage „Ist Musik zu hören eigentlich schwer?“ antwortet der Pianist Alfred Brendel: „Man sollte es jedenfalls nicht unnötig verkomplizieren. Immerhin soll man Musik ja genießen. Es ist auch durchaus möglich, dass sie einen erheben kann. [...] in einem Kunstwerk ist diese Verbindung [von Verstand und Gefühl] erhebend und beglückend. Das ist einer der wichtigen Unterschiede zwischen Kunst und Leben“ (Brendel 2011: 0).

Musizieren und ‚Zuhören‘ fordern wie gezeigt in besonderem Maße alle Bereiche des Gehirns und vor allem das Zusammenspiel der beiden

Hirnhälften, die tendenziell auf verschiedene Elemente von Musik spezialisiert sind (vgl. Abschnitt 5.2.1). Beim aktiven Musizieren, aber auch schon beim ‚Zuhören' werden ästhetische Prozesse im Verbinden von Wahrnehmung, Erinnerung, Antizipation und Fantasie wirksam (vgl. Kahrmann 2010: 151) – in einer Einheit von Kognition als Einbeziehung von Vorwissen und Emotion als Offenheit, sich von der Musik berühren, bewegen oder mitreißen zu lassen.

Aktives Musikhören bedeutet, das Hören und Verstehen von und Denken über Musik nicht dem Zufall zu überlassen, sondern die eigene Hör-Verarbeitung aktiv mitzugestalten. Und diese Verarbeitungsstruktur unterliegt individuellen und gesellschaftlich-historischen Veränderungen (vgl. Schaub 2002: 237).

5.3.1 Musik verstehen

Wie erwähnt ist das, was Musiker im Konzert produzieren, für die Hörer noch nicht Musik, sondern es sind akustische Reize, die gedacht und konstruiert sind, um im Zuge einer Wahrnehmungssynthese zu Musik gemacht zu werden. Betrachtet man Musik als Form der Kommunikation, geht es nicht allein darum, eine musikalische Information oder Botschaft auszusenden, sondern auch darum, ob und wie die Empfänger diese verstehen. Wie viel Vorwissen es erfordert, Musik und besonders klassische Musik zu ‚verstehen', ist individuell verschieden und abhängig von der Hör-Erfahrung, die sich im Gehirn niederschlägt. Studien zeigen, dass auch Menschen ohne explizites musiktheoretisches Wissen musikalische Syntax verarbeiten und musikalische Semantik verstehen können (vgl. Koelsch 2004: 0). Manche Menschen erfassen außerdem intuitiv sehr viel, was sie kaum in Worte fassen können und worüber „sie noch gar nicht nachgedacht haben. Und es gibt andere, die sehr viel wissen und sich gerade dadurch einen lebendigen Zugang zur Musik verbauen" (Brendel 2011: 0). Generell gilt aber, dass ein Hörer umso mehr erspürt und hört, je mehr Hör- und Reflexionserfahrung er hat (vgl. Gerhaher 2015: 24).

5.3.1.1 Abstufungen

Das ‚Verstehen von Musik' hat also individuell abgestufte Ausprägungen, die vom rein intuitiven Aufnehmen und Verstehen im Sinne von ‚diese Musik bewegt, sie weckt Gefühle und Assoziationen' über einen ‚bewussten Akt des Verstehens' aufgrund zusätzlich angeeigneten

Wissens bis hin zur musikwissenschaftlichen Formanalyse reichen (vgl. etwa Mahrenholz 2011: 27 f.; Fladt 2012: 0). Zum Musikverstehen gehört auch, das Rätselhafte zu akzeptieren.

Jede Verstehens-Stufe benötigt einen Vorrat an „kognitiven Strukturen“, die den akustischen Reiz übersetzen und als Musik identifizieren können. In der Sprache erfolgt eine Vergleichsanalyse sowohl im Hinblick auf die konkrete lexikalische Bedeutung eines Wortes (Denotation) wie auch auf die Konnotation, zu der all das gehört, was assoziativ und gefühlshaft „mitschwingt“. Die Musik allerdings kennt keine „lexikalisch abgesicherte Übersetzung“ z.B. einer Tonfolge, einer musikalischen Phrase – also auch keine Denotation (Schaub 2002: 246). Umso weiter ist dadurch der Bereich der Konnotation. Obwohl eine Sinfonie nicht ‚übersetzt‘ werden kann, kann sie dennoch ähnlich verstanden werden wie eine Sprache bzw. eine Erzählung, denn konnotativ wirkt alles mit, was Hörer über Musik generell und das jeweilige Werk speziell wissen, und gibt dem akustischen Reiz einen ‚Sinn‘, sodass man empfinden kann: ‚Diese Musik sagt mir etwas.‘

„Kann er [ein Musikliebhaber] je hören, was ein Komponist hört?“ fragt der Schriftsteller Cees Nooteboom den Komponisten Arvo Pärt: „Der estnische Komponist, der vielleicht ein Mystiker ist, lächelte mich an und sagte mir, dass es keine Rolle spiele, ich solle die Musik einfach in mich aufnehmen, so würde ich hören, was der Komponist gemeint hat“ (Nooteboom 2015: 0). Jeder Hörer wie auch jeder Musiker wird also sein individuelles ‚Verstehen‘ der Musik haben und darf dies auch, da es in der Musik nicht das ‚eine einzig richtige Verstehen‘ gibt.

5.3.1.2 Intuitives und bewusstes Wissen

Musik – auch komplexe, klassische Musik – erschließt sich also zum Teil intuitiv, einfach durch aufmerksames, sensibles Zuhören. Entsprechend unterschiedlich sind die Erinnerungen von Menschen an ihr ‚erstes Schlüsselerlebnis‘ mit Musik – oft ist es eine unerklärbare Faszination, die berührt und neugierig gemacht hat. „Hört man Bach, hat man eine Ahnung von etwas absolut Außergewöhnlichem, einer Ordnung, die dieser Musik ihr festes Fundament gab und dem Menschen ein Gefühl tiefer Sicherheit“ – so beschreibt der Dirigent Kent Nagano seine „gänzlich unreflektierten Reaktionen“ als Kind auf die Musik Johann Sebastian Bachs – noch ohne theoretisches Wissen über die musikalischen Prinzipien und die Kompositionskunst dahinter (Nagano 2014: 44).

Da Musik „als ein historisch bedingtes soziales und kulturelles Feld“ immer im Kontext der Zeit und des Umfelds ihres Entstehens und ihrer Aufführung steht (Zalfen 2013: 0), wird der Zugang zum Verstehen jedoch erleichtert durch Informationen und Wissen über den Komponisten, seine Zeit, den musikgeschichtlichen Zusammenhang, über historische Aufnahmen und Aufführungen, über die Interpreten des Konzertes oder über den Saal. „Mehr Informationen über die Komponisten zu haben, das schadet nie [...]. Es ist sicherlich wichtig zu wissen, dass Beethoven taub war. Aber hilft es einem, die fünfte Sinfonie oder die ‚Pastorale‘ zu verstehen? Nein. Dass man die Biografie eines Komponisten gut kennt, heißt bei weitem nicht, dass man seine Stücke gut aufführen kann. Die Biografie kann eine Inspiration sein. Das Stück bleibt immer eine Welt in sich“ (Barenboim im Interview mit Blech 2015: 0).

Auch die Beobachtung der Interpreten im Konzert wirkt auf diesen Prozess. Wenn der Hörer weiß, dass im WEDO bewusst jeweils ein Israeli und ein Araber Pult an Pult sitzen und er sich mit dem Hintergrund befasst hat, wird er diesem gemeinsamen Musizieren und dem gespielten Werk hinaus weitere Bedeutung zuordnen. Es kann bereichernd sein, Strukturen musikalischer Muster und Gestaltbildung zu kennen und sich damit auseinanderzusetzen, aber auch ohne ‚musikwissenschaftliche Detailanalysen‘ kann der Hörer ein Werk verstehen.

Der Lied- und Opernsänger Gerhaher hinterfragt sogar die Möglichkeiten, „die Musik wirklich über das Erkennen formaler Zusammenhänge zu hören und zu genießen“ (Gerhaher 2015: 88). Wer aber z.B. die ‚große Fuge‘ von Beethoven im Wissen darum hört, wie sehr sich dieser Komponist für Freiheit einsetzte, wie revolutionär er in seinem Denken und Arbeiten war und wie er zugleich anhand dieser Form seine Position darstellt, dass Freiheit eine Orientierung und Grenzen braucht, die überschritten werden, wird sich vielleicht auch für das Konzept der Fuge grundsätzlich interessieren und dann dieses Werk anders hören.

Alles latent vorhandene Hintergrundwissen kann beim Hören in die Erwartung einfließen und wird mit Erinnerungen, auch an vergangene Aufführungen oder Audioaufnahmen und deren Rahmen, verknüpft. Dies ermöglicht dann ein (Wieder-) Erkennen eines musikalischen Themas, den Vergleich mit anderen Aufführungen, den Verweis auf musikalische Motive anderer Werke. Nur so ist es etwa möglich, den Verweis auf einen Bach-Choral in Alban Bergs Violinkonzert zu erkennen. Da die unbewussten Erwartungen nicht identisch mit den akustischen Informationen sind, kann der Hörer bei jedem Anhören Neues erkennen –

und sich im Livekonzert von der Besonderheit und Einmaligkeit genau dieser Interpretation überraschen lassen. ‚Expect the Unexpected' ist das dahinter stehende Prinzip (vgl. Nagano 2014, Buch-Untertitel). Kreativität ist „von Natur her nicht dazu da, Erwartungen zu erfüllen, sondern neue, bisher ungeahnte Wege zu beschreiten und zu überraschen" (Schaub 2002: 234 ff.).

5.3.1.3 Barrieren auflösen

Ein bisher unbekanntes Werk regt die Fantasie an, die aber an bisherige Erfahrungen anknüpft. Sind jedoch überhaupt keine kognitiven Strukturen da, die den akustischen Reiz zu einer sinnvollen Wahrnehmung machen, kann dies Angst, Verwirrung und Abwehr auslösen – ein Problem mancher Formen der ‚Neuen Musik' (vgl. Schaub 2002: 235; Barrico 2006: 57 ff.).

Dies ist auch eine mögliche Zugangsbarriere für Menschen, die bisher keinen Kontakt zur klassischen Musik hatten. Viele Menschen glauben (dies zeigen auch die Experteninterviews, etwa mit Noltze, Langmaack), man müsse Noten lesen können, um klassische Musik hören und ‚verstehen' zu können, und wagen sich daher nicht ins Konzert, fühlen sich ausgeschlossen. „Auch wer oft in Konzerte geht, fühlt sich nicht berufen, die besonderen technischen und historischen Aspekte zu begreifen, von denen er glaubt, dass sie einer Schar von Auserwählten vorbehalten sind. Die Musik scheint von einem magischen Bannkreis umgeben. Das soll uns aber nicht beunruhigen: Die Kraft, mit der sie zu uns spricht, wird durch das Enthüllen ihrer Geheimnisse und durch die Verbreitung ihrer Kenntnis nicht berührt. Niemals ist die Verbreitung von Wissen gefährlich, wenn sie seriös betrieben wird. [...] Jeder muss in der Lage sein, den Abstand zu überbrücken, der den Laien vom Sachverständigen trennt, er muss so weit vordringen können, wie ihn seine Neugier und sein Interesse treiben. Ich glaube nicht an die strenge Trennung, das dogmatische Entweder-Oder zwischen der Kunst und ihren Konsumenten, zwischen der Genialität und ihrer Umsetzung in Realität, zwischen Spezialisten und Laien" (Abbado in Hager 2000: 133).

Ansätze, diese Barrieren aufzulösen, bieten Offenheit, ein ehrliches, einladendes Verhalten, klug und interessant gestaltete Informationen über Konzerte und ihre Werke sowie spannende Einführungen und Diskussionen, wie sie inzwischen von einigen Konzerthäusern und

Festivals entwickelt und angeboten werden und die zum Gelingen der Kommunikation mit und über Musik beitragen (vgl. Kap 7, 8).

Im Hinblick auf das geschilderte MCO-Projekt ist zu ergänzen, dass Musik im Konzert nicht nur über das Gehör, sondern auch – und bei Hörgeschädigten besonders – über Sehen und Fühlen (von Rhythmus, Bewegung) wahrgenommen wird. Sofern die Taubheit nicht angeboren ist, wird Musik auch dann durch die Hör-Vorstellung des Gehirns als ‚inneres Hören' wahrgenommen (vgl. Sacks 2008: 46). Musik ist abstrakt und dennoch enger als alle anderen Kunstformen mit Emotionen und Bewegung verbunden. Sie kann eine „wunderbare, formale, fast mathematische Vollkommenheit besitzen, sie kann auch von herzergreifender Zartheit, Schmerzlichkeit und Schönheit sein (Bach verstand es bekanntlich meisterhaft, all diese Eigenschaften zu vereinen) [...] Wir können uns an Musik erinnern, sie mittels Vorstellungskraft oder auch Halluzinationen zum Leben erwecken, einfach weil wir sie mögen – das ist Grund genug" (Sacks 2008: 53).

5.3.2 Aktives Hören

Das Zusammenspiel von Wahrnehmung, Erinnerung und Phantasie beim Musikhören kann entwickelt und trainiert werden – durch Wissen und Vertrautwerden mit der Struktur eines Werkes, durch bewusstes wiederholtes Hören, ggf. Takt für Takt, evtl. ergänzt um verständliche Strukturanalysen (vgl. Schaub 200: 246). So wird es möglich, Unterschiede im Klang und in der Interpretation zu erkennen und daraus Vergleiche und Schlüsse zu ziehen, nicht nur als Kritiker (vgl. Kahrmann 2010: 151). Dabei zeigen sich die durch akustische Anregungen inspirierten Eindrücke und Erinnerungen nicht nur akustisch, sondern oft auch bildhaft oder farbig. Umgekehrt rufen Bilder, Texte, oder Bewegungen Gedanken oder Ideen zur Musik hervor (vgl. Sacks 2008: 63 ff.).

Offenheit und Neugier sind der wichtigste Zugang zur Auseinandersetzung mit der Musik: „Svegliare l'orecchio, gli occhi, il pensiero umano ... – das Ohr aufwecken, die Augen, das menschliche Denken ...", formulierte der Komponist Luigi Nono (zitiert nach Stenzl 2014: 0 mit Bezug zu Nonos ‚Prometeo – Tragedia dell'ascolto – Tragödie des Hörens').

Musik ist ein Spiel aus Mustern, aus Regeln und gezielten Regelverletzungen. Um von einer harmonisch überraschenden Wendung tatsächlich überrascht zu werden, ist entsprechende Kompetenz notwendig, und diese wird durch Erfahrung erworben und vertieft (vgl. Grewe 2006: 6). Dabei wird auch deutlich, dass nicht ‚das erste Gefallen‘ das vorrangige Beurteilungskriterium für Musik als Kunstwerk ist. Vielmehr führen Offenheit, Neugier, Interesse, die aktive Auseinandersetzung mit Überraschungen und Eindrücken von der Wiedererkennung zum Entschlüsseln des Gehörten, also zu einem neuen Verstehen, und dieses Erleben wiederum führt zu ‚Gefallen‘. Das alles lässt sich nicht mit Willensdruck herbeiführen, sondern entwickelt sich durch offenes, unvoreingenommenes Zuhören. Dazu kann kluge Kommunikationsarbeit einen wichtigen Beitrag leisten (vgl. Kap. 6, 7 und 8).

Studien zeigen, dass komplexere Musik (dort Stücke von Bach und Mozart) in Kombination mit besonders wachem und aufmerksamen, ‚schöpferischem‘ Hören aufgrund vorheriger Auseinandersetzung mit den Werken und einer Identifikation mit diesem Musikstil besonders positive Gefühle auslöst. Auf diese Weise entsteht ein emotionaler Prozess, bildlich gesprochen ein „Dialog zwischen Musik und Hörer“ (Grewe 2006: 6). „Ich erinnere mich an die Aufführung von Mozarts Requiem, die Bruno Walter dirigiert hat, an sein freundliches heiteres Gesicht. Er lächelte, wenn er sich bei den Einsätzen [Claudio Abbado und Zubin Mehta hatten sich als Chormitglieder angemeldet, um Bruno Walter bei den Proben erleben zu können] uns zuwandte, in einer Art, dass ich damals dachte, er musiziert im Einverständnis mit dem Komponisten, es war, als seien beide in ein Gespräch miteinander vertieft, das nicht aufhörte“ (Abbado in Hager 2000: 79).

Dass positives emotionales Erleben zu einem großen Teil vom Hörer selbst mitbestimmt wird, führt zu Eigenverantwortung und damit zu Freiheit im Erleben. Solche Erfahrungen und Emotionen lassen sich nicht konsumieren und sind nicht als Gabe von Dritten zu erwarten (können aber von diesen gefördert werden), sondern „entspringen als Prozess aus uns selbst“ (Grewe 2006: 7 und ähnlich Noltze 2010: das Buch insgesamt befasst sich mit diesen Fragen). Es ist wie beim Spiel – wenn die Materie, das Instrument, das Hören oder das Spielen beherrscht wird, kann es sich entfalten, analog zum Sport. Das Spielerische ist meist hart erarbeitet und die „besonders hohe Form der Kunst“ (Metzmacher 2005: 161).

Die aktive Auseinandersetzung mit Musik ermöglicht dem Hörer, sich in Situationen, Personen, Gefühle und Gedanken zu versetzen, die dem eigenen Leben vielleicht bisher fremd geblieben sind, die aber zu den „existenziellen Grundfragen“ (Noltze 2015: E) gehören wie etwa

Verlust, Tod, Leben, Trost, Glaube, Liebe, Freundschaft, Trauer, Angst, Abgründe, Schrecken, Traurigkeit, Ausgelassenheit, Freude, Hoffnung, Freiheit, Wahrheit, Farben, Natur, Chaos, Ordnung, Humanität und Schönheit.

Wer die ‚Kunst der Fuge' von J.S. Bach im Bewusstsein dessen hört, welche Bedeutung dieses Werk, das er nicht mehr vollenden konnte, für ihn hatte, wird das Abbrechen des letzten Contrapunctus mit einer besonderen Intensität erleben. Außerdem ist dieses Werk das eindrucksvolle Zeugnis seiner Kompositionskunst und der Bündelung existenzbezogener Aussagen (vgl. ausführlich Wersin 2011: 151).

Wer etwas über die Hintergründe von Bachs ‚musikalischem Opfer' erfahren hat und sich bewusst macht, dass „die Improvisation einer sechsstimmigen Fuge […] mit dem Spielen – und Gewinnen – von 60 simultan blind gespielten Schachpartien zu vergleichen" ist, der wird die Stimmen des finalen Ricercare (vgl. Titelbild) mit Neugier und umso größerem Staunen verfolgen (Hofstadter 1991: 7). „Die klassische Musik ist ein Universum, das sich ausdehnt, sobald man sich hineinbegibt [...] Dieses Universum umfasst all diese ästhetischen Ausdrucksformen, die über die Anordnung von Tönen geschaffen wurden und werden [...] ein Abenteuer, das wir erleben, wenn wir uns auf sie einlassen. Sie nimmt uns mit in eine andere Welt. Sie entfaltet dort eine ungeheure Macht. Und aufgrund dessen kann sie uns viel geben" (Nagano 2014: 11). Wer also aufmerksam hört, kann dieses Universum entdecken.

Für das Qualitätsempfinden des Hörers ist dabei auch wichtig, sich des Einflusses der Studioaufnahmen auf die Erwartungen und der Tatsache, dass diesen Aufnahmen aufgrund der Bearbeitung oft die Authentizität fehlt (analog digital bearbeiteter Fotos), bewusst zu sein. Mit der Tonaufnahme hat nicht nur die Erreichbarkeit der Musik zu jeder Zeit zugenommen, sondern auch die Präzisionsanforderungen. Das betrifft nicht nur die Hörer, sondern auch die Musiker. „Die Platte hat, im Verein mit dem Einfluss moderner Urtextausgaben und den Ansprüchen zeitgenössischer Musik, die Hörgewohnheiten umgepflügt. Es lässt sich nicht verschweigen, dass die Wirkung auf den Spieler nicht nur reinigend, sondern auch sterilisierend – nicht nur sammelnd und klärend, sondern auch hemmend und vereisend sein kann. Der Interpret, der auf Sicherheit spielt, wagt weniger an Schwung Tempo und Selbstvergessenheit. Die Platte setzt heute Maßstäbe einer Perfektion des mechanischen, nicht des musikalischen Ablaufs, die der Konzertsaal selten bestätigt. Sie bringt Künstler hervor, die im Konzert wie für die Platte spielen, weil sie vom Hörer befürchten, dass er ihnen wie einer Schallpatte zuhört“ (Brendel 2005: 438 zu ‚Genauigkeit und Seele‘).

Genau dies kann aber die besondere, lebendige, authentische Atmosphäre eines Konzerts beeinträchtigen. Diese kann sich nur entfalten, wenn sich alle Beteiligten gemeinsam auf die ‚Reise‘ einlassen – auch dies ein kommunikativer Aspekt der Musik. Besondere Konzerte zeichnen sich dadurch aus, dass aus dem Risiko und der Selbstvergessenheit im Zusammenspiel mit konzentriertem Hören einzigartige Momente entstehen (was nicht heißt, dass es nicht auch hörenswerte Aufnahmen geben würde).

Die in Kapitel 5 geschilderten Aspekte des Hörens prägen wesentlich auch die Hör-Erwartungen, Motive und Rezeptionsformen. Das Wissen darum ist auch und wiederum die Basis all dessen, was den Interpreten im Konzert als Möglichkeiten musikalischen Ausdrucks dient, und somit ganz wesentlich für die Musik als Form der Kommunikation (vgl. dazu Kap. 6). Es hat auch Auswirkungen darauf, wie über Musik und das Konzert kommuniziert werden kann und sollte (siehe dazu ausführlich Kap. 7 und folgende).

6 Das Konzert als Form der Kommunikation und seine soziale Relevanz

„Das totgesagte Konzert lebt in den dafür geschaffenen Sälen weiter und bleibt, Glenn Gould[26] *zum Trotz, der eigentliche Tatort des Musizierens. Ich will nicht dogmatisch sein und bereitwillig zugeben, dass es Konzerte gibt, die von allen Lebensgeistern verlassen sind, und Schallplatten von elektrisierender Vitalität. Dennoch werden im Konzert Spontaneität, Spannung und Risiko, im Studio Überlegung und überlegene Methode eher den Ton angeben. [...] Das Konzert hat anderes zu sagen und sagt es anders. Nachdem wir [...] so viel von der Studioaufnahme gelernt haben, scheint es an der Zeit, wieder einmal ins Freie zu treten und beim Konzert in die Schule zu gehen." (Alfred Brendel 2005: 439)*

Im Folgenden werden die Möglichkeiten aufgezeigt, wie ein Ensemble innerhalb der Musikergruppe und mit dem Publikum kommunizieren kann. Außerdem werden die Gedanken zum ästhetischen Erleben aufgegriffen und Wirkungen und Potenziale solcher Prozesse auch an Beispielen erläutert. Weiterhin wird anhand der Ansätze der Musikvermittlung der Übergang von der Musik als Form zum Thema der Kommunikation aufgezeigt.

Daraus kann auf verschiedenen Ebenen soziale Relevanz entstehen. Auf einer Ebene wird Publikum erreicht und begeistert und durch das besondere Erlebnis zum Wiederkommen und Weiterempfehlen motiviert, was zu Relevanz einfach durch die Nachfrage führen kann. Dies ist u.a. ein intendierter Effekt erfolgreicher Markenführung.

Eine andere Ebene sozialer Relevanz zeigt, dass Musik als ästhetische Erfahrung besondere Wirkungen entfalten kann, die im Kontext mit kultureller Bildung Vorteile für eine Gesellschaft und ihr Zusammenleben haben. Außerdem ist Musik wie alle Künste „nur dann gesellschaftlich lebendig, wenn Menschen an ihnen teilhaben können, passiv oder aktiv" (Nagano 2014: 31) und sie kann in bestimmten Situationen für gesellschaftliche Gruppen oder ganze Nationen hohe Symbolkraft haben.

6.1 Vielfalt der Gestaltungsmöglichkeiten

Das Musizieren eines Ensembles kann in mehrfacher Hinsicht als Kommunikation verstanden werden: zunächst unter dem Aspekt der ‚Musik als Sprache', dann im Hinblick auf die Zusammenstellung des Repertoires und die konkrete Gestaltung des Programmes, weiterhin durch die konkrete Interpretation der ausgewählten Werke in einer eigenen Klangsprache sowie im Kontext mit der Abstimmung der Musiker während des Probens und Konzertierens. Es ermöglicht sogar noch nach Jahrhunderten die Verbindung zwischen dem Komponisten als Schöpfer und den Musikern, den Zuhörern und der Gesellschaft von heute.

6.1.1 Musik als Sprache

„Meine Sprache versteht man durch die ganze Welt." (Joseph Haydn vor seiner Reise nach London; vgl. Fladt 2012: 0). Schon bei Rousseau findet sich die These, Sprache und Musik hätten ursprünglich eine Einheit gebildet aus dem menschlichen Bedürfnis heraus, Gefühlen Ausdruck zu verleihen (vgl. Ammon 2011: 94). Und obwohl, wie gezeigt, Musik anders als gesprochene bzw. geschriebene Sprache funktioniert, können Musiker mit ihr etwas ausdrücken und mitteilen – diese Mitteilung, „musikalische Semantik", dient also der Kommunikation (Koelsch/ Schroeger 2008: 14 f.).

Neurowissenschaftliche Grundlage für die These, Musik sei bei der Evolution des Menschen als eine ‚Sprache des Gefühls' entstanden, ist heute die nachgewiesene Verbindung und ähnliche Verarbeitung der beiden für den Menschen charakteristischen Fähigkeiten ‚Musik' und ‚Sprache' im Gehirn (vgl. Koelsch 2004: 1). Und während ‚begriffliche' Sprache vor allem dazu dient, reale Inhalte zu vermitteln, kann Musik als Sprache des inneren Erlebens, des Beschreibens emotionaler Wahrnehmung und von Bewegung gesehen werden (vgl. Jourdain 2001: 334, 357) – ihre Aussage ist globaler und wirkt assoziativ. „Das Wesentliche zu vermitteln, darum geht es. Wenn die Botschaft deutlich wird, versteht sie jeder […] – wie es passiert, bleibt ein Geheimnis. Wir sind ihm auf der Spur, ein Leben lang" (Metzmacher 2005: 182). Ein sehr konkreter Aspekt von ‚Musik als Sprache' gilt für Musiker, die in einer Partitur alle dieselben Noten, Angaben zu Tempi und Lautstärke lesen, verstehen und in ihr Instrumentalspiel umsetzen.

6.1.2 Musizieren als kultiviertes Miteinander

Dies genügt noch nicht, um als Ensemble ein Werk gemeinsam lebendig aufzuführen. Dazu gehören das Erarbeiten von Werken, die konstruktive Diskussion über die Interpretation, das Hören und Beachten der Stimmen anderer Instrumente wie auch die künstlerisch-kollegiale Zusammenarbeit in den Proben und im Konzert. Ein wichtiger Kommunikationsaspekt ist also das gemeinsame Musizieren als kultiviertes Miteinander. Musik wird so zu einer Form des zivilisierten Dialogs bzw. der Interaktion und zwingt zu diszipliniertem, konzentriertem und abgestimmtem Zusammenspiel vieler Stimmgruppen und Musiker – illustriert u.a. im Bonmot Goethes, der das Quartettspiel als geistreichen Diskurs von vier vernünftigen Leuten beschrieb. Dieses Zusammenwirken ist ebenso wenig trivial wie das Zusammenspiel einer Sportmannschaft oder eines Teams in einem Unternehmen.

Ein Beispiel, in dem besondere Herausforderungen gemeistert werden müssen, zeigt das WEDO, das die Spannungen auch artikuliert und als Vorbild für ein harmonisches Miteinander in der Gesellschaft über seine Musik demonstriert, indem sich in jedem Konzert je ein Israeli und ein Palästinenser, nebeneinander musizierend, ein Pult teilen. Deutlich wird dabei auch, dass Kommunikation hier eine Handlungsoption in dem beschriebenen Zirkel ‚Wahrnehmen – Denken – Handeln‘ ist und somit ein Bestandteil ästhetischer Prozesse. Derartige Prozesse und Erfahrungen fördern also kommunikative Fähigkeiten: Es geht stets um das aufmerksame Zuhören, um das Aufeinander-Hören, um harmonischen Einklang statt Missklang zu erzeugen. Diesen Aspekt betonen auch die BPhil (vgl. Zitat Rattle in Abschnitt 4.1) und das MCO mit Bezug auf die kammermusikalische Ausrichtung, die das Arbeiten ohne Dirigent erlaubt. Diese Form von Kommunikation ist es auch, die eine ‚Klangidentität‘ eines Ensembles entstehen lassen kann (vgl. Nézet-Seguin 2015: 0) – und sie ist insofern markenrelevant (dazu Kap.7).

6.1.3 Interpretation und Aufführung als künstlerische Botschaft

Im Mittelpunkt eines Konzerts steht die konkrete Interpretation und Gestaltung der ausgewählten Werke. Damit wird das jeweilige Verständnis der künstlerischen Aussage und Botschaft des Komponisten durch die individuelle Interpretation seines Werkes im Konzert ausgedrückt. Dies ermöglicht die ‚Kommunikation mit Musik‘ – nämlich als

Kommunikation der Interpreten über Wahrnehmungen des Werkes und daraus gefolgerte Erkenntnisse.

Zu diesem sehr umfassenden Thema sollen hier einige Zitate von Persönlichkeiten des Musiklebens die Herausforderungen lediglich skizzieren. „Das ist ein Ziel, das wir uns alle gesetzt haben, wenn wir Musiker sein wollen. Wir wollen alle den Ausdruck finden. Wir sind als Musiker in der glücklichen Lage, Botschaften weitertragen zu dürfen, aber bevor man etwas weiterträgt, muss man's ja erst mal selbst erkannt haben, man kann nicht etwas interpretieren, was man nicht verstanden hat“ (Klaus Stoll, langjähriger Solobassist der BPhil in Hager 2000: 176). Dazu bedarf es neben rein technischen Fähigkeiten eines profunden Wissens und der Phantasie: “The values behind arts – integration, collaboration, flexible thinking and disciplined imagination – lead to the capacity to innovate. A pianist skilled to both read and improvise music is open to listening to what is around him but knows that, to reach excellence, he needs to filter the imagination through the discipline of knowledge. When he performs, you will know instantly if he has achieved that right balance and if it works or not” (Yo-Yo Ma 2014)[27].

Um den intendierten musikalischen Ausdruck zu erreichen, wird sehr bewusst die Verbindung von Logik und Emotion genutzt: „Man kann Gefühl durch einen Gedankenprozess veredeln. Der positive Nutzen von rationalem Denken in der Musik liegt darin, dass er der Intuition einen neuen Impuls, eine neue Freiheit und ein größeres Wissen gibt. Und größeres Wissen bedeutet nicht notwendig weniger Gefühl. Da ein Ton als solcher keinen Ausdruck besitzt, kann Ausdruck in der Musik nur durch bewusste Gestaltung des Klangs bzw. der Klangfülle aufeinander folgender Töne erzeugt werden – und diese wiederum ist im Zusammenhang des gesamten Stücks zu sehen“ (Barenboim 2005: 274 f.). Dabei bezieht sich ‚Ausdruck‘ in der Musik nicht auf die Umsetzung von Gefühl, sondern es geht um das Ausdrücken von Musik selbst, um ihre eigene Bedeutung (vgl. Metzmacher 2005: 24). Wichtig ist die Erkennbarkeit der „wesentlichen Dinge“ im musikalischen Gefüge als ein anzustrebendes „schwebendes Gleichgewicht“ (Brendel 2011: 0).

6.1.4 Repertoire und Programme

Auch die bewusste Auswahl und Entwicklung des Repertoires und die Gestaltung konkreter Konzertprogramme ggf. im Kontext mit der Wahl von Ort und Zeit der Aufführung sind eine Möglichkeit der Kommunikation (vgl. Schmidt 2015: E, diesen Aspekt hervorhebend).

Ein Ensemble kann mit dem Repertoire verdeutlichen, welche musikalischen Schwerpunkte es setzen möchte – indem es sich etwa spezialisiert auf Barockmusik, auf die Moderne, auf kammermusikalische Formen oder auf Komponisten – oder indem es alles spielen kann wie etwa die BPhil (vgl. Schmidt 2015: E). Es kann zeigen, wie es sich weiterentwickelt, und das Repertoire ausbauen, z.B. indem ein Spezialensemble für ‚Alte Musik' eine zeitgenössische Komposition aufführt (wie das Freiburger Barockorchester, vgl. Kaiser 2011: 125 ff.) oder ein auf die Moderne spezialisiertes Ensemble mit dieser Perspektive die Werke ‚Alter Meister' entdeckt. Es kann mit Festivals und Konzerthäusern besondere themenbezogene Programme entwickeln und damit eine spezifische Attraktivität gewinnen.

Ein Programm kann aktuelle Ereignisse aufgreifen und damit die zeitübergreifende Gültigkeit von Werken unterstreichen. So setzte der Dirigent Kent Nagano im März 2011 kurz nach dem Tsunami und dem Reaktorunfall von Fukushima ein Benefizkonzert für die Opfer in Japan mit dem Requiem von Brahms in Kombination mit japanischen Kinderliedern an. Ein Programm kann die Aktualität von Werken längst verstorbener Komponisten aufzeigen, indem es sie in den Kontext von Fragen und Themen der Gegenwart (wie Haydns Schöpfung neben die Umweltzerstörung) und anderen Werken, auch mit zeitgenössischen Kompositionen, stellt.

Wenn das WEDO Uraufführungen von je einem israelischen und einem arabischen Komponisten nebeneinandersetzt, trifft es damit eine Aussage für Multikulturalität, die über die Botschaft jedes einzelnen Stücks hinausgeht. Ähnlich hat in diesem Zusammenhang die Wahl von Werken wie Beethovens Sinfonie Nr. 9 für Frieden und Verständigung oder Beethovens Fidelio für die Sehnsucht nach Freiheit einen hohen Symbolgehalt[28]. Ein Zeichen setzten auch die Berliner Philharmoniker im Jahr 2014 zum Gedenken an den Ausbruch des Ersten Weltkrieges: „Nikisch war es, der ein wunderbares Stück von George Butterworth uraufgeführt hat, ‚A Shropshire Lad', das ich 2014 mit Musikern der Berliner Philharmoniker und des LSO gemacht habe, gekoppelt mit dem Brahms-Requiem, zur Erinnerung an den Ersten Weltkrieg. Butterworth ist im Ersten Weltkrieg gefallen." (Rattle in Büning 2015: 0).

Ein Spielplan kann so gestaltet werden, dass die Werke in den historischen, sozialen und ästhetischen Zusammenhängen begreiflich werden (vgl. Mortier 2014: 42), und auch die Kooperation mit Museen, Theatern und Kinos setzt Musik für die Hörer in einen neuen Kontext (vgl. Abbado 2002: 60 ff.). Beobachtungen zeigen, dass gelungene Spielpläne ein wichtiger Erfolgsfaktor sind und das Publikum durchaus fordern dürfen (s.a. Experteninterviews 2015).

Auch Zeit und Ort eines Konzerts senden Signale, vor allem wenn dies inhaltlich zum Programm passt. Sie können Offenheit für bzw. Zugehen auf neues Publikum vermitteln, z.B. wenn das WEDO in Buenos Aires ein Open Air Konzert mitten in der Stadt gibt, das MCO in Jazzklubs auftritt, die BPhil ihre Saison in der Waldbühne beenden oder mit dem Tanzprojekt ‚Rhyhtm is it!' in die Treptower Arena ziehen. Ähnliche Ansätze verfolgt u.a. die Ruhrtriennale, Fabrik- und Markthallen als Spielstätten nutzend (vgl. Mortier 2014: 36). Programmkonstellationen können die Aufmerksamkeit auf eine Region oder ein Land lenken, etwa wenn die BPhil ihr Mai-Konzert 2015 im krisengebeutelten griechischen Athen ansetzen oder das WEDO in Ramallah und an der nordkoreanischen Grenze musiziert. Ein Programm bietet zudem ein Forum für das Auftreten mit internationalen Stars – was unter anderem als Qualitätsmerkmal gilt, aber auch Selbstbewusstsein ausdrückt und ökonomische Vorteile bewirken kann.

6.1.5 Einsatz von Künstlern, Solisten, Dirigenten

Auch die Zusammensetzung eines Orchesters, der Einsatz von besonderen Solisten oder die Wahl der Dirigenten können für eine bestimmte Aussage stehen. Das WEDO etwa lässt Solisten aus miteinander in Konflikt stehenden Regionen in Doppel und Tripelkonzerten gemeinsam auftreten. Bestimmten Werken liegt dieser Gedanke offen erkennbar bereits zugrunde, wie auch Benjamin Brittens War Requiem, in dem er Gesangssolisten aus Großbritannien, Deutschland und Russland vorgesehen hat. Solisten können für eine bestimmte Haltung zur Musik, zur künstlerischen Qualität oder zu gesellschaftlichen Themen stehen.

Sie können eine besondere Anziehungskraft genießen – auch für Publikumsgruppen, die sonst selten oder nie ein Klassikkonzert besuchen (vgl. Langevoort 2015: E). Dies hat auch teils kontrovers diskutierte Folgen für die Medienkommunikation und die Vermarktung (vgl. Schmidt 2015: E). Besondere Bedeutung hat der Einsatz von Chef- und Gastdirigenten: Oft bilden sie einen bedeutenden Attraktivitätsfaktor (vgl. Richter 2015: E), wenn sie ein besonderes Charisma haben bzw.

das Publikum von ihnen ganz besondere musikalische Momente erwartet. Nicht zuletzt sind sie prägend für den Klang, die Entwicklung und die Zusammenarbeit eines Ensembles.

6.1.6 Variation der Konzertformen

In den letzten Jahren sind zahlreiche neue Konzertformen entwickelt worden, bei denen u.a. mit Raum und Zeit sowie Form und Länge der Aufführung wie auch mit zusätzlichen sinnlichen Elementen gearbeitet wird. Diese Angebote sollen Zugangsbarrieren auflösen und neue Hör-Erlebnisse ermöglichen – etwa durch Reduzierung auf ein Werk, wodurch das Konzert insgesamt kürzer wird, aber auch durch eine lockere Atmosphäre, wie bei den ‚casual concerts', bei denen Dirigent und Musiker nicht im Frack auftreten. Es gibt den Ansatz, ein Stück zweimal zu präsentieren – ein erstes Hören ohne Vorbereitung, gefolgt von einer Einführung in das Werk und einer zweiten Aufführung. Wiederum andere Konzerte werden zu unterschiedlichen Tageszeiten angeboten, um verschiedenen Publikumsgruppen entgegenzukommen, wie etwa ‚Philharmonie Lunch' in Köln und ‚Late-Night' ab 22.00 Uhr in Berlin.

Weitere Konzepte arbeiten mit ergänzenden sinnlichen Eindrücken wie etwa dem Einsatz von Licht und Raum, um andere Zugänge, neue Formen des Hörens und Musikverstehens und so ein besonders intensives Hören zu ermöglichen (vgl. Rebstock 2009: 0; Uhde 2014: 0). Dabei soll es weniger darum gehen, dem Musikerlebnis als Marketinggag nur eine neue Oberfläche zu geben, als vielmehr darum, dem Konzertbesucher Zugänge zur Musik zu öffnen, die er bislang so nicht erlebt hat. Die Musik steht auf diese Weise im Zentrum und ist eingebettet in eine stimmige Form (vgl. Schmidt 2015: E). Weiterhin werden Konzerte im Zusammenhang mit offenen Proben, Künstlergesprächen, Diskussionen und Filmen angeboten.

Um andere Klang- und Raumerfahrungen zu ermöglichen (vgl. auch Mortier 2014: 36), werden Hörer auf Stühlen inmitten des Orchesters platziert wie bspw. bei ‚Mittendrin' im Konzerthaus Berlin oder Menschen bewegen sich inmitten des unter Leitung von Simon Halsey das Brahms-Requiem singenden Chores im Radialsystem (Beobachtungen FB). Dieser Ansatz unterstützt das Bewusstmachen der Räumlichkeit des Klangs und der verschiedenen akustischen Eindrücke je nach Perspektive und Position im Raum – bereits früher haben Komponisten mit diesem Gedanken gearbeitet, etwa Mahler und Ives mit dem Fernorchester oder Stockhausen mit ‚Gruppen'. Auch dies ist ein Merkmal des Livekonzertes, das digital so nicht zu erleben ist.

Ziel dieser und ähnlicher Ansätze ist, die Musik und die sie ergänzenden Veranstaltungen zu einem „symbiotischen Gesamterlebnis" zu machen (Fein 2014: 0). Es geht darum, Musik in ihrem Kontext wahrnehmen und begreifen zu können – und damit all jene Prozesse zu unterstützen, die in Kapitel 5 beschrieben sind. Teils kontrovers wird über einige neue Ansätze und Formen – u.a. unter der Überschrift „Leichtigkeitslüge" (Buchtitel Noltze 2010) – diskutiert, wie sehr das Publikum gefordert werden soll und darf, wie sehr die Kontemplation und die Konzentration auf die Musik einerseits, die Inszenierung des Konzerts als Gesamterlebnis andererseits dominieren können oder sollen. Insgesamt ist zu beobachten: ‚Das Konzert' verändert sich derzeit. Viele Ensembles und Konzertanbieter haben das Ziel, deutlich zu machen, dass sie die Zuhörer ernst nehmen, einen Dialog mit ihnen anstreben[29].

„Wir entdecken gerade, welche kreativen Räume neue Konzertformen freisetzen können, wie lebendig und belebend die Kommunikation zwischen der Musik, den Musikern und ihren Zuhörern sein kann. Wir beobachten aber auch, was passiert, wenn die Erfindung neuer Konzertformate nur ein Marketing-Trick ist, wenn diese am Schreibtisch und nicht im Dialog mit den Musikern entwickelt werden und wie wenig man gewinnt, wenn neue Konzepte nicht aus der Mitte der Musik herausgedacht werden. Die Zukunft des Konzerts bleibt spannend!" (Fein 2012: 0)

6.1.7 Das Konzert in medialer und digitaler Form

Auch die vielfältigen technischen Möglichkeiten, Musik und Konzerte in me-dialer und digitaler Form aufzuzeichnen und zu verbreiten – als CD, DVD, Live-Stream, Radio- und TV-Übertragung und ‚Public-Viewing'-Liveübertragung auf Screens – bieten eine Plattform der Kommunikation mit Musik (zur Debatte ‚Studio- versus Liveaufnahme' vgl. Brendel 2005: 426) und können besondere Konzerte und Momente für ein größeres Publikum zugänglich machen. Das WEDO beispielsweise hat bisher ausschließlich Livemitschnitte auf CD veröffentlicht, oft ergänzt um Zusatzinformationen auf DVD, die den besonderen Kontext auch visuell verdeutlichen. Dabei wurden vor allem Werke und

Titel gewählt, die ein breites Publikum ansprechen – wie ‚Beethoven für alle‘. Auch das MCO hat Live-Mitschnitte auf CDs und -DVDs veröffentlicht – sowohl von Opern als auch von Konzerten.

Besondere Aufmerksamkeit haben die BPhil mit ihrer 2009 lancierten ‚Digital Concert Hall‘ erzielt: Jedes Konzertprogramm aus der Berliner Philharmonie wird live in HD-Qualität im Internet übertragen. Abonnenten wird darüber hinaus das stetig wachsende Konzertarchiv verfügbar gemacht. Auslöser für die DgCH war nach Angaben des Orchesters ein Gastspiel in Taipeh 2005 mit dem Einsatz einer Open-Air-Leinwand für eine Zuschauerzahl in Popkonzert-Stärke. Dieses Angebot soll – neben der Markenstärkung – signalisieren, dass klassische Musik für jeden zugänglich und Teil der medialen Gegenwart ist, „kein klingendes Museum zum Zweck der Traditionspflege“ (Laudenbach 2014: 0). Mit diesem Ansatz haben die BPhil bewusst die Diskussion um die Einmaligkeit des Live-Erlebnisses eines Konzerts als künstlerisches Original in Kauf genommen. Das Konzertarchiv ermöglicht auch den Vergleich historischer Aufnahmen – z.B. von Furtwängler, Karajan oder Abbado und den Berliner Philharmonikern – mit den heutigen Aufführungen dieser Werke und zeigt, dass es nicht das eine, ewig gültige Original, nicht die eine richtige Aufführung gibt, sondern immer neue Interpretationen großer Werke, die diese Musik lebendig machen.

6.1.8 Vermittlung von Zugängen zur Musik

Die Grenzen zwischen Konzert und Musikvermittlung und wiederum zwischen Musikvermittlung und Marketing (vgl. Kap. 7) sind fließend. In der ‚Musikvermittlung‘ (vermittelt wird eigentlich nicht die Musik, sondern der Zugang zu ihr) bzw. ‚Education‘ machen Orchester und Musikpädagogen in besonderen Formaten, offenen Proben, Workshops, inszenierten oder moderierten Konzerten ein – teils neues – Publikum mit der klassischen Musik vertraut. Vorreiter waren nordamerikanische und britische Orchester; und die TV-Liveübertragungen von 53 ‚Young People’s Concerts‘ mit Leonard Bernstein und den New Yorker Philharmonikern Mitte der 1950er-Jahre setzten erste Maßstäbe für moderierte Konzerte (vgl. Mertens 2012: 0; Cott 2013: 15). Bernsteins Arbeit basiert auf dem Gedanken, “that the word education is related to the latin educare, to bring forth what is within” und “teaching is the noblest profession...” (Bernstein in Cott 2013: 17)[30].

Während die Vermittlungsarbeit anderer Kultureinrichtungen eher von pädagogischen Fachkräften übernommen wird, übernehmen gerade bei Orchestern die Musiker hier derzeit eine zentrale Rolle. Eingesetzt werden „Methoden, Spielformen und Techniken künstlerischer, reflexiver und kommunikativer Art" mit dem Ziel, Barrieren abzubauen und das Rezeptionsverhalten zu schulen (Allwardt 2012: 0).

Die Formen der Musikvermittlung lassen sich in drei teils ineinander übergehende Gruppen einteilen (vgl. Mertens 2012: 0). Es gibt (1) erweiterte Konzert- und Veranstaltungsformate mit einem Angebot für besondere Zielgruppen und in besonderen Formen – wie u.a. Sitzkissenkonzerte für Kinder, Musikspielzimmer für Familien, Mutter-Kind- und Jugendkonzerte, Angebote für Schulklassen oder Hörer anderer Kulturkreise, z.B. mit einem Mix aus europäischer Klassik und Elementen von ‚Weltmusik'. Außerdem beteiligen (2) Projekt- und Workshop-Formen die Publikumsgruppen aktiv – wie bei den inzwischen häufiger angebotenen ‚Mitspiel- und Mitsingprojekten' eines gemeinsamen Musizierens von Laien und Profis (vgl. Langmaack 2015: E). Dort werden neben der Musik oft spartenübergreifend auch Tanz, Bewegung, szenisches Spiel, Malerei, bildende Kunst oder Film einbezogen, wie auch beim ‚Rhythm is it!'-Projekt. Die (3) ‚Outreach-Aktivitäten' umfassen vor allem kleinformatige Aktivitäten in Schulen, Kindergärten, Jugendklubs sowie in Krankenhäusern oder Altersheimen. Diese Form wurde von Yehudi Menuhin unter dem Titel ‚Live Music Now' in den 1970er-Jahren initiiert (vgl. Burton 2001: 412).

Teilweise werden diese Formen auch miteinander verbunden, indem auf die didaktische Vorbereitung in Schulen der anschließende Konzertbesuch folgt. Beim Projekt ‚Feel the Music' des MCO wird Musik für taube Kinder durch andere Sinneseindrücke zugänglich gemacht – und die Kraft der Musik sowohl den Teilnehmern der Workshops als auch den Hörenden verdeutlicht. ‚Musikvermittlung' nutzt die Musik sowohl als Form wie auch als Thema der Kommunikation. Bereits ein solches Angebot zu machen zeigt, dass sich ein Ensemble für neue Hörergruppen öffnet. Eine andere, gar nicht explizit als solche bezeichnete Form der ‚Musikvermittlung' demonstriert das WEDO: Allein durch das Zusammenarbeiten der jungen Musiker wird den Zuhörern die Kraft der Musik vermittelt – ergänzend werden Musikschulen, Kindergärten in der arabisch-palästinensischen Region gefördert. Ein gutes Konzert, ein gutes Programm kann die „beste Musikvermittlung" sein (Noltze und Schmidt 2015: E).

6.1.9 Das Konzert als Themenvorrat für Kommunikation

Aus der Rezeption von Kunst – aus dem Hören von Musik – entsteht wiederum Kommunikation. Dies betrifft zum einen den fortlaufenden Austausch der Musiker über ihre Wahrnehmungen und Erkenntnisse. Zum anderen entsteht Kommunikation aber auch, indem die Hörer im Publikum ihre ästhetische Erfahrung reflektieren und weitertragen – so kann diese im nächsten Schritt auch gesellschaftlich wirksam werden (vgl. Hoppe 2013b: 44). Insofern besteht Kultur „aus kommunikativen Akten und Ereignissen [...] und ist damit Kommunikation" (Hoppe 2013b: 43). Und schließlich werden Erkenntnisse aus ästhetischen Prozessen für Kommunikation über Musik genutzt, indem sie explizit in verbalen und bildlichen Botschaften verdichtet und vermittelt werden (s. a. Kap. 7 und 8). Insoweit kann das Konzert im Sinne von „Kunst als Themenvorrat für die Kommunikation" betrachtet werden (Hoppe 2013b: 6 mit Bezug auf Luhmann) – also als Themenvorrat für Kommunikation über Musik, ihre Inhalte und Wirkungen.

6.2 Potenziale der sozialen Relevanz von Musik

Im Zusammenhang mit Musik und der ‚sozialen Funktion von Kultur' finden sich oft Begriffe wie ‚Utopie', ‚Identität', ‚Humanismus' und Hinweise auf eine ‚universelle metaphysische Sprache der Musik'. „Es gibt einen wichtigen humanistischen Auftrag in den Künsten, die Unterschiede zu bewahren, ohne dabei andere beherrschen zu wollen" [...] „Zuweilen kann es jedoch sinnvoll sein, mit den Mitteln des Ästhetischen das Politische anzuklagen, gewissermaßen als unversöhnlicher und nachdrücklicher Einspruch gegen Unmenschlichkeit und Ungerechtigkeit" (Said 2004: 207, 225).

Die soziale Relevanz von Kultur generell bzw. von Musik speziell ist jedoch nicht auf politische Aspekte zu reduzieren. Welche Wirkungen können insofern vom Konzerterleben erwartet werden? Um diese Frage zu beleuchten, wird zunächst das Konzert als individuelle und als gemeinschaftliche ästhetische Erfahrung betrachtet und dann in den Kontext der sozialen Funktion von Kultur gesetzt, um gesellschaftliche Potenziale von Musik aufzeigen zu können.

6.2.1 Wirkungen des Konzerterlebens als ästhetischer Erfahrung

Ästhetische Erfahrung läuft nicht im von der realen Welt isolierten Raum ab. Sie unterliegt vielfältigen externen Einflüssen: hemmenden (wie Reizüberflutung, Berieselung, Virtualisierung durch Medien) oder fördernden Faktoren, wie etwa den Rahmenbedingungen (entsprechende Freiräume, Anleitung, Zeit, räumliches Umfeld, Vorbilder). Der für das klassische Konzert typische Rahmen in Form eines besonderen Saals und der Stille haben besondere, unterstützende Funktionen, und viele Werke lassen sich z.B. wegen ihrer Piano- und Pianissimo-Passagen auch nur unter diesen Bedingungen hören (s.a. Abschnitt 8.3.2). Musikhören und Konzerterleben im Sinne ganzheitlicher ästhetischer Prozesse, die Emotion und Logik im beschriebenen Zirkel verknüpfen, können u.a. Freude, Anregung, Begeisterung, Spannung (vgl. Kahrmann 2009: 238) bewirken oder auch Trost und Glück bringen. Damit verbunden sind weitere ‚Nebenwirkungen', und all diese Aspekte sind relevant für die Hörermotive und -erwartungen und die dazu passende Nutzenargumentation der Anbieter.

6.2.1.1 Imagination und Kontemplation

„Es gibt Momente in der Musik, Bruchteile von Sekunden einer Aufführung, da meine ich sehen zu können, was hinter den Sternen liegt" (der Dirigent Günter Wand, zitiert nach Nagano 2014: 207). Kapitel 5 hat gezeigt, dass ganzheitliche Wahrnehmung mit den Möglichkeiten der Phantasie, des kreativen Denkens und Schaffens die Grundlage dafür bildet, dass Werke und Projekte in Kunst und Musik überhaupt erst entstehen können (vgl. Kahrmann 2013: 140 f.). Dies bezieht sich nicht nur auf die Gestaltung eines Werkes selbst als Komposition oder Interpretation, sondern auch auf die Wahrnehmung ‚im Kopf' des Hörers – als „Ästhetik der Imagination" bezeichnet (Brandstätter 2012: 0 mit Bezug auf Seel).

Ästhetisches Erfahren zeigt sich auch in einem besonderen Zeiterleben: mit einer „Ästhetik der Kontemplation", die aus der Alltagswirklichkeit herausführt, verliert die objektiv messbare ‚Außenzeit' an Bedeutung. Gerade im Konzert, wo jeder Ton, der nicht bewusst wahrgenommen wurde, unwiederbringlich – da ein nochmaliges Hören analog zur Bildbetrachtung im Museum nicht möglich ist – für den Hörer verloren ist, hat der konkrete Augenblick eine zentrale Bedeutung.

Dieser „ästhetischen Präsenz“ entspricht auch ein besonderes Verhältnis zum Raum: Menschen, die Musik machen oder aktiv hören, können sich so in ‚musikalisch-ästhetische Räume‘ begeben, die sich von faktischen Räumen unterscheiden. Daraus erklären sich auch Formulierungen wie die von Gustav Mahler zu seiner Sinfonie Nr. 3, „... mit allen Mitteln der vorhandenen Technik eine Welt aufbauen ...“ (vgl. Fischer 2003: 339), oder wie die in dem von Franz Schubert vertonten Gedicht des Dichters Franz von Schober ‚An die Musik‘: „... in eine bess're Welt entrückt ...“ (Lohmann 1942: 40).

Diese Eigenzeitlichkeit und Eigenräumlichkeit können sich als Begleiterscheinungen aus der „Idee des Selbstzwecks und der Selbstbezüglichkeit ästhetischer Wahrnehmung“ ergeben (Brandstätter 2012: 0 mit Bezug auf Seel). Eine solche ‚Auszeit vom Alltag‘ wird in einem Konzert intensiver erlebt als vor dem Fernseher oder Computer, da Ablenkungsfaktoren weitgehend ausgeschaltet sind. „Ich mache als Zuhörer nichts anderes, als mich mit der Musik auseinanderzusetzen, die ich dann hoffentlich als spannend und bereichernd empfinde. Man reduziert alle äußere Aktivität und alles, was an Eindrücken auf einen niederprasselt, auf diesen einen Vorgang des Hörens. Es gibt nicht die Möglichkeit, per Knopfdruck einfach umzuschalten. Das ist in unseren Lebensumständen eine sehr außergewöhnliche Situation [...]. Äußerlich passiert nichts, aber in meinem Kopf geschieht ungeheuer viel. Die zwei Stunden eines Konzerts ermöglichen es mir, auf einer unbewussten Ebene Dinge emotional zu verarbeiten, Empfindungen und Gedanken fließen zu lassen, die ich im Alltag, wenn ich funktionieren muss, gar nicht fließen lassen kann“ (der BPhil-Cellist Olaf Maninger im Interview, vgl. Laudenbach 2014: 0). Eine solche Konzentration auf die Musik wird durch die spezifische Form des Klassikkonzerts besonders unterstützt und viele Werke sind so geschrieben, dass sie auch (nur) mit einer solchen Konzentration zu hören sind (vgl. Langevoort, Langmaack und Schmidt 2015: E).

6.2.1.2 Kommunikation und Interaktion

Musik (und auch andere Künste) haben in allen Gesellschaften die Funktion, Menschen zusammenzubringen, „ein Band zwischen ihnen zu knüpfen“. Auch hier wird der Unterschied zum Hören von aufgezeichneter Musik deutlich: Ein Konzert ermöglicht, Musik als soziale Aktivität zu erleben, eine „kollektive Wirkung und Bindungskraft“ zu spüren. Musik wird dann zu einem Gemeinschaftserlebnis von

Aufführenden und Hörenden, und in bestimmten Situationen wird von einer „Vermählung der Nervensysteme“ gesprochen (Sacks 2008: 270). Eine solche intensive Hör-Erfahrung fördert später wiederum die Kommunikation als Austausch über das Erlebte und wird zu einer Grundlage für ‚Mundpropaganda‘ (siehe dazu Kap. 7 und 8). Als Beispiele seien der Mahler-Zyklus des LFO/MCO in Luzern oder eine halbszenische Aufführung von Bachs Matthäuspassion mit den Berliner Philharmonikern – jeweils mit einer sich anschließenden minutenlangen vollkommenen Stille im Saal – genannt, über die Besucher teils noch nach Jahren berichten (Beobachtung FB).

6.2.1.3 Differenz und Korrespondenz

Ästhetische Prozesse ermöglichen als „Differenzerfahrung“ auch Perspektivwechsel, durch die bisherige „Wahrnehmungs- und Denkweisen in Frage gestellt“ werden. So nimmt man nach einem Konzert ein Werk, ein Instrument, ein Ensemble anders wahr und hat evtl. sogar eine andere Sicht auf die Umwelt. Mit dieser Funktion von Kunst arbeitet auch die Musik, indem viele Werke zunächst gewohnte Hör-Erfahrungen bestätigen, um dann Überraschungsmomente einzuführen und zugleich die Vielfalt von möglichen Sichtweisen zu betonen.

Zugleich hat ästhetische Erfahrung einen Charakter der „Korrespondenz“ (Brandstätter 2012: 0) zwischen ästhetischem Objekt und der eigenen Lebenswelt bzw. dem eigenen Lebensgefühl. Dies zeigt sich z.B. in der Auswahl bestimmter Werke von Interpreten für ein Konzertprogramm oder in der Entscheidung des Hörers für bestimmte Programme oder Interpreten. Hörer messen außerdem der Musik einer bestimmten sozialen Gruppe besondere Bedeutung bei, zu der sie gehören (möchten), und auch dann, wenn sie sich mit den Interpreten identifizieren (vgl. Grewe 2006: 6). Hier wird erneut der Zusammenhang zu den in Kapitel 3 genannten Motiven und Nutzendimensionen eines Konzertbesuchs und auch zu sozialen Funktionen von Kultur deutlich.

6.2.1.4 Ästhetische Erkenntnis

Ein Hörer kann wie gezeigt durch Aneignung von Wissen über Musik und die Hintergründe einer Aufführung sein Konzerterleben durch aktives Hören selbst mitgestalten. Ästhetisches Erleben als Lern- und Planungsprozess hilft auf diese Weise, die Grenzen der Wahrnehmungsfähigkeit zu erkennen und bewusst zu erweitern. Dies betrifft nicht die

Musik allein, sondern auch den Kontext, in dem sie aufgeführt wird. Wer als Hörer etwa bewusst verfolgt, wie das WEDO den jahrzehntelangen Kriegszustand in Nahost thematisiert und dessen Modell des Zusammenspiels ‚Equal in Music' erlebt, wird nach einem solchen Konzert vielleicht eine andere Sicht auf dieses Thema und auch auf andere Konflikte haben. Insofern machen solche Zusammenhänge „ästhetische Erkenntnis" als Ergänzung und im Unterschied zur wissenschaftlichen Erkenntnis möglich (Brandstätter 2012: 0). Die ästhetische Erkenntnis eines Komponisten oder Musikers wiederum kann zum Impuls für weitere künstlerische Werke werden. Damit wird die Zirkularität dieser Prozesse noch einmal deutlich.

All diese Wirkungen machen die besondere Aura eines Konzertes aus und lassen sich über das Anhören einer CD so kaum erreichen. „Warum hinterlässt, wenn ich meinen eigenen Erfahrungen als Hörer trauen darf, ein eindrucksvolles Konzert meist stärkere Spuren als eine Schallplatte? Weil der Hörer (nicht minder als der Spieler) etwas Leibhaftiges erlebt hat. Er hat die Aufführung nicht nur angehört, sondern auch eingeatmet, durch seine Anwesenheit gleichsam an ihr mitgewirkt und seine Begeisterung mit vielen anderen geteilt. Er ließ sich mit dem Interpreten zur gleichen Zeit und im selben Raum auf den Komponisten ein" (Brendel 2005: 440).

6.2.2 Musik im Kontext der sozialen Funktion von Kultur

Wie gezeigt, sind ästhetische Prozesse elementar für kulturelles, künstlerisch-kreatives Schaffen und Erleben und können damit Beiträge zu gesellschaftlichen Fragen und Aufgaben leisten. Eine offene Auseinandersetzung mit künstlerischen Werken ermöglicht allen Teilnehmern – Ausführenden, Betrachtern und Zuhörern – einen alternativen Zugang und neue Sichtweisen. ‚Kultur' (hier im Sinne von Werken und Projekten aller Künste[31]) wird gesellschaftlich wirksam, und zwar „wegen ihrer eigenen Wirkung" und zugleich wegen ihrer „sozialen und politischen Deutung in einer bestimmten historischen Situation" (Hoppe 2013b: 35 f.). Insoweit erhält Musik als Kunstform eine soziale Relevanz als Folge der Wirkungen ästhetischer Erfahrungen.

6.2.2.1 Denkbare Aspekte der sozialen Funktion von Kultur

Denkbare Aspekte der oft genannten ‚sozialen Funktion von Kultur' werden nun auf Basis einer möglichen Systematisierung und Bündelung skizziert und im Folgenden auch an Beispielen konkret betrachtet. Kommunikation wirkt dabei unterstützend, vor allem um größere gesellschaftliche Kreise zu erreichen.

Kultur hat zunächst eine ‚sinnlich-hedonistische Funktion' (in Anlehnung an Hoppe 2013a: 142 f.), indem sie Erlebnisse und Unterhaltung bietet, den genießenden Einsatz der Sinne und teilweise auch eine Flucht vor der Realität. So kann das Publikum zumindest für die Zeit eines Konzertes der Realität des Alltags entfliehen und anregende Musik in einer besonderen Atmosphäre erleben – u.a. mit den in Abschnitt 6.2.1 gezeigten Begleiterscheinungen wie Zeit- und Raumerleben.

Die ‚kognitive' Funktion von Kultur spielt eine wichtige Rolle im Bildungsprozess (vgl. Hoppe 2013b: 64 ff.), indem emotionale Erlebnisse (evtl. primäre Motivation) verbunden werden mit Wissensvermittlung und Bildung (vgl. Hoppe 2013b: 42 ff.). Hier besteht ein Bezug zu den in Abschnitt 3.5 aufgeführten Rezeptionsmotiven – ein wichtiger Aspekt für die Musikvermittlung als Teil kultureller Bildung (vgl. Definition des Rats f. Kulturelle Bildung 2013: 15 f.)[32].

Mit ihrer ‚kritischen Funktion' werden mögliche gesellschaftliche Fehlentwicklungen oder Manipulationen – u.a. durch Ideologien, Medien und die zunehmende Virtualisierung – aufgedeckt, hinterfragt und im demokratischen Diskurs (vgl. Hoppe 2013b: 41 ff.) thematisiert. Auf individueller Ebene zeigt sich dies in der Aussage eines jungen WEDO-Musikers: "I came to the orchestra with strong opinions and I thought no one could change them; but it took three days. My understanding of the other side has increased" (Riiser 2008: 87)[33].

Auf sozialer Ebene sind teils Aussagen und Motive wie etwa in den Opern von Verdi so verbreitet, dass bestimmte Stücke für jeden erkennbar ein Signal aussenden, wenn spontan die Melodie von ‚Il pensiero' aus Nabucco angestimmt wird. Kultur kann ‚Orientierung und Sinnstiftung' für mögliche „Lebensentwürfe und für die Deutung des Lebens" (Hoppe 2013b: 31) anbieten, indem sie Vorschläge und Vorbilder zeigt, mit denen Menschen sich (kritisch) auseinandersetzen können.

Durch gemeinsames Erleben und den Austausch darüber (vgl. Hoppe 2013b: 42) kann Kultur zur individuellen und sozialen ‚Identitätsbildung' und ‚Integration' beitragen. Dieser Aspekt wurde bereits in Abschnitt 3.5 im Kontext mit Rezeptionsmotiven des Publikums angesprochen, gilt aber ebenso für gesellschaftliche Gruppen (s.a. Willkommenskonzerte) oder intern im Ensemble. Das MCO demonstriert, wie Inklusion mit Musik selbst bei unmöglich scheinenden

Konstellationen umgesetzt werden kann. Die BPhil bringen Schüler mit erkennbaren Lern- und Konzentrationsproblemen dazu, durch Disziplin und Anstrengung über sich hinauszuwachsen – und weite Teile des Publikums spüren und beobachten diesen besonderen ‚Spirit'. Dies ermöglicht „die Entwicklung des Verständnisses künstlerischer Wahrnehmungs-, Darstellungs-, Gestaltungs- und Ausdrucksformen", das zu „individuellen wie gemeinschaftlichen Erfahrungen" führen kann (Hoppe 2013b: 65). Gemeint ist damit bspw. das gemeinsame Musizieren und Diskutieren im Orchester als Grundlage für harmonisches Zusammenspiel und Interpretation: "Making music is not a way of expressing ideas; it is a way of living them" (WEDO-Website 2014b)[34] – und ganz ähnlich beschreiben viele Musiker so ihre grundsätzliche Haltung. Es lässt sich jedoch ebenso auf das gesellschaftliche Zusammenleben übertragen, und die Initiativen für benachteiligte Menschen in vielen Städten leisten hier wichtige Beiträge (vgl. Mertens 2015: E).

Ein weiteres ‚Funktionsbündel' ist die ‚Erinnerungs- und Utopiefähigkeit' von Kultur. Sie unterstützt das Bewahren von Traditionen (vgl. Mertens, Hartig 2015: E) und ermöglicht zugleich die Vorstellung und Vorwegnahme des „für die Gestaltung der Zukunft Denkbaren oder Wünschenswerten" in Experimenten und Modellen: Theater, Oper, Literatur, bildende Kunst und Musik können Szenarien und Formen darstellen, die es in der Realität noch nicht gibt, aber geben könnte (vgl. Hoppe 2013b: 86 ff., der hier insbesondere auf „das Prinzip Hoffnung" von Bloch verweist). Im Zusammenhang mit dem Konzert ermöglicht die Aufführung der Werke vergangener Epochen die Erinnerung an eine musikhistorische Tradition. Zugleich können Werke bereits den Utopiegedanken in sich tragen – bekanntes Beispiel ist die Sinfonie Nr. 9 von Beethoven. Ein Orchester wie das WEDO kann dies auf einer weiteren Ebene ausdrücken und zeigen, wie Konflikte und Spannungen zivilisiert bewältigt und konstruktiv genutzt werden können.

Teilweise wird Kultur sogar die Funktion eines „Ersatzes für die metaphysisch legitimierten Religionen" (Hoppe 2013b: 32) zugeschrieben. Daraus resultieren Aussagen vieler Musiker und Hörer wie ‚ich glaube an Bach' oder die Vorstellung, die grandiose Musik von Bach und Mozart sei ein ‚Gottesbeweis'.

Ebenfalls Ausdruck einer Haltung ist die Betonung einer grundsätzlichen musikalisch-humanistischen Position vieler Künstler, was sich durchaus in der Programmierung und in der Markenführung eines Ensembles äußern kann. Die soziale Funktion von Musik als Teil der

Kultur wird insofern auf der Ebene der Individuen, der Gruppen – Ensembles, Publikumsgruppen bis hin zu größeren Gruppen (gesamtes Publikum, Stakeholder) – und der Gesellschaft deutlich.
Diese Funktionen werden als Gestaltungselement ganzheitlicher Kommunikation aufgegriffen.

6.2.2.2 Voraussetzungen für soziale Wirkungen

Damit die beschriebenen Leistungen bzw. Potenziale des ästhetischen Erlebens von Musik, die an sich erst einmal ‚zweckfrei' als Kunst entsteht, in der Gesellschaft wirksam werden, sind zwei elementare Voraussetzungen der ‚sozialen Teilhabe' zu berücksichtigen: das subjektive Interesse und der Zugang der individuellen (potenziellen) Hörer (vgl. Rat für Kulturelle Bildung 2014: 10 f.). Entsprechend formuliert der Dirigent Kent Nagano: „Ich träume also von einer Welt, in der jeder Mensch die Chance hat, Zugang zur klassischen Musik zu finden. Vielleicht nicht nur zu ihr, sondern zu den Künsten überhaupt. Die Künste, deren geheimnisvollste sicher die Musik ist, machen den Alltag mehr als erträglich. Sie inspirieren uns, öffnen den Geist. Sie helfen uns, Unbegreifliches und Unerträgliches anzunehmen und als Teil des Lebens zu sehen und daraus Kraft zu schöpfen, nicht daran zu verzweifeln. Ich wünsche mir, dass jeder unabhängig von Bildungsstand und Herkunft die sinnstiftende Kraft der Musik erfahren können soll" (Nagano 2014: 40).

6.2.3 Wege zur sozialen Relevanz klassischer Musik

„Wenn wir uns mit der Rolle bescheiden würden, zu versuchen, die besten Klassikkonzerte der Welt zu machen, wäre das zu wenig. [...] Ein so unendlich verfeinerter Hochkultur-Organismus wie die Berliner Philharmoniker ist völlig undenkbar ohne die Unterstützung, auch die finanzielle Unterstützung der Gesellschaft. Was hier geschieht, geschieht nicht nur aus uns heraus, es muss von der Gesellschaft mitgetragen werden, wenn es funktionieren soll. Und dafür müssen wir etwas tun" (BPhil-Cellist Maninger; vgl. Laudenbach 2014: 0).

Wie nun kann Kommunikation mit Musik diese so beschriebene soziale Relevanz erzeugen? Zum einen, indem Ensembles – gemeinsam mit Konzerthäusern und Festivalveranstaltern – möglichst viele Menschen begeistern und überzeugen, das beschriebene ästhetische Erleben thematisieren und ermöglichen und dann generell hohe und stabile Besucher- und Auslastungszahlen nachweisen (sowie auch einen möglichst hohen Eigenerwirtschaftungsgrad). Soziale Relevanz kann somit durchaus auf lokaler oder regionaler Ebene bestehen und muss nicht notwendigerweise landesweit oder international angestrebt werden (vgl. Hartig 2015: E).

Zum anderen können Ensembles verdeutlichen, dass sie für alle potenziellen Hörer- und Publikumsschichten musizieren – und nicht ausschließlich für (besonders) zahlungskräftige oder (vermeintlich) elitäre[35] Gruppen. Eine Maßnahme ist u.a. die gezielte Öffnung für neue Hörerschichten durch den Abbau von Barrieren (vgl. Mandel 2009: 24). Ein Beispiel dafür, dass und wie dies möglich ist, zeigt Birmingham: „Die Menschen [aller Schichten] kommen ins Konzert, weil sie ein sozialer Teil der Orchesterfamilie sein möchten. Sie kommen in jedes Konzert, egal, welcher Komponist auf dem Programm steht, ob nun ein Brahms oder ein Zeitgenosse. Diese Atmosphäre ist durchaus eine Chance für uns: Menschen gehen aus, um zu uns zu kommen, sie identifizieren sich enorm stark mit dem Orchester ihrer Stadt. Simon Rattle hat das alles initiiert, es ist noch sehr spürbar", berichtet sein Nachfolger Andris Nelsons (im Interview mit Krause 2015: 0).

Gesellschaftliche Relevanz können Ensembles außerdem beweisen, indem sie den Beitrag zur kulturellen Bildung verstärken und so in der Öffentlichkeit eine breitere Wahrnehmung und Akzeptanz erreichen. Dies kann auch mit Blick auf teils öffentliche Finanânciers die Verhandlungsposition verbessern, da der (bisherige) ‚Rechtfertigungskonsens' zunehmend infrage gestellt ist (vgl. Mertens 2012: 0). Die öffentliche Förderung bzw. Finanzierung bedeutet eine Verpflichtung für Institutionen, zum Gemeinwohl beizutragen, ein „Motor der Humanität" zu sein (Mortier 2014: 23).

Die Bedeutung der kulturellen Bildung – auch als Aufgabe von Kulturinstitutionen – wird eher noch weiter zunehmen, denn Bedarf ist vorhanden: Orchester und Konzerthäuser melden Wartelisten und die nötige Kontingentierung von Angeboten für Kinder und Jugendliche (Beispiele sind ‚Pegasus' Alte Oper Frankfurt, ‚Plan M' des WDR[36]). Der Rückgang bzw. Ausfall des Musikunterrichts an den allgemeinbildenden Schulen mit seinen Folgen für die musikalische Breitenbildung kann dennoch so nicht aufgefangen werden und „bleibt eine gesamtgesellschaftliche Aufgabe" (Mertens 2012: 0; vgl. auch Rat für Kulturelle Bildung 2015: Studie).

Soziale Relevanz erzeugt die Kommunikation mit Musik unzweifelhaft auch in besonderen Situationen, wie sie für gesellschaftliche Gruppen oder gar ganze Nationen entstehen. Leonard Bernstein dirigierte am 25. Dezember 1989 ein mit einem internationalen Ensemble (Musiker aus München, Paris, London, New York und Leningrad) besetztes Konzert in Berlin und machte aus dem Finalsatz von Beethovens 9. Sinfonie die „Ode an die Freiheit" (Schreiber 2014: 0).

Bernstein war es auch, der nach John F. Kennedys Ermordung bewusst kein Requiem, sondern die Sinfonie Nr. 2 ‚Auferstehung' von Gustav Mahler auf das Programm setzte und dazu kommentierte: "This will be our reply to violence: to make music more intensely, more beautifully, more devotedly than ever before. And with each note we will honor the spirit of John F. Kennedy, commemorate his courage, and reaffirm his faith in the Triumph of the Mind." (Bernstein 1982: 0)[37]. Diesen Gedanken hat sein Nachfolger beim New York Philharmonic Orchestra, Alan Gilbert, aufgegriffen, als er 2011 zum Gedenken an den 11. September in New York eben jene Sinfonie als Open-Air-Konzert dirigierte (Beobachtung FB).

Welche Implikationen und Herausforderungen die bisherigen Überlegungen für die Kommunikation mit und über Musik haben – in der künstlerischen Gestaltung, im Marketing und ‚Audience Development', als Impuls für einen gesellschaftlichen Dialog – wird in den folgenden Kapiteln aufgegriffen. Als besonders wichtige und auch für das zu Beginn genannte Zielviereck (Qualität – Publikum – Relevanz – Ressourcen) Erfolg versprechende Aspekte sind dabei die Aura des Konzertes und die eben beschriebenen sozialen Potenziale des Musikhörens und Musizierens zu nennen.

7 Musik als Thema von Kommunikation und Markenführung

"The growing challenge of connecting the dots between all aspects of an orchestra's work, and achieving a clarity of profile and mission is greater than ever. The potential for music and orchestras to be a significant force in education and even social change is now firmly established and the need to be forceful and proactive in areas of education and outreach is no longer a question of if, but how." [...] "There is, and probably should be, something mythical about what happens on stage and the people who make it happen. But if an audience does not feel the musicians' humanity, or cannot sense a generous impulse pouring off the stage from the musicians' open hearts, the invisible veil of the 'fourth wall' will remain impenetrable." (Alan Gilbert 2015: 0)[38]

Kapitel 5 und 6 haben gezeigt, welche Kraft und Wirkungspotenziale in der klassischen Musik und im Konzert liegen und welche Chancen dies für die Kommunikation bietet. Dem stehen die in Kapitel 3 aufgezeigten Herausforderungen für Ensembles und Konzertveranstalter gegenüber. Wie andere Kulturinstitutionen streben sie nach Wahrnehmung ihrer künstlerischen Ideen, denn Aufmerksamkeit und Präsenz in der Öffentlichkeit sichern auch die Existenz aufgrund der Förderung durch Sponsoren, Mäzenen und der Kulturpolitik. Sie müssen nicht nur mit der Qualität ihrer Konzerte ein heterogenes Publikum überzeugen, sondern dieses erst einmal erreichen, einladen, neue Zielgruppen gewinnen, überzeugen und bestehendes Publikum binden. Das bedeutet, Neugier, Aufmerksamkeit, Interesse zu wecken, um Vertrauen und Akzeptanz zu werben und diese immer wieder neu zu verdienen und zu bestätigen. Dazu bedarf es einer stimmigen Kommunikation über Musik, über das jeweilige Ensemble und seine Konzerte mit den Instrumenten der PR- und Marketingkommunikation sowie der Vermittlung zwischen „künstlerischer Produktion und Rezeption" – ohne in die künstlerische Produktion einzugreifen (vgl. Mandel 2009: 13).

Warum und wie die Wirksamkeit der Kommunikation im Hinblick auf die Ziel- und Erfolgsfaktoren ‚Qualität – Publikum – Relevanz – Ressourcen' durch die Einbettung in eine Markenstrategie erhöht werden kann, wird im Folgenden betrachtet. Dabei geht es in diesem Kapitel zunächst vorrangig um die ‚instrumentelle Seite', während im

Anschluss daran Kapitel 8 die Verbindung zu den Inhalten der Kommunikation vertieft.

Warum ein Markenansatz? Starke Marken haben generell eine mit Vertrauen und positivem Image verbundene höhere Bekanntheit und bieten einer Organisation die Chance, sich in der Informations- und Aufmerksamkeitsökonomie durchzusetzen, um ihr Anliegen zu vertreten und Publikum zu erreichen – eine wichtige Voraussetzung für Erfolg und gesellschaftliche Relevanz. Zugleich dienen Marken als Orientierungsrahmen für die Gestaltung des eigenen Leistungsspektrums und für die Ausrichtung und Umsetzung jeglicher Kommunikation – intern in der Kulturinstitution ‚Ensemble' sowie extern mit dem Publikum, mit besonderen Bezugs- bzw. Interessengruppen und mit der Öffentlichkeit.

7.1 Klassische Musik und Konzert im Kontext mit Kulturmarken

Der umfangreichen betriebswirtschaftlichen Markenliteratur stehen inzwischen einige Publikationen zum Thema ‚Kulturmarke' gegenüber, die den Bereich klassische Musik bzw. Konzert eher streifen. Daher orientieren sich die folgenden Überlegungen zunächst an vorliegenden Ansätzen der Markenführung im Dienstleistungs- und Kulturbereich. Zunächst sollen die besonderen Merkmale von Marken im Kultursektor sowie speziell im Konzertbereich, ihre Relevanz bzw. ihre Chancen und Potenziale für Ensembles herausgearbeitet werden – als Basis für Grundzüge einer spezifischen Markenkommunikation.

7.1.1 Relevanz und Chancen von Marken

Klassische Musik, Konzert und Marke sind kein Widerspruch: Bereits historische Beispiele, wie etwa Liszt und Paganini (vgl. Blanning 2009: 45 ff.), zeigen, dass sich höchster künstlerischer Anspruch und Marke nicht ausschließen. Neben solistischen Stars werden heute die Berliner Philharmoniker oder das Gewandhausorchester Leipzig als etablierte Beispiele genannt. Bei (potenziellen) Publikums- und Bezugsgruppen Vertrauen und eine positive Meinung aufzubauen, ist angesichts der in Kapitel 3 skizzierten Herausforderungen unverzichtbar (vgl. Klein 2011a: 117 ff.), zumal in der Kulturszene vergleichbare Leistungen in einem lebhaften Wettbewerbsumfeld angeboten werden und ein besonderes Qualitätsniveau gerade gegenüber als Event vermarkteten (kommerziellen) Alternativen signalisiert werden soll (vgl. Schmidt 2013: 0).

Markenbildung und -führung sind – ein entsprechendes Konzept vorausgesetzt, das den Besonderheiten der Kunstform Musik gerecht wird – nicht nur vereinbar mit künstlerisch-kulturellen Zielen, sondern bieten wichtige Chancen: So zeigen Studien einen Zusammenhang zwischen „Markenorientierung" und „Markterfolg" (Indikator „3-fach erhöhte Besuchsabsicht", vgl. Baumgarth 2014: 22) und einen positiven Effekt der „internen Markenvermittlung auf zielgruppenspezifische Erfolge" und „ideelle, künstlerische Erfolge" (Schmidt 2013: 0 mit Bezug auf Bekmeier-Feuerhahn)[39].

7.1.2 Markendefinition

Zunächst ist ein mögliches Markenverständnis für den Kultur- und Musikbereich zu spezifizieren. Die Experteninterviews haben gezeigt, dass der Begriff ‚Marke' ein recht diffuses Bild erzeugt. Die wissenschaftliche Auseinandersetzung weist eine große Definitionsvielfalt auf mit einem Spektrum von der Marke als Rechtsgut[40] über die verkürzte Gleichsetzung mit einem Logo bis zu angebots-, nachfrage- und managementbezogenen Definitionsansätzen (vgl. Baumgarth 2014a: 19). Aus diesem Grund wird es als legitim betrachtet, von der Zweckmäßigkeit vorhandener Elemente für die zu behandelnden Fragen auszugehen und Definitionsunterschiede hinzunehmen.

In der jüngeren Markendiskussion dominiert ein primär nachfrageorientiertes Verständnis, das hier um die in Kapitel 3 genannten Anspruchsgruppen erweitert wird[41]. In diesem Sinne sind Marken „ein Set mentaler Assoziationen der Stakeholder", die mit Vertrauen verbunden sind und dem wahrgenommenen und erwarteten Nutzen einer Leistung bzw. eines Anbieters zugeordnet werden, und zwar als „unique, strong and desirable"[42]. Dazu wird das Angebot „mit Symbolgehalt aufgeladen", um eine Individualisierung und Unverwechselbarkeit wie auch eine spezifische Positionierung im Bewusstsein der Zielgruppen zu erreichen, die begründet, warum sie gerade dieses Produkt, diese Leistung nachfragen sollten – daher der im Marketing oft verwendete Begriff ‚Reason Why' (Bruhn/Stauss 2008: 5).

Marken im Bereich der klassischen Musik können demnach verstanden werden als Vorstellungsbilder, die die Anspruchsgruppen mit den Musik- bzw. Konzertangeboten (Produktmarke) und den Ensembles (Dachmarke) verbinden (Definitionsvorschlag FB in Anlehnung an die o.g. Ansätze).

Diese Bilder und Merkmale enthalten Wirkungsdimensionen wie Bekanntheit, Relevanz und Erwünschtheit, Differenzierung von alternativen Angeboten, außerdem Vertrauen in die (wahrgenommene und zugeordnete) Qualität und dokumentierte und erfahrbare Leistungsfähigkeit, sowie Sympathie und Präferenz bzw. Loyalität. Dies äußert sich in einer Besuchs- und Empfehlungsabsicht aus Publikumsperspektive, in der Kooperations- und Unterstützungsintention aus Sicht von Trägern und möglichen Partnern und in der Mitwirkungsintention seitens (potenzieller) Musiker und Mitarbeiter (in Anlehnung an Baumgarth 2014a: 20). Laut aktuellen Forschungsergebnissen des ‚Neuromarketings' bestehen diese Dimensionen bei den Zielgruppen teils bewusst als Markenimage, teils unbewusst als Markenvertrauen (vgl. Gutjahr 2013: 9). Marken werden dementsprechend typische positive Funktionen bzw. Wirkungen zugeordnet wie Image und Reputation, Kompetenzsignal aufgrund einzigartiger Leistungsmerkmale, Orientierung und kortikale Entlastung in der Informationsüberflutung durch kognitive und affektive Komponenten sowie Identifikation mit Anbieter und Produkt (vgl. Klein 2011a: 117 mit Bezug auf Hellmann).

7.2 Besonderheiten des Kultursektors mit Implikationen für die Markenführung

Im Kultursektor als „Markenkontext" müssen zwar die „Grundidee der Marke, deren Wirkungsmechanismen und Führungsansätze nicht vollständig neu gedacht und umgesetzt werden", allerdings „verschieben sich Gewichtungen, entstehen neue Optionen und verschwinden einzelne Aspekte" (Baumgarth 2014: 22 f.).

Fundamentale Besonderheiten von ‚Kulturmarken' im Vergleich zu ‚Konsummarken' sind insbesondere auf vier Ebenen identifiziert worden (vgl. Baumgarth 2014: 23). Die Kulturanbieter haben (1) einen Bezug zum Kulturauftrag mit entsprechender Zielausrichtung, Finanzierung und Legitimationsbedarf und sind oft standortgebunden. Entsprechend der oft Non-Profit- oder öffentlich-rechtlichen Organisationsstruktur gibt es (2) zahlreiche Anspruchsgruppen (Multi-Stakeholder).

Weiterhin ist (3) die Wettbewerbssituation um Aufmerksamkeit und Zeit des Publikums aufgrund hoher Anbieterdichte im Freizeit- und Erlebnismarkt inkl. ‚Nichtkulturanbietern' zu beachten.

Die zentrale Besonderheit jedoch ist (4) das ‚Produkt', die Musik, das Konzert als Kulturgut (vgl. Kap. 5 und 6). Wichtige Konsequenzen hieraus für Ensembles und andere Konzertanbieter sind, dass bei der Gestaltung und Beurteilung eines Markenkonzeptes besonders die Zielkategorie der künstlerisch-inhaltlichen Wirkungen zu berücksichtigen ist (vgl. Baumgarth 2014a: 24) und dass die Marke und deren Kommunikation auf alle Stakeholder[43] über unterschiedliche Kanäle und mit unterschiedlichen Inhalten ausgerichtet sein müssen (Baumgarth 2014a: 26 f.). Aus dem sich verschärfenden und über die Grenzen des Konzertbereichs hinausgehenden Wettbewerb folgt die Notwendigkeit, sich eindeutig zu positionieren und dabei den erweiterten Bezugsmarkt zu beachten.

7.3 Das klassische Konzert als Kulturgut und Produkt

Um die ‚markentechnisch' relevanten Aspekte herauszuarbeiten, scheint es nützlich, ein Konzert sowohl als künstlerisches Werk als auch zunächst – wie bei Angeboten anderer Kulturinstitutionen ebenso praktiziert – als Dienstleistung zu betrachten (vgl. Hellmann o.J.: 13 f.) und aus den dafür typischen Merkmalen resultierende Implikationen für die Markenführung abzuleiten.

7.3.1 Dienstleistungsmerkmale

Als spezifische Dienstleistungsmerkmale gelten (1) die Intangibilität bzw. Immaterialität – primär als fehlende physische Greifbarkeit, sekundär als teils erschwerte intellektuelle Erfassbarkeit, (2) die Kunden- bzw. Publikumsbeteiligung als ‚Integration eines externen Faktors' (kein Konzert ohne Zuhörer), (3) das ‚Uno-actu-Prinzip' (das Konzert ist nicht lagerfähig, damit verbunden das Thema der Auslastung) und (4) die Potenzialorientierung als Bereitstellung von (personellen) Ressourcen, die maßgeblich die Qualität der Kulturleistung bestimmen (Bruhn/ Stauss 2008: 6). So führt die Immaterialität u.a. zur Notwendigkeit der Markierung und Materialisierung der Leistung, etwa als Visualisierung des Markenzeichens oder auch als Manifestation des Erlebnisses durch

‚Instant-CD‘, durch Signierstunden nach dem Konzert u.ä. – was auch dem schnellen Vergessen des Markeneindrucks entgegenwirken soll. Ein Beispiel dafür gibt das Gürzenich-Orchester Köln: Direkt nach dem Konzert kann der Hörer die CD des gerade gehörten Konzerts ‚go-live‘ kaufen und von Künstlern des Abends signieren lassen (eigene Beobachtung FB); parallel hat der Dirigent John Eliot Gardiner ein ähnliches Angebot eingeführt (vgl. Blanning 2009: 328). Entsprechend haben BPhil, WEDO und MCO jeweils ein Logo entwickelt, mit dem Medien und Produkte – Pressemeldungen, Webseiten, CDs, Programme etc. – markiert werden (vgl. Kap. 4).

Immaterialität ist auch die zentrale Ursache dafür, dass Dienstleistungsmarken in aller Regel als Dachmarken geführt werden (vgl. Baumgarth 2014a: 24) – so auch bei den drei Fallbeispielen zu beobachten, die teilweise spezifische Angebote ‚unter dem Dach‘ mit zusätzlichen Markierungen versehen, wie ‚MCO Landings‘, oder ‚BPhil-Education‘. Sie führt weiterhin zu der Herausforderung, in der Markenkommunikation den Nutzen – wie etwa geistige Anregung und Inspiration, Wissenszuwachs, Unterhaltung oder soziale Kontakte – wahrnehmbar darzustellen (vgl. Baumgarth 2014b: 25).

Aus der Publikumsbeteiligung ergeben sich die Probleme „der Gewährleistung einer markenartikelgemäßen Qualitätskonstanz“ (Bruhn/Stauss 2008: 13), und dies betrifft sowohl die Qualität der künstlerischen Leistung wie auch die Qualität der Integration der Hörer. Beides ist entscheidend für die Wahrnehmung bzw. Bewertung der Qualität der Gesamtleistung, was wiederum ein entscheidender Faktor für das Markenvertrauen ist und nur subjektiv aus Besuchersicht – wenn überhaupt ex post – beurteilt werden kann (typisch für ‚Erfahrungsgüter‘, vgl. Bruhn/ Stauss 2008: 9). Daher rührt die hohe Relevanz der „Beziehungsorientierung“ für die Markenbindung (Bruhn/Stauss 2008: 13), die im Kulturbereich unter dem Begriff Besucherbindung oder Audience Development behandelt wird (im Unternehmensmarketing seit Jahren gängig als Kundenbindung, Customer Relationship Management CRM mit Ansätzen des Database-Marketing zur Erhöhung von Wiederkauf- und Empfehlungsraten etc.).

7.3.2 Die künstlerische Leistung als Kern

Das zentrale Merkmal des Konzertes ist jedoch, dass es sich um eine künstlerische Leistung handelt, wobei sich die klassische Musik wiederum durch besondere Merkmale auszeichnet (vgl. Kap. 5).
Die ästhetische Form der Künste dient der Übermittlung einer künstlerischen Botschaft als Hauptakzent, während das „ästhetische Design" eines Konsumguts oder einer Dienstleistung – akustisch analog die Begleitmusik z.B. in Form von Jingle, Werbemusik – als „kultureller Mantel" insbesondere dem Verkaufszweck dient (Bendixen 2011: 137). Ein (klassisches) Konzert ist per se auf Kommunikation und Dialog angelegt, verlangt aktive Hörer und wird letztlich erst durch die Rezeption als Kunstwerk vollendet (vgl. Klein 2011a: 100 mit Bezug auf Umberto Ecos „das offene Kunstwerk"). Jedes Konzert zeichnet sich – ähnlich Werken anderer Künste – durch Einmaligkeit und Individualität der Interpretation, durch Einzigartigkeit aus.

Konzerte sind nicht standardisierbar (Klein 2011a: 108), nicht identisch wiederholbar – und sollen es auch gar nicht sein! Denn Musik als Kunst zeichnet sich gerade durch Einmaligkeit und Überraschungen aus – sowohl in der Form (denkt man an Kompositionstechniken) als auch in der Interpretation. Sie bietet Unerwartetes, und in dieser Originalität und Authentizität bzw. Echtheit besteht auch ihre Aura (vgl. Hellmann o.J.: 13 f. mit Bezug auf Walter Benjamins Publikation ‚Das Kunstwerk im Zeitalter seiner technischen Reproduzierbarkeit'). Die hier dargestellten Aspekte werden – mit weiteren Faktoren – bei der Formulierung der für die Markenkommunikation relevanten Nutzendimensionen zu berücksichtigen sein.

7.4 Der identitätsorientierte Ansatz der Markenführung

Wie nun kann eine Markenbildung und -führung für Ensembles als Dachmarke für ihre Konzertangebote entwickelt werden? Der ‚identitätsorientierte Ansatz der Markenführung' gilt für Kulturmarken analog zu Dach- bzw. Unternehmensmarken im Dienstleistungsbereich als besonders geeignet (Schmidt 2006: 6; Burmann/Maloney 2008: 200), weil sein Konzept auf dem Grundgedanken des ‚Integrierten Marketings' basiert. Er berücksichtigt alle Stakeholder und geht folglich über eine einseitige Ausrichtung auf die Wahrnehmung der Marke beim

Nachfrager hinaus. Eine als Ausdruck der Identität positionierte Marke wirkt nach innen und außen glaubwürdig, und das dadurch gestärkte Vertrauen bildet die Grundlage einer langfristigen Markenbindung bei allen Bezugsgruppen (vgl. Schmidt/Weinland 2006: 6).

Markenloyalität bezieht sich sowohl auf interne als auch auf externe Bezugsgruppen und ist essenziell für die angestrebte Markenstärke (auf die Darstellung von Abstufungen wie u.a. ‚Commitment' etc. wird hier zugunsten der Übersichtlichkeit verzichtet). Dieser Ansatz und die damit verbundenen Schritte der Markenbildung und -führung sowie der Implikationen für die Kommunikation werden hier übertragen auf Orchester bzw. Ensembles und unter Verwendung von in der Marketingliteratur etablierten Begriffen[44] skizziert. Dies dient als Grundlage für die Analyse der Fallbeispiele und für die Ableitung möglicher allgemeiner Schlussfolgerungen und einer spezifischen Weiterentwicklung für klassische Musik.

7.4.1 Markenidentität

Aus Sicht der Markenkonzeption werden Marken als Konstrukte beschrieben, deren Struktur aus den Komponenten (1) Markenessenz, (2) Markenkern und (3) Markentonalität bestehen – und diese werden beim identitätsorientierten Ansatz von innen heraus abgeleitet. Die Markenessenz spiegelt eine zentrale Botschaft als „unwiderrufliches Wert- und Leistungsversprechen" wider. Weitere wenige Botschaften prägen den Markenkern, der Werte enthält, mit denen die Marke grundsätzlich assoziiert werden soll. Die Markentonalität prägt maßgeblich den Charakter der Marke und zeigt, wie sie von der Umwelt wahrgenommen und welche Wesenszüge ihr als ‚Persönlichkeit' zugeschrieben werden (Bauer et al. 2012: 7). Die Markenidentität, verstanden als Selbstbild eines Ensembles, das die essenziellen und charakteristischen Merkmale einer solchem ‚Musikmarke' umfasst, steht in Anwendung dieses Ansatzes gleichberechtigt neben dem Markenimage als dem intendierten Fremdbild aus Perspektive der verschiedenen Anspruchsgruppen.

Denkbare Quellen und Basis für die Entwicklung der Markenidentität und der daraus abzuleitenden Elemente für die Kommunikation bieten u.a. die Geschichte, Tradition, musikalische Herkunft und Wurzeln eines Ensembles, die Heimatregion (vgl. Erkelenz 2012: 50 ff.) oder auch Residenzstädte, gemeinsame Grundsätze und Werte (Philosophie), besondere Stärken und Kompetenzen, eine spezifische Kultur und

Struktur, ein besonderes Repertoire, eine besondere musikalische Auffassung (etwa infolge ‚historisch informierter Aufführungspraxis‘, wie man es bei den Spezialensembles für ‚Alte‘ bzw. ‚Neue Musik‘ vorfindet) oder auch besondere Klangvorstellungen als Klangidentität (vgl. Kapitel 8).

So wird bei den BPhil besonders der Bezug zu Berlin, zum Gebäude der Philharmonie, zur eigenen Tradition der Selbstbestimmung und der höchsten musikalischen Ansprüche im Hinblick auf den Klang und das Repertoire betont. Beim MCO finden sich Bezüge zur gemeinsamen Herkunft im Gustav Mahler Jugendorchester und zum Verständnis kammermusikalischen Musizierens, das sich auch in einer besonderen Klangvorstellung ausdrückt. Beim WEDO folgt die Markenidentität stark der regionalen Herkunft der Musiker, der Entstehungs- und Entwicklungsgeschichte, den gemeinsamen Werten, ausgedrückt im Claim ‚Equal in Music‘ und im Namen.

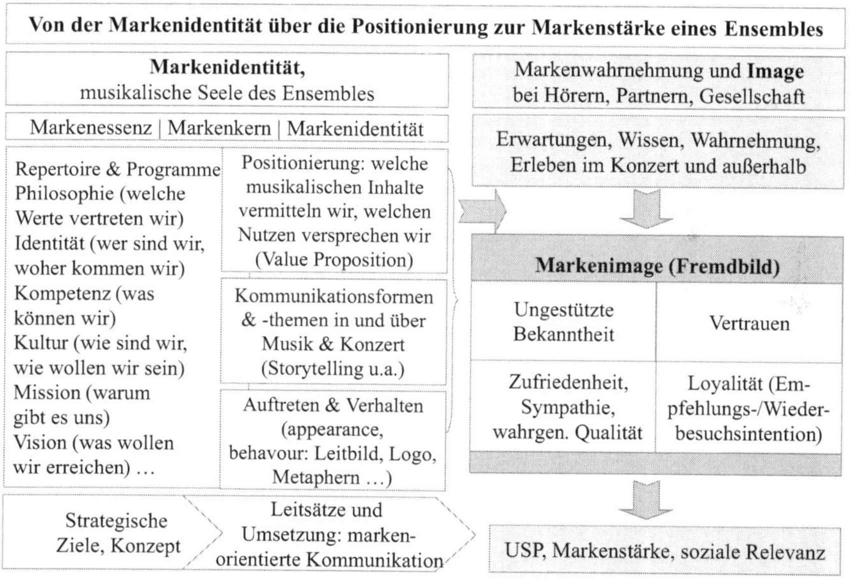

eigene Darstellung FB unter Berücksichtigung von Baumgarth 2014: 97; Esch/Tomzak 2014: 48; Gutjahr 2013: 39; Bauer et al. 2012: 7; © Birckenbach

Abb. 6: Von der Markenidentität über die Positionierung zur Markenstärke

Um das gewünschte Image in der Wahrnehmung bei allen Zielgruppen zu erreichen, muss in der Markenführung eine aus Identität und entsprechendem Zielimage abgeleitete Positionierung mit darauf abgestimmten Kommunikationsmaßnahmen umgesetzt werden (vgl. Abb. 6) – u.a. mit verbalen und visuellen Elementen, wie etwa Leitbild (intern), Markenlogo, visuellen Metaphern oder Storytelling (intern und extern, vgl. Burmann/Maloney 200: 204 f.).

7.4.2 Positionierung

Die Elemente Markenidentität, -positionierung, -image und -kommunikation sind eng miteinander verbunden, denn die Positionierung wird durch Kommunikation erst wahrnehmbar umgesetzt. Je besser dies gelingt, umso klarer und stärker ist im Ergebnis das Markenimage (vgl. Esch/Fischer 2009: 383). Für die Kommunikation folgt daraus, dass (1) die Markenidentität – und darin (als ergänzender Vorschlag FB vgl. dazu Kap. 8) die ästhetische Wirkungsintention – als Orientierungsmaßstab dient. Außerdem gibt (2) die Positionierung vor, welche zentralen Inhalte und Nutzenaspekte die Anspruchsgruppen durch die Kommunikation in Bezug auf die Marke lernen und mit ihr als Image verbinden sollten, sodass sich eine Organisation klar von anderen unterscheidet. Ziel ist, eine sogenannte USP (Unique Selling Proposition) mittels besonderer Nutzenversprechen (Value Proposition) zu erreichen (Esch/Fischer 2008: 384).

Eine erfolgreiche und wirksame Positionierung von Marken muss generell eine Reihe von Anforderungen erfüllen (vgl. Baumgarth 2014b: 210 f.; Lachmann 2002: 199). Dies sind: (1) Wahrnehmbarkeit und Klarheit, d.h., die Marke muss auf den ersten Blick erkennbar sein. Besondere Bedeutung hat (2) die Konzentration auf wenige Eigenschaften und Botschaften aufgrund der begrenzten Aufnahme- und Lernfähigkeit der Adressaten, gerade in der Welt des ‚information-overload'. (3) Relevanz und Zukunftsfähigkeit bewirken, dass die Marke für die Adressaten (subjektiv) heute und künftig wichtig ist. Aus Identität und Qualität resultieren (4) Glaubwürdigkeit und Authentizität. Als Kontrast gegenüber Wettbewerbern (i.w.S. als Erlebnisangebote) wirken (5) Differenzierungsfähigkeit und Eigenständigkeit. Ein Maß an (6) Flexibilität und Konsistenz gewährleistet, dass die gewählte Positionierung auch bei sich verändernden Umweltbedingungen gelten kann.

Weiterhin ermöglicht (7) Kontinuität eine langfristige Ausrichtung im Sinne der Beibehaltung des Markenkerns als „Selbstähnlichkeit".

(8) Dauerhaftigkeit setzt darauf, dass die Marke nicht kurzfristig imitierbar ist, und (9) Integration beinhaltet, dass die Kommunikation inhaltlich und formal aufeinander abgestimmt wird. Die Bedeutung dieser Kriterien als Erfolgsfaktoren wird von den Erfahrungen mit frei geführten Orchestern wie dem renommierten New York Philharmonic bestätigt und ist besonders für den nachhaltigen Erfolg relevant. Jedes Ensemble muss danach einen eigenen, sehr spezifischen Weg finden, wie es einen prominenten Platz im gesellschaftlichen Diskurs einnehmen kann. Dabei ist die Vision der Orchesterleitung in Einklang mit den Ressourcen und dem jeweiligen Handlungsbedarf zu bringen (vgl. Gilbert 2015: 0).

Die Positionierung muss auf den herausgearbeiteten Identitätsmerkmalen und relevanten Markenattributen bzw. Produkteigenschaften basieren, diese aber in Nutzenbotschaften für die verschiedenen Bezugsgruppen übersetzen. Die Nutzenaspekte wiederum sollten sachlich-funktionale und emotional-soziale Ebenen ansprechen (vgl. Klein 2011a: 108 ff.). Damit können die Vorteile aus der bewussten und unbewussten neurologischen Verarbeitung von verbalen und nonverbalen sowie rationalen und emotionalen Informationen genutzt werden (vgl. Gutjahr 2013: 8).

Ansatzpunkte für solche Nutzendimensionen eines Orchesters bieten u.a. (1) die künstlerische Kernleistung, d.h. Repertoire und Programme (das Konzert als ästhetische Erfahrung), (2) besondere Konzertformate bzw. Präsentationsformen (Kommunikation mit und über Musik im Rahmen des Konzerts selbst bzw. übergehend in Musikvermittlung), (3) Rezeptionsformen (vgl. Kap. 3) wie Kontemplation und sozialer Austausch oder auch (4) mit der künstlerischen Aktivität verbundene gesellschaftlich relevante Themen und Projekte. Zu den (5) so genannten Zusatz- oder Sekundärleistungen (Value-Added-Services) zählen z.B. Konzerteinführungen, Begegnungen mit Musikern, Begleitprogramme im Rahmen einer thematischen Konzertreihe mit Ausstellungen, Lesungen, Filmvorführungen, wie bereits von Abbado mit den BPhil in den 1990er-Jahren etabliert – sofern man dieses nicht als ‚künstlerische Einheit' betrachtet statt als Zusatzleistung.

Entsprechend stellen die BPhil besonders ihr herausragendes musikalisches Können mit einem breiten Repertoire heraus, das entsprechend besondere ästhetische Erfahrungen bietet, und übertragen den Anspruch des ‚Über-sich-Hinauswachsens' mit Disziplin und mithilfe der Kraft der Musik auch auf ihr gesellschaftliches Engagement. Das WEDO unterscheidet sich vorrangig durch die ‚Erzählung des friedlichen

Miteinanders und der Gleichstellung aller in der Musik' und die mit der Kraft der Musik verbundene gesellschaftliche Utopie. Das MCO verbindet den kammermusikalischen Anspruch des Aufeinander-Hörens und eine „Durchsichtigkeit im Klang" (Castell 2015: 0) aus der langjährigen Zusammenarbeit mit Claudio Abbado mit Assoziationen zu seiner regen Reisetätigkeit ‚journey' und zeigt mit dem ‚Feel the Music'-Projekt, dass die Stärke der Musik Menschen mit einbinden kann, die sonst vom Konzert ausgeschlossen bleiben. Zusammenfassend zeigt Abb. 7 die bisher herausgearbeiteten Herausforderungen und Anforderungen.

Überblick Herausforderungen & Anforderungen

Herausforderungen
wirtschaftliches, gesellschaftliches Umfeld, Klassikmarkt, Publikum
Eigeneinnahmen & private Finanzierung via Sponsoren, Mäzene, Fördervereine relevant
Megatrends: Globalisierung, Wissensgesellschaft, neue Arbeitswelten, Wachstum Weltbevölkerung, Migration, Ressourcenknappheit, Umwelt, Klima
Multiethnisch buntere Bevölkerungsstruktur
Ökonomisierung von Lebenswelten
Relativierung Begriffe: klassische Musik, Kultur, Kulturflaneur
Alterung Publikum, soziale Schere, frühe Prägung
Digitalisierung & Überreizung
Rezeptionsmuster, Besuchsmotive, Erwartungen
Konkurrenz um Aufmerksamkeit, Zeit und Geld

Rezeptionsformen & Hörermotive
(a) Kontemplation und Imagination
(b) Ästhetische Erkenntnis, Bildung
(c) Kommunikation und soziale Interaktion
(d) Identität, Differenz und Korrespondenz
(e) Multisensorische Unterhaltung
(f) Stars
>> **Aura des Konzertes**

Zielviereck & Perspektivenvielfalt
- Qualität
- Publikum
- Relevanz
- Ressourcen

Musiker, Hörergruppen, Partner, Gesellschaft, Kulturpolitik, Wirtschaft …

Implikationen des Konzerts als Kulturgut
Multi-Stakeholder-Struktur >> Perspektivwechsel
Intangibilität, Immaterialität >> Visualisierung, Markierung, Materialisierung
Hörerintegration >> Haltung und Dialog
Uno-actu-Prinzip >> Auslastung, Aud. Developm.
Potenzialorientierung >> personelle Leistungsfäh.
Einmaligkeit, Unwiederholbarkeit >> Qualität
Musikalische Kernleistung >> künstler. Qualität

Erfolgsfaktoren der Markenpositionierung
Wahrnehmbarkeit & Klarheit
Konzentration
Relevanz & Zukunftsfähigkeit
Glaubwürdigkeit & Authentizität
Differenzierungsfähigkeit & Eigenständigkeit
Flexibilität & Konsistenz
Kontinuität, Selbstähnlichkeit
Dauerhaftigkeit (nicht kurzfristig imitierbar)
Integration inhaltlich, formal, zeitlich

Eigene Darstellung © Birckenbach

Abb. 7: Ganzheitliches Markenkonzept - Herausforderungen und Anforderungen

7.5 Markenkommunikation zur Thematisierung von Musik und Konzert

Mit ‚Markenkommunikation' soll hier zunächst eine Kommunikationsarbeit bezeichnet werden, die – die Instrumente von Media sowie Public Relations (kurz PR) und Marketing nutzend – die Bekanntheit des

Ensembles und seiner Konzerte erhöht, eine Verknüpfung mit den Inhalten und Werten, die sich aus Markenidentität und Positionierung ergeben, ermöglicht und somit eine breite Wahrnehmung und Interaktion initiiert. Grundlage bildet idealerweise ein systematisches, mit Marke und Zielsystem abgestimmtes Kommunikationskonzept, das mit konkreten Informationen und Botschaften die unterschiedlichen Interessenlagen der Anspruchsgruppen jeweils berücksichtigt, diese mobilisiert und dennoch übergreifend das intendierte Markenimage verankert (vgl. etwa Esch/Fischer 2008: 398).

Nicht das Konzert als Produkt ist die Marke – wenngleich Ensembles und Konzerthäuser einzelne ‚Reihen' thematisch markieren (vgl. etwa die Reihe ‚Junge Wilde' in Dortmund) –, sondern der Träger, also das Ensemble, die Künstler. Das mag selbstverständlich klingen, hat aber Konsequenzen für die Kommunikation und Argumentation und für ein durchdachtes systematisches konsistentes Handeln generell. „Wenn der Inhalt stimmt, [...] ist auch die Verpackung wichtig. [...] Marketing ist eine der wichtigsten Aufgaben unseres Berufs, weil ein gutes Marketing dem Publikum erst die Rezeption des anspruchsvollen Inhalts ermöglicht" (Benedikt Stampa, Intendant Konzerthaus Dortmund, zitiert nach Gassmann 2014: 0).

Klar ist: Markenkommunikation im Klassikbereich muss einerseits auf demselben Medien- und Meinungsmarkt bestehen wie auch Konsumgüter und insofern mit ähnlichen Instrumenten und Methoden des „Aufmerksamkeitsmanagements" (Mandel 2011: 267) arbeiten – andererseits müssen besondere Regeln beachtet werden, die durch das besondere ‚Produkt', die klassische Musik im Konzert und deren spezifische Produktions- und Rezeptionsbedingungen, bestimmt sind. Grundsätzlich stehen hierfür sämtliche Instrumente aus PR und Marketing – online bzw. offline, Information bzw. Dialog – zur Verfügung.

Umso wichtiger wird ein die Positionierung tragender, formal inhaltlich und zeitlich integrierter Markenauftritt, zumal sich die Kommunikationskanäle für die unterschiedlichen Zielgruppen nicht überschneidungsfrei voneinander separieren lassen: Alle Anspruchsgruppen nehmen auch Kommunikation wahr, die sich an andere Zielgruppen richtet, zumal einzelne Personen in verschiedenen Rollen unterschiedlichen Gruppen angehören, was auch Vorteile im Hinblick auf Effizienz und Wirksamkeit der Kommunikation bietet (vgl. Bruhn 2009: 427 ff.).

7.5.1 Aufgaben der Markenkommunikation

Zentrale Aufgaben der Markenkommunikation für ein Ensemble bestehen – wie bei anderen Kulturorganisationen auch – darin zu informieren, Vertrauen zu schaffen, Beziehungen zu allen Bezugsgruppen aufzubauen und langfristig zu intensivieren. Weiterhin gilt es, zwischen künstlerischer Produktion und Rezeption zu vermitteln und die Akzeptanz des Konzerts als Teil von Kunst und Kultur in der Gesellschaft insgesamt zu erhöhen. Sie greift dabei nicht in künstlerische Produktionen ein, sondern soll alle verfügbaren Instrumente der Kommunikation über Musik im Sinne der Marke und der Ziele optimieren (vgl. Mandel 2009: 14, dort mit Bezug auf PR).

Konkret geht es um die Aufgaben, (1) auf Basis der definierten Markenidentität Vertrauen in das Ensemble als Kulturinstitution aufzubauen und ein spezifisches Markenimage zu prägen. Weiterhin geht es darum, (2) über Termine und Angebote zu informieren und zum Besuch der Konzerte zu motivieren. Dabei müssen (3) die spezifischen Zielgruppen für verschiedene Konzert- und Vermittlungsformen identifiziert und interessiert werden. Wenn Interessenten zu Besuchern werden, gilt es (4) „Brücken zu bauen“, um die „Interaktion zwischen künstlerischer Produktion und Rezipient zu fördern“ (Mandel 2009: 15). Hier sind solche Ansätze zu wählen, die Bezüge zu den in Kapitel 5 und 6 beschriebenen Hör-Erlebnissen herstellen. Im Hinblick auf die gesellschaftliche Relevanz ist es wichtig, (5) kulturpolitische Ziele zur Partizipation zu kennen und deren Umsetzung zu dokumentieren. Losgelöst von einzelnen Konzerten kann ein Ensemble darüber hinaus (6) die gesellschaftliche Diskussion über klassische Musik anregen und beleben und dabei – wie auch mit dem eigenen Musizieren und Auftreten – (7) bestimmte kulturelle Werte kommunizieren, also generell Vertrauen und Sympathie für diese Musik, aber auch für bestimmte gesellschaftliche Themen schaffen (vgl. Mandel 2009: 15).

7.5.2 Branding

Im Hinblick auf die formale Integration geht es zunächst um das ‚Branding‘, d.h. um das Markendesign mit den wesentlichen Komponenten Name, Markenzeichen bzw. Logo, Farbspektrum, Typografie, ggf. Claim. Ein stringenter Einsatz solcher Elemente über alle verwendeten Medien und Kommunikationskanäle hinweg dient der Klarheit und Konsistenz des Auftritts nach außen und innen, der Kennzeichnung des Absenders aller Maßnahmen und einer jederzeitigen Wiedererkennbarkeit durch alle Rezipienten. Die Gestaltung soll die Vermittlung der Inhalte anschaulich unterstützen (vgl. etwa Meffert/Detmers 2008: 466; Baumgarth 2014b: 260 ff.). Bezogen auf die Fallstudien zeigt sich: Jedes dieser Orchester hat ein entsprechendes Branding vorgenommen (vgl. Kap. 4). Die BPhil verwenden ein Logo, das Form (Pentagon) und Farbe (Gelb) der Scharoun'schen Philharmonie aufnimmt und das sämtliche herausgegebene Medien (Programme, Magazin, Website etc.) erkennbar macht. Das MCO hat im Juli 2015 ein neues Markenlogo[45] lanciert, das künftig alle Veröffentlichungen prägen soll. Ebenso setzt das WEDO sein in Orange-Weiß gehaltenes Logo[46] und den Claim ‚Equal in Music' durchgehend ein. Die Anmutung solcher Designelemente spiegelt idealerweise die intendierte Tonalität des Auftritts im Sinne einer ‚Markenpersönlichkeit' wider.

7.5.3 Instrumente der PR- und Marketingkommunikation

Basis aller Kommunikationsaktivitäten soll grundsätzlich ein im Einklang mit Mission und Markenleitbild formuliertes Kommunikationskonzept bilden, das inhaltlich die zentralen Werte und Botschaften aufgreift und in Bezug zu strategischen Zielen setzt (vgl. dazu umfangreiche Fachliteratur zur strategischen Kommunikationsplanung, u.a. Band von Bruhn/Esch/Langner 2009). Wie bei Unternehmen auch steht dazu eine große Bandbreite unterschiedlicher Kommunikationsinstrumente zur Verfügung – vom persönlichen Dialog mit Medienvertretern, Entscheidern, Multiplikatoren und auch mit dem Publikum über digital gestützte bis zu standardisierten traditionellen Ansätzen, die sich eher an eine breite Öffentlichkeit wenden (s. u.a. Meffert/Dettmers 2008: 462).

7.5.3.1 Public und Media Relations (PR, MR)

PR und MR meint die strategische Gestaltung kommunikativer Prozesse und Beziehungen zwischen Institutionen und Teil-Öffentlichkeiten der Gesellschaft. Es geht für ein Ensemble hier vor allem darum, langfristig auf einer übergeordneten Ebene zu informieren, präsent zu sein, ein glaubwürdiges Image und Vertrauen aufzubauen – systematisch, zielgerichtet und kontinuierlich. Typische Instrumente sind die auf regionale Medien und Kultur- bzw. Feuilleton-Redaktionen gerichtete Presse- und Medienarbeit und der Dialog mit wichtigen Stakeholder-Gruppen, etwa in Form von Treffen und Sonderkonzerten für Partner und Träger. Neben den etablierten PR-Formen nutzen viele Kulturorganisationen verstärkt auch unkonventionellere Wege, um Zielgruppen zu erreichen. Dazu zählen das virale Marketing (Mundpropaganda, Anreize zur Weiterempfehlung), Networking (etwa Freundeskreise), Einbindung von ehrenamtlichen Mitarbeitern (BPhil, Konzerthaus Berlin) oder Kultur- und Musikbotschaftern (bspw. Classic Scouts des Heidelberger Frühlings, Schülermanager beim Beethoven-Festival Bonn) oder ‚Guerilla-Marketing', wozu etwa die häufiger über soziale Medien geteilten Flashmob-Inszenierungen zählen (vgl. Mandel 2009: 10). Generell werden inzwischen verstärkt die elektronischen und sozialen Medien für PR genutzt. Typisch für Kulturorganisationen sind der fließende Übergang zur Marketingkommunikation (vgl. Mandel 2009: 13) sowie die Notwendigkeit, Marketing und PR auf geeignete Weise miteinander zu verknüpfen.

7.5.3.2 Marketingkommunikation

Marketingkommunikation ist vor allem gerichtet auf die Kundenbeziehung, also auf die konkreten Besuchergruppen, die letztlich Tickets kaufen und den Konzertsaal füllen. Hier geht es sehr konkret um die stimmige Gestaltung und Relation der Kommunikation zu den weiteren Instrumenten des so genannten Marketingmix, dem ‚Produkt' und dem Service sowie dem Preis und dem Vertrieb. Das ‚Produkt' Konzert ist im Musikbereich wie gezeigt bereits ein wichtiges Kommunikationselement. Aber auch die Gestaltung von Service-Angeboten, der Ticketverkauf, weitere Elemente der Distribution sowie der Preis senden ‚Botschaften' aus. Insgesamt beinhaltet der Marketingmix wiederum ein breites Spektrum an Instrumenten, die differenziert nach verschiedenen Publikumsgruppen zu gestalten sind. Hier lassen sich durchaus Erkenntnisse aus dem Konsumgütermarketing übertragen, wie etwa die hohe Bedeutung von Maßnahmen der Besucherbindung, von Weiterempfehlungs- und Wiederkaufbereitschaft. Dies kann hier nicht en détail ausgeführt werden (vgl. umfangreiche Marken- und Marketingliteratur).

7.5.3.3 Audience Development

Spezifisch für den Kulturbereich gilt Audience Development (als Analogie zum in Unternehmen üblichen Kundenbeziehungsmarketing CRM) als Ansatz, der verschiedene Funktionen der Kulturkommunikation in Form von PR, Marketing, Werbung, Musikvermittlung bzw. kulturpädagogische Ansätze zusammenführt – mit dem Ziel, neue

Interessenten zu gewinnen und das Publikum nachhaltig zu binden (vgl. Mandel 2009: 13). PR und Marketing können insofern auch als indirekte Formen der Musikvermittlung gesehen werden, wenn sie Konzertangebote und Rezeptionsprozesse so unterstützen, dass sie für unterschiedliche, auch potenzielle Zielgruppen attraktiv werden.

Dies gelingt zunehmend mit dialogischer, persönlicher zielgruppendifferenzierter Kommunikation. Die neuen Medien bieten hier eine Plattform, die die früher dominierende Massenkommunikation ablöst und das Kommunikations- und Rezeptionsverhalten verändert hat. Die Publikumsorientierung resultiert oft zunächst weniger aus pädagogischer oder kulturpolitischer Perspektive als vielmehr aus Gründen der Akzeptanz und der Auslastung bzw. Ökonomie. Grund dafür sind Erfahrungen, dass in einer zunehmend erlebnisorientierten Gesellschaft die Herangehensweisen des Marketings besser geeignet scheinen, um „breitenwirksame Kulturvermittlungsstrategien zu entwickeln, als nur didaktische Methoden, die in der Ansprache breiter Öffentlichkeiten kaum greifen“ (Mandel 2009: 11).

Letztlich wirkt sich jeder mediale und direkte Kontakt mit (potenziellen) Publikums- und Interessengruppen auf die Wahrnehmung und das Vertrauen der Marke aus: Jeder Kontakt nach außen hat Marken- bzw. Imagerelevanz – ob es sich um ein Preissignal, den Kartenverkauf, die Vortragsweise in der Konzerteinführung, die Bewirtung, die Gestaltung von Räumen oder den Umgang mit der Druckerei der Programmhefte handelt. Markenorientierte Kommunikation hat die Aufgabe, all diese Kontakte und Prozesse bewusst im Sinne der Marke stimmig und integrierend zu gestalten. Die Integration bezieht sich auf Form, Inhalt, Funktion und Zeit.

7.5.4 Integrierte Markenkommunikation

Auf Basis von Elementen wie Logo und Design als formaler Integration lässt sich die inhaltliche und zeitliche Integration von Maßnahmen ableiten. Zeitliche Integration meint langfristig absehbare, planbare strategische Zeitfenster, in denen eine wirksame Kommunikation möglich ist. Dazu gehört v.a. die Gestaltung und rechtzeitige Aussendung von Tournee-, Konzert- und Programminformationen bzw. Begleitmaterial sowie von besonderen Themen und Anliegen, differenziert nach Zielgruppen. Dafür eignen sich verschiedene Kanäle wie Presse, aber auch Newsletter, Social Media (vgl. Abb. 8).

Die Experteninterviews haben gezeigt, welch hohe Bedeutung etwa dem Jahresprogramm der BPhil zugemessen wird. Daneben müssen auch aktuelle Ereignisse durch blitzschnelle Reaktion und Improvisation als Kommunikationsanlass berücksichtigt werden. Am Beispiel des WEDO ist zu sehen, wie konsequent etwa auf politische Krisen reagiert wird, um die Botschaft des Orchesters zu aktualisieren und verstärkt in die Öffentlichkeit zu transportieren. Ein besonders starker Moment war im Januar 2009 die Ankündigung und Umsetzung von zwei Sonderkonzerten an einem Abend in der Berliner Staatsoper unter erheblichem Medieninteresse (zuvor musste aufgrund aktueller politischer Geschehnisse aus Sicherheits-gründen die geplante Tournee in Nahost abgesagt werden, Beobachtung FB).

Planbar hingegen sind Projekte und deren Dokumentation – wie z.B. die Dokumentation des BPhil-Education-Projekts ‚Rhythm is it!' als Film und damit die Verdeutlichung des Engagements und die Öffnung des Orchesters für neue Hörerschichten. Ebenfalls strategisch langfristig ausgerichtet war die inhaltlich und zeitlich integrierte Kommunikation der ‚Beethoven Journey' und der ‚Feel the Music'-Projekte des MCO auch in Zusammenarbeit mit dem Beethoven-Festival Bonn und dem Deutschlandfunk, der dies mit Interviews und Moderation begleitete. Diese Beispiele standen stellvertretend für PR mit Fokus auf Presse- und Medienarbeit zur Informations- und Meinungsbildung verschiedener Bezugsgruppen und der Gesellschaft allgemein.

Typische Marketingkommunikation hingegen richtet sich vorrangig auf die Publikumsgruppen als konkrete Besucher. Beispiele dafür sind auf das Gesamtprogramm zeitlich und inhaltlich abgestimmte spezifische Angebote für Mitglieder von Freundeskreisen, für Abonnenten, Empfehlungsprogramme, Konzert-Paketangebote, die Konzerte mit weiteren Elementen verbinden, offene Proben, Einladungen der ‚offenen Türen' etc. Auch die Orchester in den Fallstudien nutzen in unterschiedlicher Kombination und Intensität die ‚Klaviatur' der Kommunikationsinstrumente. Sie setzen auf Presse- und Medienarbeit zur direkten und indirekten Kommunikation mit Journalisten und Multiplikatoren (Pressemitteilungen und -konferenzen, Interviews für Zeitungen, Zeitschriften, Radio, TV, Blogger, Medienkooperationen). Sie betreiben PR und Marketing über die Website mit Daten zu Konzerten, aktuellen Education-Projekten und Terminen. Sie nutzen Social Media wie Facebook, Youtube und Twitter zur Kommunikation und teils auch Interaktion mit Publikumsgruppen, für die Fotos, Videos, Konzert-Teaser, Interviews etc. bereitgestellt werden. Printmedien (wie etwa das BPhil-Magazin) wirken inzwischen ergänzend.

Insofern dient eine solche Markenkommunikation nicht allein dem Aufbau von Image und Vertrauen, sondern fördert darüber hinaus die Mobilisierung der Zielgruppen für den Besuch von Konzerten und Vermittlungsangeboten wie auch als Multiplikatoren (‚Mundpropaganda') und unterstützt einen kontinuierlichen Kontakt.

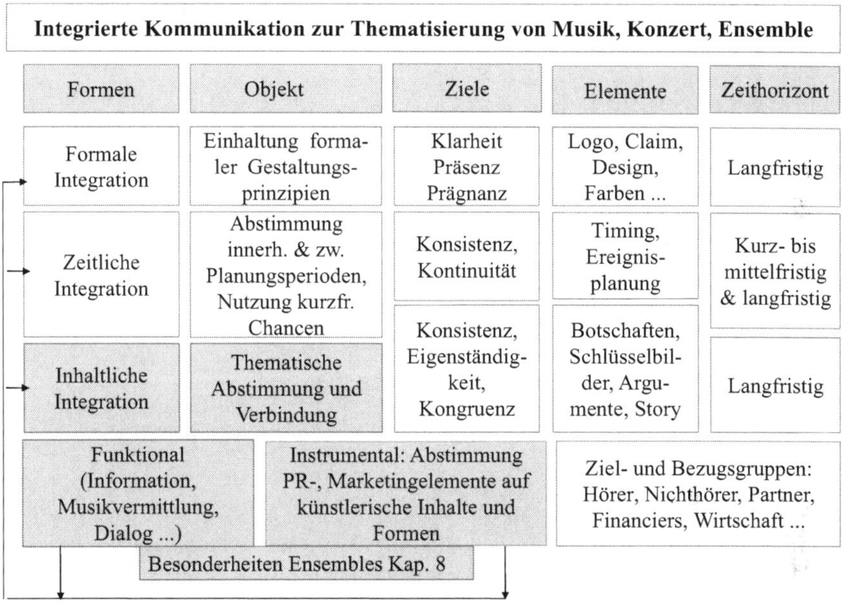

Eigene Darstellung (schematisch) FB aufbauend auf Bruhn 2009: 441 © Birckenbach

Abb. 8: Integrierte Kommunikation zur Thematisierung von Musik und Konzert

7.6 Dienende Funktion der Markenkommunikation

Insgesamt ist festzuhalten, dass professionelle Markenkommunikation in diesem Sinn eine den künstlerischen Inhalten und den Kernbotschaften dienende Funktion hat. Es geht darum, „kommunikative Strukturen" aufzubauen, und zwar sowohl für ein einzelnes Konzert – um einen vollen Saal bzw. entsprechende Ticketverkäufe zu erreichen – als auch für eine „dauerhafte, jederzeit mobilisierbare" Beziehung von Publikums- und Anspruchsgruppen zu einem Ensemble und zur klassischen

Musik. So kann über die Ebene des einzelnen Ensembles und Konzertes hinaus ein Beitrag für die Bedeutung dieser Musik als Wert in der Gesellschaft insgesamt entstehen (vgl. Mandel 2009: 13 ff.).

Dies erfordert „handwerkliche Kreativität", die dem Ensemble, der Marke und der künstlerischen Intention und Qualität gerecht wird (Bendixen 2011: 150) und die den sozialen, interaktiven Charakter von Musik und Konzert berücksichtigt, ohne dabei das ästhetische Erleben zu behindern. Wie sich Synergieeffekte durch die Verbindung von Kommunikation mit und über Musik in der Markenführung gewinnen lassen, skizziert Kapitel 8. Abb. 9 fasst die Vielfalt der Gestaltungselemente zusammen.

Überblick Gestaltungselemente und Ebenen

Formen der Kommunikation mit Musik
Musik als Sprache
Musizieren als kultiviertes Miteinander
Interpretation & künstlerische Botschaft (6)
Repertoire & Programme
Einsatz von Künstlern, Solisten, Dirigenten
Variation der Konzertformen
Konzert in medialer & digitaler Form
Vermittlung von Zugängen zur Musik
Konzert als Themenvorrat für Kommunikation

Thematisierung von klassischer Musik, Konzert, Ensemble
Systematisches, markenorientiertes Konzept
Public & Media Relations, Public Affairs
Marketingkommunikation
Audience Development
Musikvermittlung (7)
Dienende Funktion
Integration inhaltlich, formal, zeitlich

Ganzheitlichkeit – Ebenen
Konzert als Form und Thema & gerichtet an diverse Individuen und Gruppen & integriert über Inhalte, Form, Zeit (8)

Markenidentität – künstlerisch, institutionell
Geschichte, Tradition, musikal. Herkunft, Wurzeln
Heimatregion, Residenzstädte, Lokalität, (7)
Internationalität, Räume
Gemeinsame Grundsätze und Werte (Philosophie)
Persönlichkeiten
Spezifische Kultur und Struktur
Besondere Stärken, Kompetenzen, Qualitätsverständn.
Besonderes Repertoire, musikalische Auffassung
Klangidentität und Spirit

Nutzendimensionen & Positionierung
Kernnutzen aus Qualität der künstler. Leistung
Sozialer Austausch, Gemeinschaftserlebnis
Symbolischer Nutzen (7)
Zugang zu Musikerleben
Gesellschaftl. Nutzen (soziale Themen/ Projekte)
Servicenutzen

Wege zur sozialen Relevanz
Besucher- & Auslastungszahlen
Musik für alle potenziellen Hörerschichten
Kulturelle Bildung verstärken
Aufgreifen gesellschaftlicher Themen
Orientierung & Sinnstiftung
Identitätsbildung & Integration (6)
Tradition & Utopie

Eigene Darstellung © Birckenbach

Abb. 9: Gestaltungselemente und Ebenen ganzheitlicher Markenführung

8 Synthese – ein ganzheitlicher Kommunikationsansatz für Ensembles

„Wenn überhaupt, dann ist es meine Arbeit, die zählt, wie bei allen anderen auch und durch sie drücke ich meine Sicht auf die Welt aus. Da ich ein Orchester leite, hoffe ich, dass durch meine Auswahl von Werken und durch die Art, wie ich sie dirigiere, für aufmerksame Hörer meine Haltung erkennbar wird. Wenn das, was ich tue, etwas zählt, bin ich überzeugt, dass zwischen den Hörern und mir ein Austausch stattfindet, der sich auch als Engagement vermittelt." (Claudio Abbado 2002: 31)

Konzerte mit vielen Tausend Menschen am Brandenburger Tor, Open-Air-Konzerte auf öffentlichen Plätzen, Freilichtbühnen oder in ehemaligen Fabrikhallen, Schlangen vor Konzerthäusern für offene Proben zur Mittagszeit (z.B. Köln) – solche Ereignisse machen deutlich: Auch mit klassischer Musik lässt sich eine breite Öffentlichkeit erreichen. Diese Musik kann die Identität einer Gruppe, einer Nation stärken, Botschaften vermitteln und Images aufbauen (vgl. etwa Kap. 6). In der öffentlichen Kommunikation können Musik – wie auch andere Kunstformen – und ihre Entstehung so „inszeniert" werden, dass eine Verständigung mit und in der Gesellschaft „angeregt und strukturiert" wird (Mandel 2011: 267 ff.; Lüddemann 2009: 130). Zugleich bestehen weiterhin die in Kapitel 3 skizzierten Herausforderungen und Barrieren, denen mit einer besonderen Haltung gegenüber den Hörern und einer entsprechenden Kommunikation für Ziel- und Bezugsgruppen zu begegnen ist.

Die vorausgehenden Kapitel haben die Musik als Form der Kommunikation aus Sicht des Hörers und der Musiker betrachtet sowie Möglichkeiten der Gestaltung von Markenkommunikation, die mittels PR, Marketing und Musikvermittlung ein Ensemble, seine Konzerte und die darin interpretierte Musik thematisiert. Jede Kommunikation „kann nur so gut und so relevant sein wie der Gegenstand, mit und über den sie kommuniziert" (Mandel 2011: 268). Gerade hier liegen große Chancen, denn klassische Musik und Konzert sind kein beliebiges Konsumprodukt, das künstlich und zweckgebunden mit Emotionen aufgeladen werden müsste, um es wertvoll und attraktiv zu machen. Diese Musik hat eine eigene Ausstrahlung und genießt hohen Respekt und ein Grundvertrauen (vgl. Kap 1 und 3) selbst über das mit ihr vertraute

Publikum hinaus (s. Kap. 5 und 6 mit Verweisen auf die Musik als Wert an sich, auch bei Brachmann 2015: 0; Höppner 2012: 0).

Kapitel 5 und 6 haben gezeigt, welche Emotionen in Kombination mit logischen Aussagen zu großen künstlerischen und humanistischen Ideen, welche Erfahrungen und Potenziale die klassische Musik gerade im Konzert aus sich heraus bietet. Diese Möglichkeiten müssen für den Einzelnen ‚nur' zugänglich, erlebbar, erfahrbar gemacht werden – indem zunächst Aufmerksamkeit, Interesse und Neugier geweckt, zum Konzertbesuch motiviert und dann dort das gegebene Nutzenversprechen eingelöst wird. Dabei werden immer mehr sehr verschiedene Hörergruppen mit ganz unterschiedlicher (musikalischer) Vorbildung sehr differenziert in Form und Angeboten anzusprechen sein – auch diejenigen, die bisher nie ein Konzert besuchten, die man aber erreichen und einladen möchte und muss.

Es wurde auch erkennbar, dass das Publikum nicht nur als ‚Marketingzielgruppe' zu sehen ist, sondern als integraler Bestandteil eines Konzertes zum Gelingen, zur Qualität und zur Lebendigkeit der Musik mit beiträgt. Dies bedingt eine entsprechende Haltung aller Akteure – der Musiker und des Managementteams eines Ensembles – gegenüber den Hörern als Dialog- und Kommunikationspartnern innerhalb und jenseits des Konzerts. Im Hinblick auf eine solche veränderte Haltung und das große Potenzial des Konzerterlebens für die Gewinnung, Überzeugung, Bindung und Entwicklung von Hörern zu Multiplikatoren bestehen trotz zahlreicher neuer Initiativen noch deutlich ungenutzte Spielräume.

8.1 Entwicklung eines ganzheitlichen Ansatzes

Wie nun wird es ermöglicht, dass Menschen – Musiker und Publikum – solch einprägsame Konzertmomente erleben und dass die beschriebenen individuellen und gesellschaftlichen Wirkungen eintreten können? Wie kann es gelingen, dass diese wiederum von Trägern, Financiers und Partnern sowie weiteren Bezugsgruppen gewürdigt werden und zu einer gesellschaftlichen Akzeptanz und Relevanz beitragen, die alle für die künstlerische Qualität benötigten Ressourcen – auch zur Legitimation öffentlicher Förderung – sicherstellt? Der Dirigent Alan Gilbert artikuliert diesen Anspruch: "Nontraditional programming, casual concerts, film nights, education, community outreach, open rehearsals – the list could go on and on. Many of these activities are powerful and very worthwhile. The problem has been that as orchestras are involved in more and more areas, it is often not clear why they are doing what they are doing. When it does not connect to the core of the organization, you start to wonder what the point is" (Gilbert 2015: 0)[47]. Benötigt wird also eine Orientierung – sowohl intern für die Arbeit eines Ensembles, als auch extern für alle Publikums- und Bezugsgruppen. Aus Marktforschung und ‚Neuromarketing' (das auf Studien der Aktivierung von Gehirnbereichen beruht; vgl. Gutjahr 2013: 9 ff.) ist bekannt, dass Marken genau eine solche Orientierungsfunktion bieten.

8.1.1 Synthese und Synergien auf mehreren Ebenen

Es geht nun um eine Synthese, welche die Ansätze der Musik als Form und Thema der Kommunikation zusammenführt und die besonderen Herausforderungen und Synergiepotenziale gerade im Hinblick auf die im Vorhergehenden beschriebenen Stärken des Konzerts und von Marken berücksichtigt. Dies bedeutet, eine Kommunikationsleistung in einem umfassenderen Sinne zu entwickeln, die deutlich über das hinausgeht, was das Marketing sonst als ‚integrierte Kommunikation' bezeichnet (vgl. Bruhn 2009: 427 ff.). Die Aufgabe wird sein, (1) die inhaltlich-künstlerische Ebene von klassischer Musik und Konzert mit der (2) medial-instrumentellen Ebene auch formal und zeitlich so zu verzahnen, dass sie sich gegenseitig verstärken und bereichern, und zwar (3) sowohl auf der individuellen Ebene von Musikern und Hörern als auch auf der Gruppenebene von Ensembles, Publikums- und gesellschaftlichen Bezugsgruppen. Daraus ergibt sich eine Vielzahl von Formen und Ebenen des Dialogs und der Interaktion (vgl. Abb. 10).

Diese spezifische mehrdimensionale Verbindung wird hier unter dem Begriff ‚ganzheitlich' zusammengefasst und ermöglicht die Vereinbarkeit von künstlerischen und ökonomisch-organisatorischen Zielen. Eine solch ganzheitlich markenorientierte Kommunikation, hergeleitet aus der Identität des Ensembles und seinem künstlerischen Verständnis, kann die Verbindung zwischen Musikern, Hörern und Bezugsgruppen so gestalten, dass auch die verschiedenen Perspektiven auf und Ansätze für kulturelle Bildung, Audience Development, Musikvermittlung, Konzertformate und künftige Innovationen in einen stimmigen Gesamtzusammenhang gestellt werden. Dies soll so geschehen, dass es zu dem jeweiligen künstlerischen Anspruch, der ‚musikalischen Seele' passt.

Das ermöglicht die für eine erfolgreiche Positionierung nötige Authentizität (wie sie auch in den Experteninterviews betont wird) und erhöht zugleich die Chancen auf Wahrnehmung und eindeutige Zuordnung des musikalischen und außermusikalischen Engagements. Die Marke wird so zum verbindenden Navigator für die Kommunikation.

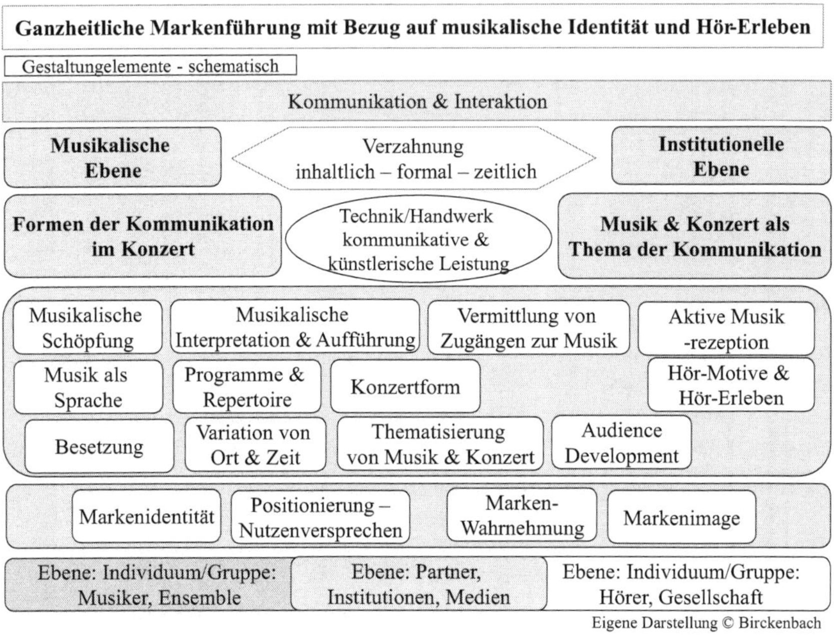

Abb. 10: Ganzheitliche Markenführung mit Bezug auf musikalische Identität und Hör-Erleben

8.1.2 Interdependenz der Gestaltungselemente und zentrale Fragen

Kommunikation mit und Kommunikation über Musik stehen in einer Wechselbeziehung – es gibt keinen einfachen Mono-Kausal-Zusammenhang, in dem das eine das andere auslösen würde. Dies ist darin begründet, dass (wie gezeigt) Musik als Kunstform selbst Kommunikation ist und zugleich als Themenvorrat für Kommunikation dient und zudem als Element innerhalb eines Zirkelprozesses ‚Wahrnehmen – Denken – Handeln' zu gestalten ist.
Wo also beginnen? Wie kann diese Integration von sich wechselseitig beeinflussenden Gestaltungselementen organisiert werden?

- Was macht unsere Identität und musikalische Seele aus?
- Welche musikalischen und gesellschaftlichen Themen möchten wir aufgreifen – und wie gesellschaftliche Relevanz erreichen?
- Welche Partner passen zu uns und mit wem möchten wir gern arbeiten?
- Wie möchten wir sein, auftreten und wahrgenommen werden, welche Eigenschaften möchten wir repräsentieren? Welches Bild sollen Menschen von uns haben?
- Wie gelingt es uns, unser Repertoire so zu entwickeln, dass uns das Publikum treu bleibt, auch wenn wir unbekannte, ungewohnte Musik spielen oder junge, bisher nicht etablierte Nachwuchskünstler auftreten lassen?
- Welche Botschaften möchten wir grundsätzlich vermitteln und welche spezifisch im Konzert? Mit welchen Inhalten und in welchem Stil möchten wir diese transportieren?
- Wie können wir das Publikum erreichen und neue Interessentengruppen erschließen und welche Klientel ist dabei besonders wichtig für uns, wen wollen wir gezielt ansprechen?
- Wie wollen wir uns gegenüber den Anforderungen der Zeit und des Publikums öffnen, mit welchen Programmen, Themen, Formaten? Wie könnte ein Begleitprogramm stimmig ausgestaltet werden?
- Welche Rolle nimmt die Musikvermittlung ein und für wen und von wem soll sie wie gestaltet werden? Welche Experimente mit Konzertformen, Orten und Repertoire wollen und können wir wagen?
- Wie wollen wir beweisen, dass klassische Musik jeden Tag aktuell ist und eine Bereicherung für das Leben? Wie gelingt der Bezug zwischen der Musik und der heutigen Zeit?
- Was bedeutet für uns Qualität? Wofür stehen wir? Wie wollen wir miteinander arbeiten?
- Warum ist es wichtig, dass es gerade unser Ensemble gibt, und warum sollen die Menschen gerade uns zuhören?
- Was wollen wir kommunizieren und wie? Wie können wir unsere Haltung zur Musik, zum Publikum, zu wichtigen Themen vermitteln?

Abb. 11: Typische Orientierungsfragen für ein Ensemble (Auswahl)

“Change is difficult, but possible, as well as necessary. Nobody can possibly know for sure where exactly we are going, or what the answers are. Simply asking the right questions, though, is a huge part of finding those answers [...] The key is how to bring about change without compromising our artistic souls" (Gilbert 2015: 0)[48]. Es gibt keine einfachen Antworten dafür, aber eine Reihe von Fragen, die sich ein Ensemble zu stellen hat und die viele Musiker heute bewegen (vgl. Abb.4).

Diese Fragen überhaupt zu stellen und systematisch und konsequent nach Antworten zu suchen, ist ein Schritt. Es sind aber auch genau die Fragen, die im Rahmen der Markenführung zu beantworten sind, wenn es um die Formulierung eines ‚Mission Statement' geht, um das Herausarbeiten der Markenidentität sowie der damit verbundenen Nutzenversprechen für die Zuhörer und um die Positionierung der Marke des Ensembles mit einem Soll-Image, das es klar von anderen Ensembles unterscheidet und dann in Kommunikation in all ihren geschilderten Facetten umgesetzt wird.

8.2 Ergebnisse der Fallstudien

Am Beispiel der in Kapitel 4 vorgestellten Orchester kann nun analysiert werden, wie die jeweiligen Ansätze in eine solch mehrdimensional integrierte Kommunikation umgesetzt werden können, während die Markenidentität als Klammer und Orientierung mit dem Ziel der Balance zwischen künstlerischer Intention und Publikumsdialog dient.

8.2.1 Berliner Philharmoniker

Im Rückblick auf die vorangehenden Erläuterungen entwickeln die BPhil ihre Marke aus einem Kern künstlerischer Eigenverantwortlichkeit, solistisch geprägter Individualität der Musiker und musikalischer Exzellenz heraus. Der Heimatbezug zu Berlin und zur Scharoun-Philharmonie wird betont, und von dort ausgehend folgt die ‚Eroberung der Welt' als internationales Spitzenorchester. Aus der absoluten Fokussierung auf die Musik, aus dem künstlerischen Anspruch an sich selbst und der Suche nach ihrem Klang heraus formulieren sie die Anforderungen an ihren Chefdirigenten und gestalten ihren Auftritt im Konzert.

Daraus entwickeln sie die Präsentation in der Öffentlichkeit, den Medien, im Internet und in ihren Publikationen. Ebenso gestalten sie in der Produktionskette die eigenen Konzertsendungen per DgCH (in der Nachfolge der Video-Aufnahmen unter Karajan), im Kino, im TV und Konzertmitschnitte auf CD mittlerweile unter eigenem Label.

Aus der künstlerischen Identität herzuleiten ist auch das soziale Engagement, bei dem wiederum die Musik und ein hoher Professionalitätsanspruch an Prozess und Ergebnis betont werden. „Wir dürfen nicht hinter dem Schalter sitzen bleiben und warten, dass die Leute kommen. Wir müssen rausgehen und uns ein neues Publikum suchen. Wir müssen eine Atmosphäre schaffen, in der sich jeder willkommen fühlt" (Rattle, zitiert nach Mandel 2011: 7). Die BPhil demonstrieren auch mit ‚Rhythm is it!', dass die klassische Musik niemanden ausschließt, unabhängig von Herkunft und sozialem Milieu, und dass diejenigen, die daran partizipieren, an der Musik und ihren Herausforderungen wachsen können. Ihre Musik ist nicht „prohibitiv elitär" (Schmidt 2015: E)[49], sondern für jeden, der sich ihr öffnet und sie hören möchte. Dies äußert sich auch in dem Angebot neuer Konzertformate, den Kinoübertragungen, der DgCH (mit medialen und ökonomischen Nebeneffekten).

Eine Marke benötigt sowohl Kontinuität als auch Entwicklung, muss jedoch stets wiedererkennbar bleiben (vgl. Abschnitt 7.4.2). Dies gelingt diesem Orchester immer wieder stimmig, trotz der ‚Sprünge', die mit Dirigentenwechseln einhergehen. Die Entscheidung des Orchesters vom 22. Mai 2015 für Kirill Petrenko als künftigen Chefdirigenten wird auf das intensive musikalische Zusammenarbeiten mit ihm zurückgeführt und kann insofern als Ergebnis eines ästhetischen Erkenntnisprozesses betrachtet werden. Der kommunikative Aspekt der Musik und der Austausch mit Publikum und Gesellschaft sind über alle Ebenen und über die Zeit hinweg deutlich erkennbar.

8.2.2 Mahler Chamber Orchestra

Das MCO als freies, kleines Ensemble muss sich auch aus Ressourcengründen fokussieren. Es entwickelt seine Programme und Projekte aus dem Kern des kammermusikalischen Aufeinander-Hörens („ascolta, ascolta per favore, ascolta bene" – Claudio Abbado, zitiert nach Bosio 2014)[50] und einer auch musikalischen Reise (hergeleitet aus dem Fehlen eines festen Standorts) heraus. Bezüglich beider Aspekte ergeben sich die musikalische Aussage und ein hoher Qualitätsanspruch bereits aus dem künstlerischen Selbstverständnis, aber auch aus der Organisations- und Finanzierungsform. Daraus werden Botschaften abgeleitet, die Kompetenz und den demokratischen Anspruch artikulieren: Klassische Musik ist für alle da. Sie ist weder einem kleinen Ausschnitt der Bevölkerung vorbehalten noch den Hörenden.

Ein Projekt wie ‚Feel the Music‘ kann jeden zu neuen Einsichten führen, es zeigt über ästhetische Prozesse die Kraft von Musik und verdeutlicht das Geschenk, Musik live erleben und hören zu können.

Mit den Programmen und Projekten demonstriert das MCO eine inhaltliche und künstlerische Weiterentwicklung aus dem Jugendorchester heraus und löst sich von einer Identifizierung allein über den Namensgeber Mahler und über die Gründungsdirigenten, ohne aber das Klangideal und seine Herkunft aufzugeben. „In einer Zeit, in der das Wort ‚journey' schrecklich abgenutzt ist, bringt uns Andsnes mit dem MCO wieder in Erinnerung, was eine echte, Herz und Verstand in Anspruch nehmende musikalische Reise bedeutet“ (Begründung des BBC Music Magazine Award 2015 in der Kategorie ‚Concerto‘ infolge der Wahl durch Publikum und Expertenjury, vgl. MCO-Website 2015).

Auch hier ist zu sehen: Musik wird als Kommunikation verstanden, zunächst im Ensemble, dann übertragen auf Publikum und neue Zuhörergruppen, wiederum mit dem Anspruch, gesellschaftlich relevante Themen (Inklusion, Aufeinander-Hören) zu transportieren. Diese Botschaften werden auf medial-instrumenteller Ebene aufgegriffen und über PR, Website, Dokumentationen (u.a. auf Youtube und Facebook) parallel zu einer weltweiten Tournee transportiert. Nur so kann dieses Orchester mit international renommierten Solisten auf wichtigen Festivals und in den bedeutenden Konzerthallen – wie im Juli 2015 bei den BBC Proms mit 6000 Zuhörern in der Royal Albert Hall – gastieren.

Lediglich mit dem Erreichen eines weiten Publikumskreises gelingt der Zugang zu Ressourcen, die es für seine Existenz, seine künstlerische Qualität, die Konzerte und die Außendarstellung benötigt. Die Experteninterviews zeigen, dass die Darstellung als stimmig mit der Identität und den künstlerischen Intentionen eingeschätzt wird, deuten aber zugleich darauf hin, dass das MCO sich noch stärker von ‚Nachbar-Ensembles‘ wie dem COE mit ähnlicher Gründungshistorie differenzieren könnte und dass die Durchsetzungsstärke in der medialen Wahrnehmung bisher ggfs. nicht ganz an die der BPhil und des WEDO heranreicht.

8.2.3 West-Eastern Divan Orchestra

Ensembles sind stets komplexe Organisationen im Zusammenspiel von oft kulturell gemischten begabten und gut ausgebildeten Musikern. Die Komplexität des WEDO wird erhöht durch die Herkunft der Musiker und die durch den Nahostkonflikt hineingetragenen Widersprüche und

Spannungen. Dieses Spannungsgefüge wird für die Vermittlung der ‚Erzählung' des Orchesters über seine Herkunft, Entwicklung und Werte und für die Prägung des Images genutzt, und zwar parallel als Kommunikation mit Musik in Workshops, Proben, Konzerten und als Kommunikation über Musik und das Orchester in den Medien. Auch das Repertoire und die Wahl der Spielstätten (vgl. WEDO-Website 2014a) zeigen die Intention einer Dokumentation des künstlerischen Fortschritts der Musiker und des Orchesters, bietet ein Forum für das Auftreten mit internationalen Stars (wie Yo-Yo Ma, Martha Argerich) und für das gemeinsame Musizieren in israelisch-arabischer Doppelbesetzung als symbolische Geste und steht immer auch im politisch-historischen Kontext.

So hat das WEDO verschiedene Merkmale, die die eigene Identität kennzeichnen, zu zentralen Aussagen und Botschaften verdichtet, die im Claim ‚Equal in Music' sowie in Bild (ausdrucksstarke Fotos von vollen Arenen und Plätzen, begeistertem Publikum) und Ton kontinuierlich kommuniziert werden. Dazu gehören die Gründungshistorie mit den ersten Workshops in Weimar, die Herkunft der Musiker, die komplexen Erfahrungen, Diskussionen und Erkenntnisse aus Workshops, Proben und Konzerten, die Betonung der humanistischen Werte wie die Gleichberechtigung im Orchester als Muster für friedliche Koexistenz und gegenseitiges Zuhören. Mit Aussagen wie „the orchestra is nearly impossible" (vgl. WEDO-Website 2014a) wird die fast unerreichbare Utopie und der experimentelle Charakter mit andauernder Spannung unterstrichen – wie auch die Auflösung in der Harmonie des gemeinsamen Musizierens. Genau dies macht die Faszination aus und ist entscheidend für die Positionierung, mit der sich das Orchester von anderen Ensembles unterscheidet. Der Wechsel von Spannung und Auflösung im gemeinsamen Musizieren ist eine Parallele zur Musik selbst, deren Gestaltung ebenso von diesem Wechsel lebt (vgl. Jourdain 2001: 141) und im musikalischen Konzept Barenboims betont wird[51].

Die Experteninterviews zeigen, dass das WEDO vor allem mit den Gründern Said und Barenboim und mit einer politisch-gesellschaftlichen Brückenfunktion assoziiert wird. Der stimmige Claim ist nicht so bekannt, wie zu erwarten wäre. Die ‚soziale Funktion von Kultur' äußert sich auf zwei Ebenen: Musizieren und Diskurs wirken für die Musiker als Weg zu konstruktiver Konflikt-Transformation, zur Weiterentwicklung ihrer Persönlichkeit und Identität. Diese Erkenntnis wiederum wird dann artikuliert, auf eine künstlerisch-musikalische Ebene gehoben und ans Publikum vermittelt. Das bewirkt einen Diskurs in den Medien und in Teilen der Gesellschaft über diese Form der ‚gesellschaftlichen Utopie', in der die Musiker als Botschafter humanistischer Werte agieren (vgl. Lerch 2007: 4 ff.).

8.2.4 Folgerung aus den Fallstudien

Die Fallstudien haben gezeigt: Es gibt verschiedene Ausgangspunkte für die Gründung und Ausrichtung eines Orchesters, seiner Markenidentität und daraus zu entwickelnder Kommunikation. Beim WEDO war es der Gedanke, ein humanistisches Zeichen zu setzen, der zu einem Projekt und schließlich zur Etablierung eines Orchesters mit einer Erzählung über die Kraft der Musik und der Gleichberechtigung aller in der Musik führen konnte. Aus dem Wunsch, nach einer Zeit im Jugendorchester gemeinsam auf freundschaftlicher Basis auf höchstem musikalischem Niveau weiter zu musizieren, konnte sich das MCO mit einer stringenten Erzählung um seine ‚Reise von Musikern aus aller Welt in die Welt der Musik' entwickeln. Aus dem Gedanken, in Eigenverantwortung in höchstmöglicher Qualität zu musizieren und mit Passion für den künstlerischen Ausdruck zu arbeiten, entwickelten sich die BPhil und erreichten ihr Spitzenrenommee.

Es lassen sich also unterschiedliche Positionierungen beobachten und es funktioniert, die kommunikativen Elemente über eine Marke zu verbinden. Eine solche Marke ist authentisch, wenn und weil sie in einer ‚Geschichte' erzählt wird, die kohärent ist zur Identität eines Orchesters auf verschiedenen Ebenen. Die Fallstudien zeigen damit auch, wie stimmig ein solches ‚Storytelling' wirken kann.

Jedoch nehmen selbst Personen, die das Musikleben aktiv verfolgen, die Aktivitäten unterschiedlich stark oder schwach ausgeprägt war (vgl. Experteninterviews). Dafür gibt es eine Reihe möglicher Ursachen, wie etwa, dass die Verzahnung nicht ganz gelingt oder nicht genügend Reichweite bzw. Kommunikationsdruck in den Medien erzielt wird, sowie weitere (auch externe) Einflussfaktoren, wie u.a. die Überlagerung durch andere Themen.

Einige wichtige Parameter und Ansatzpunkte für einen Markenkern, aus dem heraus eine stimmige und authentische Kommunikation im Einklang mit dem künstlerischen Selbstverständnis aufgebaut wird, ließen sich dennoch herausarbeiten. Mit der Anzahl der Aktivitäten und Instrumente steigt die Komplexität in deren ‚Orchestrierung'. So hat das

WEDO die eine zentrale ‚Story', die es stimmig erzählt und auch das MCO ist stark fokussiert in den Tour-Themen wie auch in der Vermittlungsarbeit. Die BPhil hingegen koordinieren mehr Themen, ein umfassendes Education-Konzept, einen Ganzjahresbetrieb im eigenen Haus und dazu Gastspiele und agieren als Festivalorchester. Eine Reihe weiterer Orchester wie auch Konzerthäuser und Festivals verfolgen derzeit ebenfalls aktive Ansätze in Kommunikation und Marketing; daher ist zu betonen, dass es sich um einzelne Fallstudien und nicht eine Auswahl der einzig möglichen Vorbilder oder Modelle handelt.

8.3 Grundzüge einer ganzheitlichen Markenführung

Es zeigt sich: Eine ganzheitliche Markenführung von Ensembles fordert ein auf die Spezifika von klassischer Musik und Konzert bezogenes strategisches Konzept, aus dem eine Marke von innen heraus entwickelt wird und dem das Repertoire, die Programmplanung, die Form des Musizierens und Kommunizierens im Konzert folgen. Bereits hier steht eine enorme Vielfalt von Formen und Möglichkeiten zur Verfügung (vgl. Kap. 5 und 6), die stimmig zum entwickelten Markenkern gewählt und gestaltet werden.

Darauf aufbauend entwickelt sich eine interne und öffentliche Kommunikation, die Musik, Konzert und Ensemble thematisiert und die in Form von Information, Dialog und Interaktion unter Einbeziehung auch von PR und Marketing umgesetzt wird. Dazu gehört ein professioneller, aus den künstlerischen Inhalten heraus konsistent gestalteter auch formaler Außenauftritt, der sich inhaltlich, zeitlich, in Design, Tonalität und differenziert nach Hörer- und Zielgruppen durch alle Medien stimmig hindurch zieht (vgl. Kap. 7).

Eine solche Marke sorgt für ein ‚Gesicht', für eine Persönlichkeit und Wieder-Erkennbarkeit, die die klare Zuordnung der Leistungen zum Ensemble ermöglicht und die auch langfristig wirkt (betont von Mertens 2015: E). Jedes der drei Ensembles in den Fallstudien hat einen individuellen Zugang zum Markenkern und zu seiner Kommunikation gefunden. Das zeigt, dass es nicht den einen, einzig richtigen Ansatz gibt. Vielmehr geht es um Vielfalt und Individualität, um Systematik und einen konsequenten, in sich stimmigen Einklang der Identität eines Ensembles mit seinen Werten, der musikalischen Vorstellung und seiner

Publikumsorientierung – ähnlich wie die Musik nicht die ‚eine endgültige, einzig wahre Interpretation' eines Werkes kennt.

8.3.1 Komplexität – Anforderungen und Gestaltungselemente

Die Komplexität eines solchen ganzheitlichen Ansatzes ergibt sich aus der Vielzahl von Herausforderungen, Anforderungen und Gestaltungselementen auf unterschiedlichen Ebenen, die im Vorhergehenden geschildert und bereits in Kapitel 1 im Überblick skizziert wurden. Die Herausforderungen liegen in den Entwicklungen im Umfeld des Klassikmarkts, auf Seiten des Publikums und in den spezifischen Merkmalen des Kulturguts ‚klassisches Konzert'. Die Anforderungen ergeben sich aus dem Zielviereck, den Implikationen des ‚Produkts', den Faktoren für eine erfolgreiche Positionierung, und den Motiven der (potenziellen) Hörer.

Die Vielzahl der Gestaltungselemente besteht aus den Formen der Kommunikation mit Musik, den möglichen Themen und dem breiten Spektrum der Instrumente der Kommunikation über Musik, aus der Vielfalt möglicher Ausprägungen der Markenidentität und der daraus folgenden Positionierung und Nutzenformulierung sowie aus den unterschiedlichen Wegen, soziale Relevanz zu erreichen. Darüber hinaus sind die Ebenen der Akteure bzw. Bezugsgruppen sowie die Integration über Form, Zeit und Inhalte zu berücksichtigen. Im Folgenden werden einige in den bisherigen Analysen herausgearbeitete und in den Experteninterviews betonte Elemente einer solchen Markenführung aufgegriffen und ihre Bedeutung erläutert.

8.3.2 Markenidentität als musikalische Seele

Der zentrale Orientierungspunkt für die Gestaltung der skizzierten ganzheitlichen Kommunikation ist abzuleiten (vgl. Kap. 6, 7, Fallstudien) aus dem künstlerischen Auftrag in Einklang mit der Markenidentität, und zwar mit Bezug zum Nutzenversprechen im Hinblick auf die Motivation des Publikums und zur intendierten Soll-Position (Image) in Abgrenzung zu anderen Ensembles. Die konkreten Ansätze, um die ‚musikalische Seele' (vgl. Gilbert 2015: 0) herauszuarbeiten, sind für jedes Ensemble unterschiedlich und finden sich sowohl auf musikalischer als auch ‚institutioneller' Ebene.

Auf ,institutioneller' Ebene ist zu denken an die Herkunft, Lokalität oder Internationalität, die Historie oder Tradition des Ensembles, an besondere gemeinsame Werte und Grundsätze sowie ggf. damit verbundene Aspekte der Wirkungspotenziale und sozialen Funktion von Musik, oder an eine besondere Innovationskraft (wie etwa die Technikaffinität der BPhil). Zu denken ist weiterhin an bestimmte Persönlichkeiten wie etwa die Dirigenten (die laut Experteninterviews eine sehr zentrale Bedeutung gerade für das Image haben) oder Konzertmeister (v.a. wenn diese das Ensemble zugleich leiten) oder an spezielle Räume (wie die Philharmonie in Berlin, den ,Resonanzraum' in Hamburg, das Jugendstil-Kraftwerk in Heimbach). Hier zeichnet sich bereits ein fließender Übergang zur musikalisch-künstlerischen Ebene ab.

Diese bietet ein reiches Gestaltungsspektrum, wie besondere Klangvorstellungen, ein spezifisches Qualitätsbewusstsein auch aus dem Verständnis der Musik als Form der Kommunikation heraus, einen eigenen ,Spirit', ein besonderes Repertoire. Möglich ist hier zudem das Experimentieren mit Raum und Klang, um ein einzigartiges Hör-Erlebnis zu erzeugen, oder die Betonung der Aura des Konzertes, der Fokus auf die kontemplative oder die energiegeladene Stille oder auf einen sichtbaren Dialog im Ensemble und bzw. oder mit dem Publikum. Dies ist lediglich eine denkbare Auswahl von Merkmalen, die sich – wie die Fallstudien zeigen – in zahlreichen Facetten ausgestalten lassen, und keine abschließende Aufzählung.

Solche Merkmale bieten zudem ähnlich der Vielfalt der Musik eine unendliche Kombinationsvielfalt, die zum Wert- und Leistungs- bzw. Nutzenversprechen und somit zur Basis einer individuellen Positionierung werden kann (vgl. Bernstein 2007: Buchtitel ,the infinite variety of music'). Damit wird signalisiert: ,Wer uns zuhört, darf auf die versprochene, sehr spezifische Qualität vertrauen und wird nicht enttäuscht, unabhängig davon, welches Werk auf dem Programm steht.

8.3.3 Musik und Konzert im Fokus

Die Ausführungen zu den ästhetischen Dimensionen des Hörens und Musizierens haben gezeigt, dass Musik im Konzert ganz besondere Erfahrungen ermöglicht. Diese folgen aus der Konzentration auf Klang und Stille und den Wirkungen aus der Kommunikation zwischen Musik, Interpreten und Publikum. Sie lassen eine ganz besondere Atmosphäre entstehen, die es so nur im klassischen Konzert und nur mit konzentriertem aktivem Hören gibt. "A painter paints his pictures on canvas. But musicians paint their pictures on silence. We provide the music, and you provide the silence" (Stokowski, zitiert nach Putorek 2008: 0)[52]. Die Musik wird hier lebendig. Allein in der Partitur oder gespeichert auf einem Medium ist sie ‚museal' (begraben). Das Besondere eines Konzerts kann auch von den ausgefeilten technischen Entwicklungen des Streaming, der Aufnahme- und Wiedergabetechnik nicht ersetzt werden. Dass es solche Momente nur dort gibt, sollte kommuniziert, zugänglich und erfahrbar gemacht werden. Diese einzigartigen Erfahrungen bietet kein Popkonzert, kein ‚Event-Spektakel'[53]. Dieser Aspekt wurde in allen Experteninterviews hervorgehoben.

Im Zentrum einer umfassend integrierten Kommunikation stehen deshalb die Musik, die besonderen Momente und Potenziale des Konzerterlebens, die Programme mit den zugrunde liegenden Werten eines Ensembles und der Bedeutung, die diese sowohl für die Musiker, als auch für das Publikum, wie auch für die Gesellschaft haben, sowie die jeweils spezifische Kompetenz und Qualität, mit der sich das Ensemble seinem Musizieren widmet (vgl. Gilbert 2015: 0) – nie nur das Orchester an sich oder seine Konzerttermine.

Es hat sich gezeigt, wie wichtig es ist, Programmen einen Sinn und einen Kontext zu geben, Bezüge der Werke zueinander und zur Lebenswirklichkeit der Hörer herzustellen, Neugier zu wecken und einzuladen, sich vertieft mit der Musik zu befassen und weitere Konzerte zu besuchen (betont auch von Schmidt 2015: E). „Wichtiger ist, dass man die Aufmerksamkeit für den Moment, für das Wunder des Hörens gewinnt […] und den Leuten die Angst vor dem vermeintlichen Verstehenmüssen nimmt. Die Verstehensangst! Genau, das ist ja häufig im Zusammenhang mit der Musik so: Ich verstehe davon nichts, also kann ich nicht zu einem Sinfoniekonzert gehen! Das ist Unfug. Dabei rennen alle immer in die Museen und schauen sich moderne Kunst an. [...] Die unmittelbare Erfahrung, das ist es doch, worum es in jeder Kunstform geht. Und dafür die Bereitschaft zu wecken, darum geht es. Natürlich hilft es immer, nach dieser unmittelbaren Erfahrung mehr Informationen zu bekommen. Beim nächsten oder übernächsten Mal kann man dann das Erlebnis vertiefen. Aber wenn man dieses ursprüngliche Erlebnis nicht hat, dann nimmt man ganz viel weg" (Metzmacher im Gespräch mit Lüker 2015: 0; vgl. ähnlich auch Langmaack 2015: E).

Variationen von und Experimente mit Konzertformen, Orten und Zeiten können Zugänge ermöglichen, jedoch sollte stets auf die

Stimmigkeit von Konzertform und Programm (vgl. Experteninterviews, u.a. Schmidt 2015: E) und von Konzertform, Programm und Ensemble (Ergebnis der Überlegungen zur Markenführung) geachtet werden. Nicht jedes Werk ist für Open-Air-Veranstaltungen mit einem unvorbereiteten Publikum geeignet, wie der Versuch zeigte, Mahlers Sinfonie Nr. 4 (die u.a. extreme Wechsel von Pianissimo bis Forte aufweist) in der Waldbühne aufzuführen. „Die Stimmung auf der Waldbühne war bestens, eine laue Sommernacht – und mitten im Stück schallte es den Künstlern aus dem Halbrund entgegen: ‚Lauter! Lauter!'" (vgl. Kirschner 2015 im Gespräch mit Peter Brem, Violine Berliner Philharmoniker).

Jedes Konzert ist ein Unikat. Es kann den Erwartungen entsprechen, es kann sie übertreffen oder auch enttäuschen und es kann überraschen. Jede Form von Kunst zeichnet sich gerade dadurch aus, dass sie Unerwartetes zeigt: „Expect the Unexpected" (Nagano 2014: Buch-Untertitel). Auch solche Überraschungen, die auf der Ebene des Werkes wie auch der jeweiligen Aufführung stattfinden können, müssen kommunikativ vorbereitet, begleitet und im Einklang mit der Marke gestaltet werden, um den Eindruck von Effekthascherei oder den Verstoß gegen ‚Selbstähnlichkeit' und Authentizität zu vermeiden.

8.3.4 Nutzenversprechen und Haltung gegenüber den Hörern

Der Hinweis auf die Wirkung der Musik ist ein Anknüpfungspunkt für die Frage nach dem Nutzenversprechen (Value Proposition), der ‚Übersetzung' von Identität und Soll-Image in eine Form, die den Zugang zu den gewünschten Publikumsgruppen ermöglicht, indem sie sie bei ihren Interessen, Bedürfnissen und ihrer Motivation für den Konzertbesuch erreicht (vgl. Kap. 7). Die Frage nach dem ‚Nutzenversprechen' resultiert aus der Erkenntnis, dass Menschen nicht ein Produkt oder eine Dienstleistung kaufen, sondern das, was sie sich – auch unbewusst – davon versprechen. Ein Hörer oder potenzieller Abonnent würde sich etwa für die BPhil oder das MCO weniger interessieren, wenn diese lediglich berichteten, warum sie gegründet wurden und dass sie sich demokratisch selbst verwalten. Zu einem relevanten Nutzenversprechen wird dies erst, wenn deutlich wird, dass diese beiden Aspekte zu einer herausragenden musikalischen Qualität, zu Innovations- und Gestaltungskraft beitragen, die dem Hörer unvergessliche, teils als ‚magisch' empfundene Konzerterlebnisse versprechen, sofern er sich darauf einlässt. „Die Musik zeigt uns, dass Hören grundsätzlich wichtiger ist als Sagen. Das gilt für das Publikum genauso wie für die ausführenden Musiker“ (Abbado im Gespräch mit Spinola 2013: 0).

Dieses Ausbalancieren von Identität und Publikumsorientierung vermeidet zum einen eine „Selbstreferentialität“, nach der eine ästhetisch-künstlerische Leistung ohne Rezipienten vermeintlich sich selbst genügen würde (Klein 2011a: 100 f.), und ermöglicht den Bezug auf einen kulturpolitischen Auftrag oder Nutzen. Zum anderen trägt es dazu bei, die Anbiederung an eine vermeintlich flache Publikumserwartung zu vermeiden. Insgesamt führt dies dazu, bestmögliche künstlerische Qualität und konsequente Besucher- bzw. Stakeholder-Orientierung in Einklang zu bringen (vgl. Klein 2011a: 100 mit Bezug auf den Ansatz von Mortier für die Salzburger Festspiele, der 2011 von Hinterhäuser mit Bezug auf das o.g. Nono-Zitat aufgenommen wurde). Es ermöglicht den Künstlern, eine Haltung einzunehmen und authentisch zu vermitteln. Im Zentrum stehen die Musik und das Konzert – der ‚Nutzen‘ resultiert aus dem Wert, den diese Kunstform generell und jedes einzelne Konzert verschiedener Ensembles jeweils für das individuelle Leben jedes Hörers haben kann. Die klassische Musik thematisiert „existentielle Grundfragen der Menschheit“ (vgl. Noltze 2015: E und Kap. 5).

Der spezifische Nutzen kann erzeugt werden durch eine außerordentliche Qualität im individuellen Verständnis jedes Ensembles, die Überraschung mit einer völlig neuen, einzigartigen Interpretation, die so gespielt wird, als werde das Werk gerade in diesem Moment erfunden: „So [mit den Händen] konnte er dem Orchester sagen: ‚Meine Herren, ich weiß, Sie haben die Symphonie hundertmal gespielt, aber das darf doch niemand merken!‘“ (Werner Thärichen, langjähriger Solopauker der BPhil über Furtwängler, in Hager 2000: 148). Nutzen kann entstehen durch eine besondere Klangerfahrung auch aufgrund der Konzertpräsentation (Raum, Licht, Akustik, besondere Instrumente, besonderer Einsatz des Fernorchesters und der Platzierung von Musikern und Hörern, vgl. Abschnitt 6.1.6) oder aufgrund einer gelungenen vorbereitenden Einführung oder durch den Kontext zu weiteren thematisch verbundenen Kulturangeboten (Film, Ausstellung etc.).

Dass diese Ansätze auf Begeisterung und große Nachfrage treffen, zeigt u.a. das Konzerthaus Berlin. Der Dirigent Iván Fischer beschreibt seine Mission so, dass es weniger um Ticketverkauf gehe, als darum, Menschen mit Musik ‚zu versorgen‘ und bei ihnen mit Musik etwas auszulösen. Auch den Musikern biete dies neue Erfahrungen und eine andere Beziehung zu ihrem Publikum (vgl. Schmid 2015: 0). Die Hörer können neue Perspektiven auf ein Werk erhalten durch die „Dramaturgie eines Gesamtprogramms" (Stampa 2012: 0) und Erkenntnisse oder Erfahrungen gewinnen zu Themen wie Freiheit, Revolution, Glaube oder Fremdheit (vgl. Abschnitt 5.3.2).

Für die Positionierung eines Ensembles ist dabei von zentraler Bedeutung, dieses Nutzenversprechen im Einklang mit der herausgearbeiteten Identität, den besonderen Kompetenzen wie auch der musikalischen Auffassung und Überzeugung auszugestalten. Um diesen musikalischen Kern werden weitere Nutzenelemente und Angebote entwickelt und gemeinsam mit den Partnern, Konzerthäusern und Festivalorganisationen sowie ggfs. weiteren Kultur- und Bildungsinstitutionen konzipiert und ermöglicht. Nah am Konzert selbst sind Angebote wie Konzerteinführungen – differenziert nach Vorwissen der Hörer und auch im Dialog mit den Interpreten. Hier sind auch Vorab-Informationen im Foyer, als eigener Themenabend oder aber über das Internet (z.B. Trailer mit Probenimpressionen, Interviews, Fachbeiträge als Text, Audio, Video über die Werke, die im Mittelpunkt von Konzerten stehen) einzuordnen. Wichtig sind weiterhin Nutzenelemente mit kommunikativ-sozialem Bezug, etwa in Form von Treffen oder einem Austausch vor einem Konzert oder im Anschluss daran (Beispiel ‚Nach(t)gespräche' des Konzerthauses Berlin), die an die ureigene Funktion von Musik als Gemeinschaftserlebnis anknüpfen.

Zur Bindung des Publikums und zum Ausgleich der Intangibilität lassen sich Konzerterinnerungen in Form von ‚Go-Live-CDs, Live-Streams, Podcasts oder Mitschnitten auf CD und Video ‚einfangen'. Weitere Nutzenaspekte bieten solche Angebote, die den Konzertbesuch überhaupt physisch-logistisch ermöglichen oder erleichtern, wie Transfers zu besonderen Konzertorten oder Kinderbetreuung während eines Konzertes. Hier wird deutlich, dass diese Nutzenelemente keineswegs allein auf der inhaltlich-künstlerischen Ebene, sondern durchaus auch auf der sozialen und instrumentell-medialen Ebene liegen. Die Angebote sind differenziert auszugestalten nach verschiedenen Publikums- und Bezugsgruppen wie Ersthörer, Abonnenten, Mitglieder der Freundeskreise wie auch nach deren Voraussetzungen und Motiven. Sie signalisieren, dass man die Hörer ernst nimmt, sie einladen möchte und auf ihre Bedürfnisse eingeht – so dürfte z.B. ein informierter Hörer nicht mit einem Programmheft oder einer Einführung zu überzeugen sein, die wenig über Wikipedia-Informationen hinausgeht.

Gerade aufgrund der aus dem ästhetischen Erleben entstehenden kommunikativen Effekte wird deutlich, dass die Hörer als integrales Element einer gelungenen Aufführung zu sehen sind. Ebenso wird deutlich, dass sich Synergien durch die stimmige Verbindung all dieser Kommunikationsformen gewinnen lassen. Dies gelingt vor allem dann, wenn alle Aktivitäten miteinander und mit der spezifischen Markenidentität eines Ensembles in Einklang stehen, weil sie dadurch das Grundvertrauen stärken und das Markenimage mit einer ganz spezifischen Qualität aufladen, die genau diesem Ensemble zugeordnet wird. Zentral für die Chance auf eine solche Wahrnehmung und Zuordnung ist die Konzentration auf einige wesentliche Botschaften (vgl. Abschnitt 7.4.2). Gelingt dies, wird die Erweiterung des Repertoires ermöglicht, das Experimentieren mit Konzertformen wie auch das Fordern und Mitwachsen des Publikums (vgl. Gilbert 2015: 0; Nelsons in 6.2.3).

8.3.5 Dialog mit den Hörern

Kommunikation soll einen Dialog anregen, eine aktive Auseinandersetzung mit der Musik, mit dem Hör-Erlebnis, mit den Inhalten, die über die Musik ausgesagt werden. Dies machen sowohl die Fallstudien als auch die Experteninterviews deutlich. Umso wichtiger ist es, Neugier zu wecken, die Hörer zum Dialog und zu aktivem Hören einzuladen und zu befähigen. Konzerteinführungen, Education und ähnliche Angebote können einen Zugang ermöglichen, mehr zu erkennen und zu verstehen, sollten jedoch nicht mit dem ‚pädagogischen Zeigefinger' winken oder als ‚missionarische Bekehrungsversuche' oder gar ‚betreutes Hören' verstanden werden (vgl. Sträßner 2011: 273 ff.). Dann aber können Hörer besondere Erfahrungen machen, die ihnen ohne bewusstes, aktives Hören vorenthalten blieben. „Man kann die Bereitschaft, sich intensiv und auch über einen steinigen Weg mit etwas auseinanderzusetzen, ganz sicher nicht dadurch erregen, indem man die Dinge leichter macht" (Gerhaher 2015: 25; ähnlich Noltze 2015: E).

Um einen echten Dialog aufnehmen zu können, spielt neben der Musik die Öffnung der Interpreten, Komponisten, Dirigenten und auch des Managements für die Lebenswelt ihres Publikums eine zentrale Rolle. Hörer sind nicht nur Marketingzielgruppe, Ticketkäufer oder Abonnenten, sondern ein elementarer Teil des Konzertgelingens.

Der Dialog zwischen Künstlern und Publikum auf Grundlage einer solchen Haltung und Programmgestaltung erhält einen „dramaturgischen" Charakter (Stampa 2012: 0). Dies umgesetzt könnte auch dazu führen, dass das noch verbreitete (teils zumindest beliebig wirkende) Hintereinanderstellen von virtuosem Solistenkonzert und einem mehr oder weniger traditionellen Orchesterwerk in Frage gestellt und womöglich abgelöst wird durch ein Konzept, das für die Hörer einen Zusammenhang und eine Aussage erkennbar werden lässt (vgl. Kap. 6).

Zugleich ist auch jede andere Form der Kommunikation immer auch als mögliche ‚Vermittlungsleistung' zu verstehen (Hartig 2015: E in Anlehnung an Watzlawick: „man kann nicht nicht vermitteln"). Wichtig ist die Ansprache, Gewinnung und Bindung auch neuer Publikumsgruppen. Wichtig ist zudem, diesen das Musikerlebnis zu ermöglichen und die Anliegen und Themen der Musik in unterschiedlicher Form zu vermitteln. In Anbetracht der in Abschnitt 3.5 skizzierten Ergebnisse, wonach der Besuch von Konzerten überwiegend vom Elternhaus und dessen Bildungs- und Einkommensniveau abhängt, müssen sich Ensembles gemeinsam mit Konzerthäusern und Festivalorganisatoren und im Netzwerk mit Schulen u.a. Partnern weiterhin aktiv bemühen, Zugang und Anknüpfungspunkte anzubieten. Dies muss nicht zur Aufgabe des künstlerischen Anspruchs führen oder zu der Ansicht, man müsse das Publikum „dort abholen", wo es sich gerade (ohnehin) befinde (vgl. Gerhaher 2015: 22).

8.3.6 Erreichen sozialer Relevanz

Soziale Relevanz kann (vgl. Kap. 6) in verschiedener Hinsicht erzeugt werden: zum einen durch die ästhetische Erfahrung auf individueller Ebene und damit verbundene Erkenntnisse (Kap. 5) im Konzert selbst. Außerdem ist Musik dann sozial relevant, wenn und weil Menschen sie lieben (vgl. Brachmann 2015: 0). Dies setzt jedoch voraus, dass diese auch eine Chance haben, sie wirklich kennen zu lernen (siehe dazu 9.3.1). Weiterhin kann soziale Relevanz durch die Programmierung aus einer besonderen Haltung heraus entstehen, durch das Eintreten für Werte oder das Aufgreifen gesellschaftlich relevanter Themen wie Völkerverständigung, Inklusion, Migration oder soziales Gefälle (vgl. in Abschnitt 3.1 genannte Themen). Zusätzliche Kommunikationsebenen gehen über das Konzert selbst hinaus – wie die Verlagerung des

Konzertortes in Problemviertel, in Krankenhäuser, auf Demenzstationen oder die Veranstaltung von Sonder- und Benefizkonzerten.

Auch hier gilt, dass all diese Elemente eng verbunden sein müssen mit der künstlerischen Markenidentität. Nur dann können sie authentisch, glaubwürdig und überzeugend wirken. Erfahrungen von US-amerikanischen Orchestern (vgl. Gilbert 2015: 0), aus England (Birmingham) und Kanada (vgl. Nagano 2014: 165 ff.) zeigen, dass die Akzeptanz und Unterstützung durch die jeweilige Bevölkerung erheblich erhöht werden kann (vgl. Mertens 2015: E). Insgesamt ist festzuhalten, dass Musik als Form und Thema der Kommunikation gesellschaftliche Diskussionen initiieren und moderieren kann. Solche ‚Kultur-PR' geht weit hinaus über die Information über kulturelle Institutionen, über Abo-Vorzüge, Produktionen und deren Termine.

8.3.7 Konsequenzen für die Organisation

Die Ausrichtung auf eine ganzheitliche Marke und dialogorientierte Kommunikation auf allen Ebenen kann zu deutlichen Veränderungen organisatorischer und künstlerischer Art führen und fordert Musiker und Orchestermanagement wie auch die Partner, die Konzerte organisieren und anbieten, neu heraus. Dies zeigen u.a. Erfahrungen aus den USA (vgl. Gilbert 2015: 0) und aus Kanada wie auch von deutschen Ensembles und Häusern. Gilbert z.B. hat dies bestätigt, nachdem er neue Ansätze der Interaktion mit dem Publikum in New York mit dem Ziel einer vertieften Verankerung in der Gesellschaft eingeführt hat. „Das Orchester muss Nähe schaffen und zulassen, damit die Musik [...] in ideeller und sozialräumlicher Hinsicht buchstäblich an sie heranrückt. Man braucht also eine übergreifende Idee für ein Engagement und lebensnahe Bezüge für die einzelnen Programme und man muss vom ‚Olymp' herabsteigen, um dort zu spielen, wo die Menschen sind. Das erfordert Kreativität und Risikobereitschaft, um mit so mancher Konvention zu brechen" (Nagano 2014: 165).

8.3.8 Authentizität und Vielfalt

Die Betrachtung der Fallstudien und die Experteninterviews haben gezeigt, dass es in der Markenführung, anders als oft befürchtet, nicht darum geht, eine ‚künstliche Hülle' zu erzeugen. Vielmehr gilt es, historische und aktuelle Kernkompetenzen und Werte zu identifizieren und so zu verdichten bzw. diese Werte durch die Markenpositionierung und den Markenstil so auszudrücken, dass sie für die Anspruchsgruppen relevant sind und das Ensemble mit seinem Konzertangebot als Marke von Alternativen unterscheiden. Dies gelingt dadurch, dass diese Marken von innen heraus entstehen und somit bei allen Beteiligten, d.h. auch bei den Musikern, für Authentizität und Identifizierung sorgen. Es gibt nicht die eine richtige Markenführung für Orchester, nicht die eine richtige Kommunikation, nicht die eine richtige Form der Musikvermittlung, nicht die eine richtige Konzertform – wie in der Musik selbst werden es die Vielfalt und die Erneuerungskraft sein, die die Musik, das Konzert und die Ensembles in eine lebendige Zukunft führen können.

8.4 Synergien – Wirkungen auf das Zielviereck

Eine umfassend integrierte, ganzheitliche Markenkommunikation unterstützt das eingangs skizzierte Zielviereck aus ‚Qualität – Publikum – Relevanz – Ressourcen'.

Auch die Elemente des Zielvierecks spiegeln eine Verbindung der künstlerischen, ökonomischen und gesellschaftlichen Ebene wider. Es besteht ein Zusammenhang der wechselseitigen positiven Verstärkung: Zunächst trägt die Orientierung an der Markenidentität innerhalb eines Ensembles zu einer konstruktiven internen Kommunikation bei und fördert die Integration aller Mitglieder und auch des Unterstützungsteams.

Das WEDO ist hierfür ein herausforderndes und gut dokumentiertes Beispiel, jedoch ist dieser Aspekt ebenso beim MCO mit dem Freundschaftsgedanken und den BPhil mit ihrem demokratischen Modell zu beobachten. Dies unterstützt das Erreichen der musikalischen Qualität aller drei Orchester. Die Qualität bezieht sich auf die Konzipierung stimmiger Programme, auf deren Einstudierung, auf die Arbeit an einer Klangvorstellung und dann auf das Zusammenspiel, das gemeinsame Musizieren im Konzert und auf die Fähigkeit, den intendierten musikalischen Ausdruck dem Publikum zu vermitteln.

Dies erzeugt dann jene besondere Spannung und die Interaktion mit dem Publikum. Damit löst man zunächst das ‚Nutzenversprechen' aus der Positionierung ein, denn Vertrauen kann nur erhalten, wer dauerhaft die versprochene Qualität liefert. So wird man attraktiv für Publikums- und Bezugsgruppen, was wiederum die Gewinnung und Bindung weiterer Zuhörer auch durch ‚Mundpropaganda' unterstützt. Dadurch steigt die Attraktivität für Konzertveranstalter und Partner. Markenbekanntheit, Markenvertrauen und -image und somit die Markenstärke werden verbessert.

Diese wiederum ist zentraler Erfolgsfaktor für die gesellschaftliche Relevanz, eine gefestigte Position gegenüber wichtigen Bezugsgruppen und in der Gesellschaft, die den ‚Nutzen' des Ensembles anerkennt. Sie ist zugleich die Grundlage für erhöhte Eigenerlöse durch Ticketverkauf, für die Argumentation gegenüber z.B. kommunalen Trägern, aber auch für die Gewinnung von Sponsoren, Finanzpartnern, Freundeskreisen und anderen Kooperationspartnern, sichert somit also den Zugang zu Ressourcen. Mit den so gewonnenen Ressourcen werden wiederum die Arbeit an der Qualität und die verstärkte öffentliche Kommunikation unterstützt.

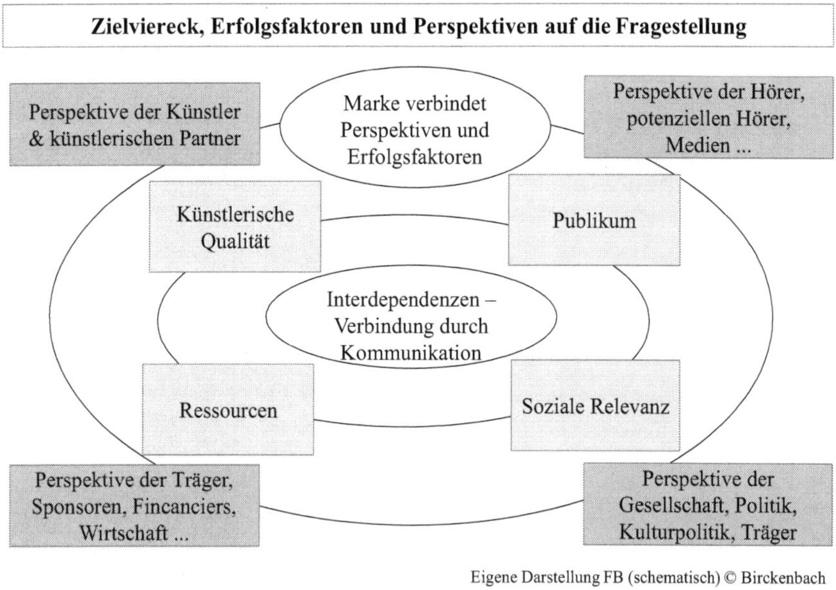

Abb. 12: Zielviereck, Erfolgsfaktoren und Perspektiven

9 Résumé, Fazit und Ausblick

"Life without music is unthinkable. Music without life is academic. That is why my contact with music is a total embrace." (Leonard Bernstein in Cott 2013: 10) – "As I said in the six lectures I gave at Harvard University in 1973, all kids are born with a language and musical competence [...] and the greatest gift was the ability to talk and communicate. And a big part of communication is music."
(Leonard Bernstein in Cott 2013: 72)[54]

9.1 Rückblick auf Zielsetzung und leitende Forschungsfrage

Die Grundzüge einer Markenführung unter besonderer Berücksichtigung der Musik als Form und Thema der Kommunikation wurden stufenweise entwickelt. Ausgehend (1) von Prozessen des Hörens, Musizierens und ästhetischen Erlebens aller Teilnehmer im klassischen Konzert, die verschiedene Formen der Kommunikation mit Musik ermöglichen, wurde (2) die Vielfalt denkbarer Gestaltungselemente für Ensembles dargestellt. Dies verdeutlichte auch den Bezug zum Hör- und Konzerterleben beim Publikum und das Wirkungspotenzial zum Gelingen der Kommunikation, zum Erreichen gesellschaftlicher Relevanz eines Ensembles. Im nächsten Schritt wurde (3) dargelegt, wie eine aus der künstlerischen Identität heraus abgeleitete Markenführung in Grundzügen gestaltet und als Basis für die Umsetzung einer Positionierung mit dem Ziel einer dieser Kunstform entsprechenden PR- und Marketingkommunikation zur Thematisierung von Musik, Konzert und Ensemble dienen kann.

Eine (4) daraus entwickelte Synthese aller kommunikativen Elemente der Musik bildet dann den Kern einer ganzheitlichen Markenführung, die eine Balance zwischen künstlerischer Identität, dem Auftrag und Qualitätsanspruch, den Besonderheiten der Musik als Kunstform einerseits und der notwendigen Ausrichtung an Publikum und Umfeld andererseits ermöglicht.

Damit wurden (5) auch Lösungswege aufgezeigt, wie den zentralen inhaltlichen und ökonomischen Herausforderungen mit einem authentischen, unverwechselbaren Profil zu begegnen ist. Erfolgsfaktoren sind insbesondere das Erreichen des Publikums (räumlich, intellektuell und emotional), gesellschaftliche Relevanz und die erforderlichen

Ressourcen, um eine hohe musikalische Qualität zu erzeugen und wiederum auch einen genügend breiten Publikumskreis aktiv auf allen Kommunikationsebenen anzusprechen. Damit werden die verschiedenen Perspektiven unterschiedlicher Stakeholder berücksichtigt. Die konzeptionellen Überlegungen wurden durch Fallstudien veranschaulicht, in Experteninterviews diskutiert und insgesamt in der Schlüssigkeit der Argumentationslogik und Praxisnähe bestätigt. Einen Gesamt-Überblick über die behandelten Themen gibt Abb. 13.

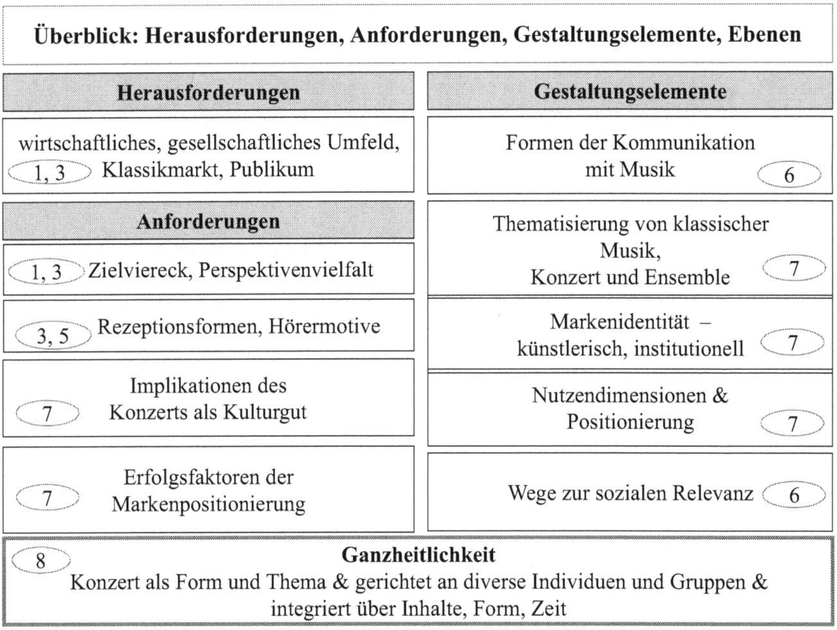

Eigene Darstellung © Birckenbach

Abb. 13: Überblick über die bearbeiteten Fragen

9.2 Fazit – Musik als Form und Thema markenorientierter Kommunikation

Die Fallstudien und die daran anschließenden Überlegungen zeigen, dass es sinnvoll ist, für die Kunstform klassische Musik spezifische Marken- und Kommunikationskonzepte zu entwickeln. Klassische Musik und Konzert bieten Ensembles vielfältige und besondere Formen, nonverbal und über die Musik als Parallele zur Sprache einen Dialog der

Interpreten untereinander und mit dem Publikum zu führen und ein Konzert zu einem einzigartigen ästhetischen Erlebnis werden zu lassen.

Um künstlerisch tätig zu werden, müssen Ensembles ihre Musik und Konzerte medial thematisieren, denn ein Konzert, ein Ensemble braucht Publikum als Zuhörer – Musik ist nur lebendig, wenn sie aufgeführt und gehört wird. Alle Kommunikationsaktivitäten müssen sich daher auf dem Medien- und Meinungsmarkt durchsetzen, um Aufmerksamkeit und Wahrnehmung der angesprochenen Zielgruppen zu erreichen und soziale Relevanz erzeugen zu können. Dafür sind zunächst Methoden und Instrumente wie mediale, persönliche Kommunikation im Rahmen von Marketing, PR, Pressearbeit, Social-Media einsetzbar.

Zugleich muss die Kommunikation jedoch den Besonderheiten der Musik und des Konzerts als Kunstform, seiner Produktion und Rezeption gerecht werden. Daher wurden Grundzüge einer ganzheitlichen Markenführung entwickelt, die von der Identität eines Ensembles, seinem künstlerischen Verständnis und Zielen ausgeht und sich besonders an ästhetischen Prozessen ausrichtet, die das Erleben der Aura des Konzerts ermöglichen. Aus diesem Kern heraus werden die verschiedenen Aspekte der Kommunikation auf inhaltlich-künstlerischer Ebene, medial-instrumenteller Ebene und auf der Ebene von Individuen (Musiker, Hörer), von Gruppen (Ensembles, Publikums- und gesellschaftliche Bezugsgruppen) formal und zeitlich miteinander zu einem stimmigen Gesamtkonzept verknüpft. Eine solche Marke hat das Potenzial, soziale Relevanz zu erzeugen, und birgt Chancen für die künftige Entwicklung von Ensembles wie auch des klassischen Konzerts.

9.2.1 Ganzheitlichkeit als Integration über drei Ebenen

Eine ganzheitliche, aus dem musikalischen Kern abgeleitete Marke gibt einem Ensemble ein Gesicht. Sie dient auch dem Zweck, die Handlungsfähigkeit gegenüber den Ansprüchen verschiedener Bezugsgruppen sicherzustellen. Sie wirkt dann nicht wie eine künstliche Verpackung, sondern erzeugt ein authentisches Erscheinungsbild, das zur ‚musikalischen Seele' passt.

Darüber hinaus ermöglicht sie einen Dialog und die Verbindung zwischen den Künstlern, dem ‚Produkt' Konzert (einer abstrakten, intangiblen Dienstleistung) und dem Publikum und zeigt den besonderen Wert und Nutzen (Value Proposition) auch für weitere gesellschaftliche Gruppen auf. Auf dieser Basis gelingt einem Ensemble die Balance zwischen der notwendigen Außen- bzw. Marktorientierung (mit den Anforderungen des Audience Development, der Education-Arbeit etc.) und der genuinen musikalischen Identität und Qualität. Diese Integration wirkt thematisch, inhaltlich, zeitlich und instrumentell und ist für jedes Ensemble individuell anders zu gestalten – auch, damit Erkennbarkeit und Unterschiede im Sinne eines USP (vgl. Kapitel 7) gewährleistet sind.

Eine solche ganzheitliche Kommunikation könnte (nicht zuletzt wegen ihrer Komplexität) mit einem Musikstück verglichen werden, in dem verschiedene Instrumente miteinander spielen – sie hat eine harmonische Struktur im Hinblick auf die Tonalität des Auftretens und den zeitgleich abgestimmten Einsatz verschiedener Instrumente und Instrumentengruppen sowie eine dynamische Struktur, in der neue Themen eingeführt und entwickelt und frühere Themen wiederum durch unterschiedliche Instrumente und Gruppen zeitversetzt oder zeitgleich aufgegriffen werden (vgl. Kapitel 5).

Auch der Rhythmus, mit dem sich diese Änderungen ergeben, kann verändert werden. Von größerer Konstanz sollten die Tonalität und zentrale Motive sein, um eine Wiedererkennbarkeit zu gewährleisten. Durchaus aber sind – wie auch in der Musik – Überraschungs- und Entwicklungsmomente und eine Weiterentwicklung möglich und sinnvoll, solange die Wiedererkennbarkeit, die sogenannte „Selbstähnlichkeit" der Marke, gewährleistet bleibt (Schmidt 2013: 0; vgl. auch Abschnitt 7.4.2). Deutlich wird, dass eine solche ganzheitliche Kommunikation Wissen über und Bewusstsein für die Wünsche, Motive, Bedürfnisse und Verhaltensweisen auf Seiten der Musiker und Hörer erfordert.

9.2.2 Die Marke als Orientierung nach innen und außen

Eine konsequente und kontinuierliche Markenführung dient als Klammer, Orientierung und Navigationsinstrument. Alle Kommunikationsaktivitäten müssen auf zentrale Themen und Leitgedanken fokussiert sein, damit die „Marke merkfähig" (Schmidt 2013: 0) ist, und zwar nachhaltig (vgl. Mertens 2015: E; vgl. auch Erfolgsfaktoren der Positionierung in Abschnitt 7.4.2).

Dies ist besonders komplex in Organisationen, die sich wie die BPhil durch ein sehr breites und vielfältiges Aktivitätsspektrum auszeichnen. Es ist hilfreich in Phasen, in denen zu entscheiden ist, welche Innovationen und Experimente ein Ensemble auf die zu seiner

Markenidentität passende Weise wagen möchte. Es gibt nicht die eine richtige Antwort auf die Herausforderungen, sondern jedes Ensemble wird seine eigenen Lernprozesse durchlaufen und eine individuelle Antwort finden wollen. Wichtig ist, dies systematisch zu tun und zugleich mutig, bewusst und bedacht vorzugehen. Obwohl eine Marke auch um ihrer selbst willen einen Wert hat (darauf deuten Untersuchungen im Marketingbereich, vgl. u.a. Kernstock et al. 2014: 4), geht es hier vor allem um Orientierung. Die Marke kann so einen Beitrag zur bewussten und zielorientierten Beantwortung all der in Abb. 4 aufgelisteten Fragen leisten. Sie dient einer Stimmigkeit, einem Einklang – musikalisch und kommunikatorisch.

9.2.3 Vereinbarkeit verschiedener Perspektiven und Anliegen

Die aktuellen Entwicklungen zeigen, dass Ensembles angesichts knapper öffentlicher Kassen und eines erweiterten Kulturbegriffs auf einen Finanzierungsmix aus öffentlicher und privater Finanzierung angewiesen sind. Ein Fundament für die künstlerische Entwicklung sind eine grundlegende Verankerung in der Gesellschaft, ein gut funktionierender Freundeskreis und eine stabile Partnerschaft mit dem Publikum und weiteren Partnern wie Stiftungen und Unternehmen, die sich als aktive Kultur- und Gesellschaftsmitglieder verstehen (Corporate-Citizenship-Ansätze).

Durch eine konsequente Markenführung lassen sich die Anforderungen aus ökonomischer Sicht mit dem musikalischen und künstlerischen Anliegen (vgl. Diskussionen Heidelberg Music Conference 2015) vereinbaren. Es ist nicht nur legitim, sondern sinnvoll, die im Konsummarketing bewährte Markentechnik einzusetzen für ein so kostbares ‚Produkt'. Das Konzert als solches ist emotionsgeladen und lebendig und kann für sich bestehen, sobald Menschen einmal einen Zugang dazu gefunden haben, sich haben ergreifen und bewegen lassen (vgl. Lengersdorf 2015: E).

Lebendig und aktuell wird die klassische Musik nicht auf der Partitur oder auf CD und nicht im Archiv, sondern im Konzert, im Erleben jedes einzelnen Teilnehmers. Aktualität entsteht nicht notwendig nur aus der Aufführung von zeitgenössischer Musik, sondern durch die sinnvolle Programmierung und durch die Interpretation. Jedoch wird ein Ensemble mit einer starken Marke auch diejenige zeitgenössische Musik finden und aufführen und Programme mit Neuer und Alter Musik sowie Konzertformate entwickeln, die zur eigenen Markenidentität passen. So wie sich auch andere Künste und Künstler weiterentwickeln und im Licht nachfolgender Generationen wieder anders gesehen werden können, so können sich auch die klassische Musik und ihre Interpreten mittels einer stimmigen ganzheitlichen Kommunikation weiterentwickeln und im Rückblick immer wieder neu und aktuell gesehen werden.

9.2.4 Kooperationen – kein Ausschlussprinzip

Ein besonderes Merkmal für Konzertanbieter im Klassikbereich ist das tendenziell kooperative Zusammenwirken der Konzerthäuser und Festivals wie auch der Künstler. Der Wettbewerb wird ‚über Qualität ausgetragen', jedoch gibt es anders als in der Wirtschaft keinen Verdrängungswettbewerb (vgl. Mörchen 2008: 0). Konzerthäuser und Festivals sind regional verankert und grenzen sich stark durch diesen Bezug ab. Sie kooperieren und tauschen Ideen aus mit dem Ziel einer Differenzierung gegenüber anderen Angeboten der Freizeitgestaltung. Für Solisten und Ensembles hingegen ist es wichtiger, sich unverwechselbar zu positionieren, denn trotz gelegentlicher Kooperationen besteht durchaus ein Wettbewerb um Aufmerksamkeit (auch für CD-Vermarktung) und Auftrittsmöglichkeiten in anerkannten Konzertstätten und Festivals.

Dennoch besteht in der Musik, im Gegensatz zu anderen Marken (wie u.a. Auto, Mobiltelefon, Fußballklubs), kein Ausschlussprinzip: Ein Ensemble zu schätzen, etwa das Orchester vor Ort, schließt nicht aus, auch andere Ensembles und deren Konzerte zu besuchen. In der Musik, im Konzert haben auch die Publikumsgruppen eine unendliche Vielzahl von Möglichkeiten, die sich nicht nur nicht ausschließen, sondern geradezu – wie die Musik selbst – in ihrer Vielfalt eine Bereicherung des Musiklebens und des individuellen Erfahrungshorizontes bieten. Je eher ein Musiker oder ein Ensemble einen Menschen zum Hören und Musiklieben ‚verführt', desto größer ist nicht nur das Vertrauen zu diesem, sondern auch die Bereitschaft und das Interesse, mehr Musik und auch andere Interpreten zu hören. Dies bedeutet jedoch wiederum nicht, dass nicht dennoch jedes Ensemble für sich versucht, einen eigenen Freundeskreis zu pflegen.

9.2.5 Plausibilität und Praktikabilität

Die hier vorgestellten Grundzüge eines ganzheitlichen Konzepts bilden den Versuch, die zahlreichen bestehenden Ansätze in einen Gesamtzusammenhang zu stellen und miteinander zu verbinden. Dazu gehören die – teils intensiv und kontrovers diskutierten – Fragen des Audience Development, des Qualitätsmanagement, Ansätze in PR und Marketing, die Formen von Musikvermittlung als Elemente des Marketings wie auch der kulturellen Bildung sowie neue Konzertformate mit jeweils einer Vielfalt an Experimenten und Ausprägungen. Es wurde gezeigt, dass bei all diesen Ansätzen wie auch in der Musik selbst die Kommunikation eine zentrale Rolle spielt. Die Experten-Interviews bestätigen den vorgestellten Ansatz insofern, dass es plausibel ist, all diese Facetten mit diesem Gedanken zusammenzuführen (nicht als ‚Rezept' zu ersetzen). Die Fallstudien vermitteln zudem den Eindruck, dass ein solcher Ansatz realistisch und umsetzbar ist; darüber hinaus zeigen sie auch Verbesserungspotenziale auf.

9.3 Ausblick und weiterführende Fragen

Weitere Aspekte, die in den bisherigen Überlegungen weitgehend zurückgestellt waren, traten in den Experteninterviews zutage und zeigen eine Reihe von Anschlussfragen auf.

9.3.1 Ausformulierung des Markenkonzepts und mögliche Übertragbarkeit

Eine Anschlussaufgabe bezieht sich darauf, wie ein solches ganzheitliches Markenkonzept als Modell weiter ausformuliert und en détail präzisiert werden kann. Hier wurden aufgrund der gezeigten sehr hohen Komplexität vor allem Grundzüge erarbeitet und dabei besonders spezifische und wichtige Aspekte hervorgehoben (vgl. Abschnitt 8.3). Daran schließen sich Überlegungen an, wie eine einmal aufgebaute Marke über einen längeren Zeitraum weiterentwickelt und lebendig gehalten werden kann, was etwa bei den BPhil und anderen Traditionsorchestern analysiert werden könnte. Erst dann zeigt sich, ob sich die gewählte Positionierung nachhaltig bewährt.

Eine damit verbundene Frage ist die nach der Übertragbarkeit auf den interkulturellen Bereich, d.h., inwiefern die Ergebnisse auch im internationalen ‚Konzertgeschehen' durchgehend gelten und inwieweit ein Ensemble ggf. seine Marke kulturspezifisch differenziert anpassen muss. Hintergrund dafür sind u.a. Erfahrungen in der internationalen Werbung, die aufgrund von Kulturspezifika nicht überall gleich funktioniert (vgl. Leifeld 2009: 197) und Beobachtungen im Hinblick auf soziale Aspekte von Kultur, denen international unterschiedliche Wertigkeiten und Ausprägungen zukommen. Die Frage ‚Whose Utopia' (Beckles Willson 2009: 0) etwa befasst sich mit der Diskussion, ob ein Orchester wie das WEDO tatsächlich überall dieselbe Bedeutung als Utopie einer gewünschten Gesellschaftsform haben kann (vgl. Mariam Said 2012: 0).

Eine weitere Anschlussfrage ist, inwieweit die hier gefundenen Erkenntnisse auch übertragbar sind auf andere Organisationsformen von Ensembles und Musikschaffenden in der Klassik – wie ‚Kulturorchester' in kommunaler Trägerschaft, gerade in Regionen jenseits der großen Metropolen oder auch im öffentlich-rechtlichen Rundfunk – oder auf kleinere Ensembles (wie Duo, Trio, Quartett, Quintett ...) oder Solisten und Konzertinitiativen, Konzerthäuser, Festivals oder ob sie gar modifiziert für die Oper gelten könnten.

So wären entsprechend Parallelen und Unterschiede in der Kommunikation und Markenführung herauszuarbeiten. Könnte bspw. ein Ensemble mit einer vollständig auf Musik und Instrumente fokussierten, eher introvertiert wirkenden Haltung – so wie es das Publikum bei dem Pianisten Sokolow besonders schätzt (vgl. Schmidt E: 2015) – heute arbeiten? Was ist übertragbar, wo gibt es Grenzen und Unterschiede und was kann daraus wiederum gelernt werden? Daran schließt sich die Überlegung an, ob nicht jede Kunstform spezifisch modifizierte Markenmodelle und entsprechend auch differenzierte Markenaudits benötigt (vgl. Anhang A 2 zu Methodik).

9.3.2 Beiträge von Medien und Musikjournalismus

Interessant ist auch die Frage nach dem Beitrag des Musikjournalismus und der Medien, wenn es um die gesellschaftliche Bedeutung von klassischer Musik, die Vermittlung wichtiger Inhalte und die Öffnung für weitere Publikumsgruppen geht. Auch die Experteninterviews weisen darauf hin, dass neben der Schule insbesondere die Medien besondere Potenziale – und auch die Verantwortung – haben, Neugier zu wecken, die Chance zu ermöglichen, mit der klassischen Musik (auch zufällig, z.B. im Autoradio) bekannt zu werden, oder Anreize für eine aktive Auseinandersetzung mit dieser Musik zu setzen (vgl. Langevoort 2015: E). Wichtig ist auch, Informationen über Werke und Konzerte lesbar, zielgruppengerecht aufzubereiten und interessant und lebendig zu gestalten.

Ähnliches gilt etwa für Programm-Informationen und Formen der medialen Begleitung (Vor- und Nachbereitung eines Konzerts), etwa in Hörfunkbeiträgen, Podcasts, Videos, Interviews oder Presseartikeln.
Ein so verstandener Musikjournalismus könnte deutlich über das teils heute noch vorherrschende Verständnis von Musik- und Konzertkritik hinausgehen, das manchmal eher noch zusätzliche Barrieren errichtet. Gerade die öffentlich-rechtlichen Sendeanstalten haben hier eine Verantwortung und umfassende Möglichkeiten, die sie nutzen bzw. ausbauen könnten. Die ‚Young People's Concerts' von Leonard Bernstein waren sehr erfolgreich und noch heute werden Aufzeichnungen von Bernsteins Vorträgen abgerufen – dies könnten die Sender aufgreifen.

9.3.3 Grenzen des Beitrags zu kultureller Bildung

Die Möglichkeiten, mithilfe von Markenführung und auch mithilfe von Musikvermittlung die gesellschaftliche Bedeutung von Musik zu erhöhen, sind nicht unendlich. Dieser Aspekt wurde auch in den Experteninterviews angesprochen. Er betrifft besonders die Verantwortung und die Rolle der Schulen mit dem Auftrag der kulturellen Bildung für alle, und zwar unabhängig vom sozialen Milieu und Bildungshintergrund (vgl. Noltze 2014: 33 ff. und explizit im Experteninterview). Es ist erkennbar, dass Konzerthäuser, Orchester, einzelne Musiker und Ensembles schon aus Ressourcengründen nicht die Versäumnisse der Schul- und Bildungspolitik auffangen können (vgl. Hartig 2015: E).

Hinzu kommt ökonomisch betrachtet einerseits eine Fehlallokation von Ressourcen, wenn Orchestermusiker die Arbeit von Musikpädagogen übernehmen, um fehlenden Schulunterricht auszugleichen, und andererseits die ‚Verschwendung von Human Resources', wenn Kindern und Jugendlichen die Chance auf selbstbestimmte Gestaltung ihres Lebens und Entfaltung ihrer Potenziale (die letztlich der Gesellschaft wieder zugute kämen) verwehrt wird[55]. Die Nachfrage nach diesen Angeboten übersteigt die Kapazitäten der Konzerthäuser und Ensembles[56].

Zugleich entsteht die Frage, inwieweit die Musikhochschulen diese Entwicklungen stärker bei der Musikerausbildung berücksichtigen sollten (vgl. Lampson 2014: 0).

Ebenfalls im Experteninterview wurde angesprochen, dass womöglich nicht die ‚Klassik in eine Krise' gerät, wenn eine Gesellschaft nur noch MINT-Fächer zulässt, den Schulunterricht in Kunst und Musik vernachlässigt und den Wert von Aufmerksamkeit, Konzentration sowie humanistischer Bildung vernachlässigt, sondern die Gesellschaft an sich (vgl. Langevoort 2015: E; Noltze 2015: E; Rat für Kulturelle Bildung 2015). „Klassische Musik birgt mehr als Unterhaltung. Wer diese Bereitschaft [zum konzentrierten Hören] nicht erlernt, dem wird sich die Tiefe der Musik weniger erschließen. Vielleicht wird er nie zu ihr finden und sie gar nicht vermissen, weil er nie erfahren hat, wie viel sie einem geben kann. Aber wäre das fair, wenn er so gar nichts von ihr wüsste?" (Nagano 2014: 41).

9.3.4 Zweckfreiheit, Rechtfertigungskonsens und Legitimation

Im Zusammenhang mit der Diskussion um die öffentliche Finanzierung ‚hochkultureller' Angebote werden immer wieder die Begriffe ‚Zweckfreiheit der Kunst' und ‚Rechtfertigungskonsens' angeführt. Während einerseits die Autonomie und die Freiheit der Kunst und Musik von jeglicher Zweckbindung und Funktionalität betont wird (vgl. Brachmann 2015: 0), werden andererseits die Legitimation durch Umweg-Rentabilität, Best-Practice-Ansätze, der Nachweis von Wirkungen wie Förderung von Intelligenz oder Sozialverhalten gefordert, um eine öffentliche Finanzierung oder Förderung zu begründen.

In dieser Argumentation ist zu differenzieren zwischen der Musik als Kunst an sich, die als solche gesellschaftlich bedeutend ist und entsprechend auch gesetzlich verankert sein kann, einerseits und einzelnen ‚Anbietern', den Musikschaffenden andererseits. Unabhängig von Fragen der Zweckfreiheit der Musik als Kunstform oder von Kulturangeboten generell muss jedes Ensemble, jeder Künstler seine Relevanz durchaus beweisen. Diese kann darin bestehen, dass die Menschen genau diese Musiker, dieses Ensemble besonders schätzen und lieben – dann entstehen Relevanz und Legitimation allein aus dem Nachfragesog und sind Zeichen einer starken Marke – und dies ist das stärkste Argument überhaupt!

Relevanz kann aber auch darin bestehen, dass gesellschaftliche oder ökonomische Funktionen übernommen oder zugeordnet werden, wie die Erhöhung des sozialen Zusammenhalts, die gezielte Inklusion aller Bevölkerungsgruppen (vgl. Glaser 2015: 0) oder die oft genannte Umweg-Rentabilität, gerade bei überwiegend öffentlich finanzierten Ensembles. Gelingt es nicht, dies aufzuzeigen, ist ansonsten der Weg jederzeit frei für den Verweis politischer Entscheider auf das große kulturelle Angebot insgesamt (auch wegen des erweiterten Kulturbegriffs, vgl. Kap. 3).

Damit wird auch deutlich, dass es nicht allein um Tradition und Selbsterhaltung geht, sondern um Chancen und Gestaltungsmöglichkeiten, die eine ganzheitliche Markenführung im Musikbereich bietet. Orchester und Musikinstitutionen mit einer starken, etablierten Position können aus einer inneren Haltung heraus für diese Kunstform auch übergreifend eintreten – sowohl generell für Komponisten, Werke, Orchester und Institutionen als auch für die musikalische Bildung in Kindergärten und Schulen und für eine angemessene Bezahlung von Dozenten und Musikpädagogen[57].

Um über die Ebene einzelner Orchester und Ensembles hinaus eine gesamtgesellschaftliche Wirkung zu erzielen, braucht es ein abgestimmtes Zusammenwirken von Musikern, Ensembles, Orchestern, Festivals und Konzerthäusern. Zugleich ist es unabdingbar, das Thema ‚Musik in der Schule' weiterhin zu fordern. Nur dann kann jeder Mensch in der Gesellschaft die Chance erhalten, diese Musik, diese Kunstform kennenzulernen, für sich zu entdecken, seinen Horizont zu erweitern und frei zu entscheiden, ob er sich weiter damit befassen will. Kindern aber solche Erlebnisse und für das individuelle Leben wichtige Erfahrungen, die ihnen eine andere Sicht auf die Welt, den persönlichen Weg, das Zusammenleben in der Gesellschaft und ihre Entfaltung ermöglichen, vorzuenthalten, ist mit dem Modell einer demokratischen und zunehmend wissensbasierten Gesellschaft schwerlich vereinbar. Zudem müsste sich eine Gesellschaft geradezu Mitglieder wünschen, die gelernt haben, sich anzustrengen, um ein Ziel – ob im Sport, im Beruf oder eben beim Musikhören oder eigenen Musizieren – zu erreichen, und die sich mit grundlegenden Themen und Ideen auseinandersetzen.

Musik ist keineswegs nur einem solchen Zweck geschuldet. Sie kann dies bewirken und es wird nicht schädlich sein, damit auch zu argumentieren. Darauf allein zu setzen wäre jedoch riskant, denn es gibt auch andere Methoden, soziale Kompetenz und Konzentrationsfähigkeit zu fördern. Musik ist vor allem „dafür da, erfahren zu werden“. Sie kann begleiten, bewegen, verändern, mit der Vergangenheit und den Traditionen verbinden und zugleich Orientierung für die Zukunft geben. „Sie scheint nicht überlebensnotwendig, aber sie ist Grundvoraussetzung für soziales Überleben“ (Nagano 2014: 128 f.). Die klassische Musik selbst steht als solche für sich – sie benötigt keinen Zweck, keine Funktion, die der Mensch sich ggf. anmaßt, ihr zuzuschreiben.

Ein Ensemble aber, als ‚Diener einer Musik‘, die von den Künstlern selbst geliebt wird und die nur im Zusammenwirken mit dem Publikum lebendig bleiben kann, hat zwei Wirkungsebenen: zum einen als Mission, die Musik aufzuführen und ihr einen Raum zu geben und zum anderen als Anspruch, Konzertveranstalter, Publikum und insofern tatsächlich ‚Märkte‘ zu erreichen. In der öffentlichen und fachlichen Diskussion werden diese Ebenen teilweise noch vermischt.

9.3.5 Weitere Fragen

Zahlreiche weitere Fragen sind während der Bearbeitung des Themas entstanden, sowohl aufgrund von Fachdiskussionen und -gesprächen (u.a. bei der Heidelberg Music Conference) als auch aufgrund der geführten Experteninterviews: Wie viel Innovation und wie viel Tradition brauchen Konzertangebote der klassischen Musik? Wie geht es in der kulturpolitischen Diskussion (vgl. Noltze 2015: E) weiter? Welche Folgerungen ziehen Musikhochschulen (vgl. u.a. Lampson 2014: 0) aus den Entwicklungen für die Ausbildung junger Musiker? Wie steht es um die öffentliche Finanzierung der klassischen Musik als Teil der ‚Hochkultur‘ angesichts knapper öffentlicher Kassen (vgl. Hartig 2015: E) und was kann die Verankerung in (Landes-)Verfassungen tatsächlich bewirken?

Wie frei ist die Kunst wirklich und wie kann man die grundgesetzlich geschützte Freiheit bewahren (vgl. Heidelberg Music Conference 2015)? Wie steht es um mögliche Missbrauchsgefahren (vgl. Mertens 2015: E im Kontext nationalistischer Tendenzen)? Warum und wann glauben Menschen, die klassische Musik wirklich zu brauchen, d.h., ist sie vor allem in der Krise oder in schwierigen Situationen für viele Menschen attraktiv und präsent? Wie stark kann sie in Phasen gesellschaftlicher Orientierungslosigkeit helfen und wo sind die Grenzen?

Wie geht es weiter mit der Nutzung digitaler Medien zum Hören, Streamen (u.a. mit der neuen Plattform ‚Idagio‘) und Verbreiten von

Musik? Welche Rolle werden künftig die Übergänge zwischen E- und U-Musik wie Crossover und die „Idolisierung“ (Mertens 2015: E) spielen? Wie wird ermöglicht, dass auch künftig preislich keine Zugangsbarrieren (vgl. Lieben-Seutter 2015: 0) entstehen? Welche Folgen wird dies alles für die Kommunikation und Markenführung haben?

9.4 Abschließende Gedanken

Die systematische Auseinandersetzung mit Themen, die sonst oft isoliert betrachtet werden, macht hier in der Betrachtung ihres Zusammenwirkens Vorgänge, Ansätze und Aspekte bewusst, die oft nur erahnt oder einfach als selbstverständlich unterstellt, manchmal mittels eines ‚Rezepts' als leicht lösbar oder gar als bereits erfüllt bzw. umgesetzt dargestellt werden. Sowohl die theoretischen Überlegungen als auch die Experteninterviews zeigen, wie weit oft die Gedankenwelten gerade künstlerischer Ideen, ökonomischer Ansätze und der Hörer-Perspektive noch auseinander liegen. Indem diese ‚Welten‘ in einen Kontext gesetzt werden, erhöht sich die Komplexität deutlich. Zugleich treten jedoch die Interdependenzen und Synergie-Potenziale zwischen Musik-Erleben, Kommunikation und Markenwirkung klar hervor. Gerade in der Gesamtsicht zeigen sich trotz der hohen Komplexität auch Parallelen gerade zwischen der Musik selbst und der intendierten ganzheitlichen spezifischen Markenführung.

Die Zitate mit Erkenntnissen und Aussagen bedeutender Persönlichkeiten des Musiklebens dienen dazu, die Bezüge zwischen Forschungsperspektive, wissenschaftlichen Quellen, Marketingliteratur und dem künstlerisch-musikalischen Gesamtthema aufzuzeigen. Sie machen nicht nur viele Überlegungen anschaulich und unterstreichen die Notwendigkeit, diese Bezüge herzustellen, sondern führen auch immer wieder zum zentralen Thema: zum Konzert – zur Musik.

Anhang

A1 Hinweise zu Zitierweise, Zitaten und Begriffen

- Verwendet wird die amerikanische Zitierweise (Name Jahr: Seite) in Verbindung mit Fußnoten für ergänzende Hinweise und Anmerkungen
- Fremdsprachige Zitate sind im Textteil im Original belassen, um einen authentischen Eindruck wiederzugeben und bei längeren Passagen in die in der entsprechenden Sprache geltenden Anführungszeichen gesetzt; die jeweilige Übersetzung der Verfasserin (kurz: FB) findet sich in den Fußnoten
- Bei Onlinequellen und anderen Quellen ohne Seitenangabe wird auf den Zusatz ‚o.S.' (ohne Seitenangabe) verzichtet und entsprechend zitiert als (Name, Jahr: 0)
- Die im Text erwähnten Zitate bzw. Angaben aus den geführten Experteninterviews sind jeweils mit dem Namen gekennzeichnet und deutlich gemacht durch (Name 2015: E). Die Experteninterviews wurden unter Zusicherung von Vertraulichkeit geführt und sind als Zusammenfassung im Anhang dokumentiert
- Halbe Anführungszeichen werden bei der Anführung von Zitaten innerhalb eines bereits in Anführungszeichen stehenden Textes verwendet
- Um Begriffe oder Eigennamen herauszuheben, sie aber von Zitaten zu unterscheiden, sind diese ebenfalls in halbe Anführungszeichen gesetzt
- Sofern die Begriffe ‚Musik' und ‚Konzert' ohne jeden Zusatz verwendet werden, ist jeweils die ‚klassische Musik', das ‚klassische Konzert' gemeint
- Ergänzende Hinweise und Auslassungen seitens der Verfasserin innerhalb von Zitaten sind in [...] gesetzt
- Aus Gründen der Lesbarkeit wurde auf das Hinzufügen der jeweils weiblichen Form verzichtet. Mit Musikern, Künstlern, Interpreten, Komponisten, Hörern, Dirigenten ... sind gleichermaßen Frauen und Männer gemeint
- Die Publikation wurde in der neuen Rechtschreibung verfasst und folgt bei verschiedenen Möglichkeiten der Schreibung den Variantenempfehlungen der Dudenredaktion. Bei mehrteiligen, aus einzelnen Buchstaben bestehenden Abkürzungen (wie u.a., z.B.) wurde aus optischen Gründen auf den Leerschritt verzichtet

A2 Ergänzende Hinweise zu Forschungsdesign und Methodik

Im Folgenden ist detaillierter ausgeführt, welches Material mit welchen Methoden zu welchem Themenaspekt verwendet wurde.

A2.1 Ausgangssituation

Die Einführung in die Themenfelder im Rahmen der Beschreibung der derzeitigen Ausgangssituation in Kapitel 3 basiert weitgehend auf der Analyse vorhandener wissenschaftlicher Literatur, ergänzt um aktuelle Artikel und Kommentare aus den Medien zur Erläuterung der aktuellen Entwicklungen. Weiterhin wurden bereits vorhandene empirische Studien, die nachweislich wissenschaftlich seriös erhoben wurden, aussagefähig und aktuell sind, gesichtet. Die Daten aus den Studien wurden zuvor in Bezug auf ähnliche Fragestellungen (insbesondere Publikumsforschung) bereits ausgewertet und veröffentlicht, sodass auf diese Aussagen zurückgegriffen werden kann (vgl. Leifeld 2014: 46).

Die dort gemachten quantitativen und qualitativen Angaben zur Publikumsentwicklung werden hier vor allem als Tendenzaussage betrachtet, da die Daten von verschiedenen Institutionen mit unterschiedlicher Fragestellung und entsprechend zusammengesetzten Stichproben erhoben werden, die – bis auf wenige Ausnahmen (z.B. Kulturbarometer, Angaben des MIZ) – nicht miteinander vergleichbar sind. Dies ist jedoch zu vertreten, da hier keine quantitative Analyse vorgenommen, sondern lediglich ein Eindruck der gegenwärtigen Situation und Diskussion vermittelt werden soll.

A2.2 Fallstudien

Die gewählten Beispiele in den Fallstudien von Kapitel 4 dienen vor allem der Diskussion und Veranschaulichung der angesprochenen Themen und Fragestellungen. Sie eignen sich eher, um bestimmte Aspekte besser zu verstehen und ‚Typen‘ zu bilden (z.B. freie Ensembles versus Orchester in öffentlicher Trägerschaft, Ensembles mit langer Tradition versus Projektorchester u.ä.). Für den Schluss auf verallgemeinernde Regeln genügt dies als Grundlage nicht, kann aber Tendenzen aufzeigen und weitere Untersuchungen anregen. Die Analyse der Beispiele stützt sich weitgehend auf vorhandene quantitative und qualitative Daten: Dokumentationen und Studien, in Medien als Text oder Ton vorliegende Aussagen von Akteuren, weiteres Medienmaterial wie insbesondere Webseiten, Artikel bzw. Kommentare wurden ausgewertet, analysiert und aufbereitet.

Ergänzend flossen Eindrücke aus der teilnehmenden Beobachtung (FB) von Prozessen im Konzert selbst und im Umfeld ein. Die möglichen Markenmerkmale und die Positionierung der drei Orchester wurden in den Experteninterviews ausführlich angesprochen (vgl. Leitfaden) und sie sind auch aus teilnehmender Beobachtung bekannt. Anhaltspunkte für die Rezeption der Orchester beim Publikum liefern generell die Medienresonanz, die Akzeptanz von Konzerten sowie CDs und DVDs. Indikatoren für eine gesellschaftliche Relevanz sind generell u.a. die Orchesterentwicklung, Tournee- und Konzertdaten, Konzertpartner (Dirigenten, Solisten), Dokumente von Würdigungen (wie das Konzert des WEDO vor den Vereinten Nationen oder für den Papst) und Preisverleihungen (z.B. für ‚Feel the Music', ‚Rhythm is it!'), TV- Ausstrahlungen, Auslastungsquoten und Besucherzahlen.

Grundlage der Betrachtung der medialen und musikalischen Kommunikation sind: die Websites der Orchester und von Partnerinstitutionen, die Facebook-Seiten, Pressemitteilungen und eine Analyse des Repertoires bzw. der Tourneepläne, ergänzt um Presseartikel, Interviews, Radio- und TV-Berichte, Angaben zu Radio- und TV-Sendungen und Livemitschnitten auf CD und DVD.

A2.2.1 Berliner Philharmoniker und ‚Rhythm is it!'

Hier wurden die Informationen auf der Website des Orchesters, zahlreiche Medienberichte sowie Interviews und Filmsequenzen (auf der Website und in den sozialen Medien, insbesondere Facebook und YouTube) sowohl zum Orchester als auch zu den Education-Projekten und den Auszeichnungen ausgewertet. Im Mittelpunkt steht dort das Projekt ‚Rhythm is it!', das als Film dokumentiert wurde und im Jahr 2004 in die Kinos kam, später auch im TV gezeigt wurde. Auch Konzerte dieses Orchesters wurden unter ‚teilnehmender Beobachtung' (FB) mitverfolgt – unter verschiedenen Dirigenten, insbesondere unter Sir Simon Rattle, Daniel Barenboim, Zubin Mehta, Herbert Blomstedt, Claudio Abbado und Mariss Jansons. Unter Markenaspekten interessant war die hohe Medien-Aufmerksamkeit für die Wahl des neuen Chefdirigenten – sowohl die Reaktion auf die ‚Nichtwahl' am 11. Mai 2015 als auch auf die

Pressekonferenz am 23. Mai 2015 mit der Vorstellung von Kirill Petrenko als Nachfolger von Sir Simon Rattle.

A2.2.2 Mahler Chamber Orchestra und ‚Feel the Music'

Ausgewertet wurden hier Informationen auf der Website des Orchesters, von Partnern wie dem Beethovenfest Bonn, Interviews und Filmsequenzen (auf der Website und auf YouTube) sowie zahlreiche Medienberichte sowohl zum Orchester und den Projekten als auch zu den erwähnten Auszeichnungen.

A2.2.3 West-Eastern Divan Orchestra

Grundlage für die Analyse waren Quellen, die Handlungs- und diskursive Daten liefern. Dies sind schriftlich festgehaltene Beobachtungen der Initiatoren zu Intention, Planung, Ablauf und Ereignissen des ersten Workshop-Treffens im Jahr 1999; einzelne Sequenzen sind auch auf DVD dokumentiert. Ergänzend wurden Aussagen aus Interviews mit Musikern einer Studie der Universität Oslo genutzt sowie Beobachtungen des Ablaufs und von Diskussionen im jährlichen Workshop zur Vorbereitung der Konzerttournee 2008. Weiterhin wurden in und von Medien veröffentlichte Beiträge, Interviews und Statements von Musikern und Initiatoren ausgewertet.

A2.3 Wirkungen von Musik, aktives Hören

Die Wahrnehmung und Wirkung von Musik, wie sie in Kapitel 5 zusammenfassend beschrieben wird, wurde wissenschaftlich besonders aus neurologischer und musikpsychologischer Sicht beobachtet. Dazu wurden solche Studien und Artikel aufgegriffen, die den aktuellen Wissensstand wiedergeben, insbesondere vom Max-Planck-Institut und von der Hochschule für Musik, Hannover. Weiterhin sind hier Erkenntnisse aus der musiksoziologischen sowie der allgemeinen und spezifischen Kultur- bzw. Musikpublikumsforschung eingeflossen. Auch diese meist qualitativ ausgeprägten Informationen wurden als Impression, als Tendenzaussage verstanden und verwendet.

A2.4 Markenführung und Kommunikation über Musik

Im Folgenden werden die methodischen Grundlagen der Überlegungen in Kapitel 7 zu Markenführung und Kommunikation über Musik detaillierter erörtert.

A2.4.1 Markenführung

Zum Thema Markenführung ist die allgemeine Marketingliteratur sehr umfangreich, zu Kulturmarken wurden in den letzten Jahren einige Beiträge verfasst – zur Markenführung speziell für Ensembles existieren vor allem Fallbeispiele – und die Recherche ergab keine Ergebnisse im Gesamtkontext Kommunikation mit Musik. Für dieses Kapitel wurden neben der Fachliteratur zu allgemeinen Themen des Markenmanagements, der Markenführung und des Dienstleistungs- und des Kulturmarketings eigene Überlegungen (FB) vorgenommen und durch Experteninterviews ergänzt.

A2.4.2 Kommunikationswirkungen

Allgemein gilt, dass Wirkungen von Kommunikation, z.B. Werbung und PR, kaum messbar sind. In den letzten Jahren kommen zwar verstärkt bildgebende Verfahren zum Einsatz, die zeigen, welche Gehirnbereiche aktiviert werden (vgl.: Gutjahr 2013 – das gesamte Buch nutzt die Einsichten dieser neuen Verfahren) – welche Emotionen, Gedanken und welches Verhalten aber daraus resultieren, lässt sich allenfalls mit intensiver Marktforschung herausfinden. Dies wird in der Konsumgüterindustrie mit hohem Aufwand betrieben, während im Kulturbereich dafür die Mittel fehlen – und bisher auch die Anreize. Wie im Wirtschaftsmarketing auch lassen sich keine einfachen Zusammenhänge zwischen einer Kommunikationsaktivität – etwa Werbung, Pressemitteilung – und dem ‚Kaufverhalten', d.h. Konzertbesuch, geschweige denn einer sozialen Wirkung messen (vgl. dazu: Marketingliteratur und die langjährigen Diskussionen um Versuche, Werbewirkung zu messen). Darüber hinaus sind auch die ‚Vermittlungsansätze' für kulturelle Bildung, u.a. der Musikvermittlung, bisher kaum evaluiert. Seitens des Bundesforschungsministeriums (BMBF) und einigen Stiftungen wurden jüngst Studien veranlasst, die einen systematischen, belastbaren, methodischen Zugang für eine Evaluierung entwickeln sollen.

A2.5 Ganzheitliche Markenführung

Die Grundzüge für die ganzheitliche Markenführung eines Ensembles wurden konsequent hergeleitet aus den ästhetischen Erfahrungen von Publikum und Musikern sowie aus dem vorgestellten identitätsorientierten Ansatz der Markenführung, der um die Besonderheiten von Produktion und Rezeption sowie der Potenziale der klassischen Musik ergänzt wurde. In den Experteninterviews wurden die Überlegungen hinsichtlich Plausibilität und Praxisbezug diskutiert (und bestätigt).

A2.6 Erste Überlegungen für detailliertere Markenstudien

Um die in der Arbeit vorgestellten Überlegungen zur Markenführung zu überprüfen, wäre grundsätzlich ein Ansatz mit einer Herangehensweise z.B. ähnlich dem Markenaudit für Kulturorganisationen (MAK) denkbar (vgl. Baumgarth 2014a: 113), wobei Anpassungen an die Besonderheiten des Musikbereichs vorgenommen werden müssten. Auch solch ein MAK sieht einen Mix aus verschiedenen empirischen Methoden der Sekundär- und Primärforschung mit qualitativen und quantitativen Elementen vor. Mögliche Quellen könnten sein: Befragung von Orchestermusikern und Management-mitarbeitern (im Hinblick auf Identität), interne Fokusgruppen, quantitative und qualitative Besucher- und Nichtbesucherbefragungen, Besucherstatistiken, Social-Media-Monitoring, Branding-Tests (z.B. online), teilnehmende Beobachtung, Inhaltsanalysen von Website, Marketingmaterial, Presseauswertung – also sowohl Primär- als auch Sekundärforschung.

A3 Gesprächsleitfaden halbstandardisierte Experteninterviews

Einleitung, Vorstellung

- Dank für die Gesprächsbereitschaft
- Vorstellung Interviewerin (FB)
- wissenschaftlich-institutioneller Kontext
- Bitte um Erlaubnis zur Tonbandaufzeichnung
- Zusicherung von Vertraulichkeit

Erläuterung des Themas der eigenen Untersuchung

Es geht um die wissenschaftliche Auseinandersetzung mit Kommunikation mit und über klassische Musik mit Fokus auf (1) das Konzert, (2) Deutschland und (3) Ensembles. Die Untersuchung zeigt an drei Fallstudien (sowie ergänzenden Beispielen) die Herausforderungen und möglichen Synergie-Effekte mit Bezug auf Markenführung – daraus werden allgemeine Konsequenzen abgeleitet. Die Perspektive der Festivals und Konzerthäuser ist in ihrer Rolle als wichtiger Partner interessant (auch für Innovationen in Konzertform, Repertoire u.a.).

Fragen

1) Assoziationen zu den Ensembles der Fallstudien
Zunächst geht es (wegen des Markenthemas) um freie Assoziationen im Hinblick auf drei Fallstudien, die behandelt werden. Deshalb bitte ich Sie jetzt um Ihre spontanen Assoziationen zu drei Orchestern: ... (Berliner Philharmoniker, MCO, WEDO nennen)
a) Was fällt Ihnen spontan zu … ein?
b) Wie würden Sie … beschreiben als Person/Charakter?
c) Einzelne Aspekte - ggf. nachfragen: Repertoire, Klang, Name, Logo, prägende Personen, Herkunft und Tradition, prägnante Aktivitäten, vermittlerische und soziale Aktivitäten, gesellschaftliche Bedeutung

2) Markenpositionierung
Im Hinblick auf das Thema Markenpositionierung der drei Orchester (nacheinander):

a) Welches sind besondere Kennzeichen/Merkmale, d.h., woran würden Sie … erkennen und von anderen Ensembles unterscheiden?
b) Was zeichnet ... besonders positiv aus – und was nicht/was sehen Sie kritisch?

3) Außendarstellung/Kommunikation je Orchester
a) Was ist in dieser Hinsicht in Ihrer Erinnerung – was ist aufgefallen kurzfristig/über die Jahre?
b) Welche Aktivitäten sind besonders prägnant etwa bez. Kommunikation, Vermittlung?
c) Wie würden Sie die Stimmigkeit von musikalischem und kommunikativem Auftreten beschreiben?

4) Gedanken und eigene Position zu einzelnen Themen/Aspekten
Nun bitte ich Sie um eine Aussage (kurz, spontan) zu Ihren Gedanken bzw. Ihrer Position zu einigen Themen, die im Kontext mit Ensembles, die heute klassische Musik im Konzert aufführen, diskutiert werden:
a) klassische Musik, klassisches Konzert
b) Musik und Kommunikation
c) Marke und klassische Musik
d) Qualität (evtl. nachfragen: Wie definieren/erkennen Sie Qualität?)
e) Stars/Charisma
f) Aura (des Konzerts)
g) Konzertformate
h) Musikvermittlung
i) Nutzenargumentation (Marketing)
j) soziale Relevanz

5) Ergänzungen zu den drei genannten Ensembles
Nachdem wir nun diese Aspekte angesprochen haben, was möchten Sie rückblickend zu den drei Orchestern noch ergänzen?

6) Freie Anmerkungen
Insgesamt – haben Sie den Eindruck, dass wir noch Punkte, die aus Ihrer Sicht relevant sind, für die Fragestellung vergessen haben? Hätten Sie noch etwas zu ergänzen? Welche Anmerkungen möchten Sie aus Ihrer besonderen Perspektive heraus zu dem Themenspektrum noch machen?

Abschluss & Dank

A4 Zusammenfassung der Experteninterviews

Im Anschluss an die Literaturauswertung, die Erarbeitung von Grundzügen der im Hauptteil befindlichen Kapitel sowie die Entwicklung und Ausarbeitung der Kern-Thesen und des Markenmodells wurden acht halbstandardisierte, leitfadengestützte Experteninterviews geführt, aufgezeichnet und protokolliert. Dies diente dazu, bis dahin entstandene Überlegungen kritisch zu hinterfragen bzw. zu plausibilisieren. Die wesentlichen Aussagen und Ergebnisse der Gespräche sind im Folgenden aufgrund der Zusicherung von Vertraulichkeit gegenüber den Interviewpartnern (nur) zusammenfassend dargestellt.

Hervorzuheben ist, dass alle Gespräche in einer sehr offenen, interessierten und dialogorientierten Weise stattfanden. Die Zusammenfassung orientiert sich an der Struktur des Leitfadens (vgl. Anhang 3). Die Flexibilität aufgrund des halbstandardisierten Vorgehens hat ermöglicht, stark auf die Akzente eingehen zu können, wie die Experten sie jeweils setzen wollten. Insofern wurde nicht jede Frage von jedem Gesprächspartner beantwortet und auch nicht jede Frage gleich intensiv bearbeitet. Dies ist auch den unterschiedlichen Zeit-Reserven geschuldet, die jeweils zur Verfügung standen – die Spanne reichte von 25 Minuten bis zu über 60 Minuten. Auch der Freiraum für weitere Hinweise und Anmerkungen wurde genutzt.

A4.1 Hintergrundinformationen für die Interviewpartner

Die Gespräche wurden teils telefonisch, teils face-to-face geführt. Zu Beginn eines jeden Interviews stand jeweils die Information über Hintergründe und Thema der Untersuchung.

A4.1.1 Einleitung und Vorstellung

Einleitend wurde den Interviewpartnern der institutionelle Kontext erläutert, d.h. die Einordnung der wissenschaftlichen Arbeit in den Rahmen ‚Management von Non-Profit- und Kultur-Organisationen' an der TU Kaiserslautern. Auch der berufliche Hintergrund und die Motivation der Autorin wurden skizziert. Die Gesprächspartner erteilten ihre Erlaubnis zur Tonaufzeichnung und erhielten die Zusicherung der

Vertraulichkeit ihrer Aussagen, was freie, flexible und offene Diskussionen ermöglichte. Aufgrund dessen bleiben die Protokolle für die Öffentlichkeit gesperrt – die Einsichtnahme war allein den Gutachtern und dem Prüfungsausschuss möglich.

A4.1.2 Erläuterung des Themas der Untersuchung

Zur Erläuterung des Themas wurden die Forschungsfragen und die Eingrenzung umrissen: Die wissenschaftliche Auseinandersetzung mit dem Aspekt einer Kommunikation mit und über klassische Musik mit Fokus auf (1) das Konzert, (2) Deutschland und (3) Ensembles wird theoretisch entwickelt und zeigt an 3 Fallstudien sowie ergänzenden Beispielen die Herausforderungen und möglichen Synergie-Effekte mit Bezug auf Markenführung, um daraus allgemeine Konsequenzen abzuleiten. Die Perspektive der Festivals und Konzerthäuser in ihrer Rolle als wichtige Partner (auch für Innovationen in Konzertform, Repertoire u.a.) wurde vor allem gegenüber den Vertretern dieser Akteursgruppe hervorgehoben, um deren Sichtweise zu hören, zugleich hatten alle Gesprächspartner hier eine Vielzahl von Anmerkungen.

A4.2 Assoziationen zu den Ensembles der Fallstudien

Zunächst wurden – auch wegen des Markenansatzes – freie, spontane Assoziationen zu den in den Fallstudien behandelten Ensembles erbeten: Berliner Philharmoniker, Mahler Chamber Orchestra, West-Eastern Divan Orchestra. Zu dieser Frage haben sich alle Interviewpartner – in unterschiedlicher Intensität und Extensität – geäußert. Ein Hinweis zu den zusammenfassenden Erläuterungen hinsichtlich der drei Orchester: die Ziffern in Parenthese bezeichnen jeweils die Anzahl der Nennungen.

A4.2.1 Spontane Assoziationen

A4.2.1.1 Berliner Philharmoniker

Spontan wird das Ensemble als ‚erstklassiges Welt-Spitzenorchester' bezeichnet (3 Nennungen), als Weltmarke mit großer Tradition (2), als Orchester mit einer Vielzahl von Solisten-Stars (2), das das Klassikverständnis prägt. Erinnert wird auch der frühere Claim ‚128 Solisten – ein Orchester' (1). Die Dirigenten Karajan (3), Furtwängler, Abbado, Rattle,

Petrenko (die Wahl als neuer Chefdirigent lag nur einen Tag bis wenige Wochen zurück) wurden spontan genannt. Dieses Orchester ist zudem ungestützt mit Begriffen wie Wertigkeit, Flaggschiff (2), Respekt (3), Hochkultur, Elite bzw. Exzellenz (3), wie auch Präzision und Perfektionismus verbunden. Die Experten erwähnen durchweg auch die innovativen Ansätze, gerade in der Technik – Videos, Tonaufnahmen, Digital Concert Hall (6) und eigenes Label. Erwähnt wird auch die Öffnung und Modernisierung (3) bei Konzerten und Education. Der Saal des Architekten Scharoun wird als den Klang prägend genannt.

A4.2.1.2 Mahler Chamber Orchestra – MCO

Vier Personen nennen ungestützt die Kurzform MCO. Das Ensemble wird als jung, dynamisch, europäisch bzw. international, flexibel, modern empfunden. Ihm wird hohe Qualität und Individualität, ein besonderer Charakter als freies Orchester und eine andere Art des Musizierens mit einer musikalisch-idealistischen Unbedingtheit zugeschrieben. Die Genese aus einem Jugendorchester und aus Projekten heraus sowie die Selbstverwaltung sind bekannt. Es fallen auch Stichworte wie ‚Projektorchester', ‚Idealistenprojekt von Abbado' (2) und der kammermusikalische Ansatz (3) wird spontan erwähnt. Im Hinblick auf die Dirigenten sind die Assoziationen gegensätzlich: mal werden sie als interessant (3) bezeichnet, dann wiederum kommt ein Verweis auf die gegenwärtige Neuorientierung (Kurz nach Abschluss der Interviewphase gab das MCO die Zusammenarbeit mit den Dirigenten Daniele Gatti und Theodor Currentzis im Rahmen einer längeren künstlerischen Partnerschaft bekannt).

A4.2.1.3 West-Eastern Divan Orchestra – WEDO

Drei Personen verwenden ungestützt die Kurzform WEDO. Durchweg alle Gesprächspartner assoziieren spontan als erstes die Gründer Barenboim (7) und Said (3). Es folgt direkt das (ausdrücklich überwiegend so formuliert, obwohl WEDO sich nicht als politisches Orchester sehen möchte) politische, gesellschaftliche Engagement eines Projektorchesters mit einer Friedensbotschaft (8), dem Spannungsgefüge ‚Frieden und Sicherheit'. Beschreibungen in dem Kontext sind: ‚Klassische Musik im Dienst eines gesellschaftlich-politischen Auftrags' (2) bzw. 'im Dienst von Völkerverständigung, Versöhnung und Interkulturalität' (4), mit ‚hoher grenzüberschreitender Symbolkraft' und einem spektakulären Grundkonzept des Israelisch-Arabischen Zusammenmusizieren (3).

Weiterhin wird erwähnt, dass man Freude am spontanen Musizieren und Enthusiasmus erwarte und weniger auf musikalische Qualität bzw. Perfektion achte.

A4.2.2 Beschreibung als Persönlichkeit oder Charakter

Diese Frage haben nicht alle Gesprächspartner beantwortet. Folgende Gedanken wurden zu den drei genannten Ensembles geäußert.

A4.2.2.1 Berliner Philharmoniker

Der Charakter dieses Ensembles zeichnet sich nach Meinung der Interviewpartner stark durch Premium- und Status-Orientierung aus. Die Philharmoniker gelten als sehr selbstbewusste und starke Persönlichkeit (2), zugleich aber auch als ‚leicht verunsichert' [kurz zuvor war die Wahl eines neuen Chefdirigenten im ersten Versuch gescheitert, wobei die Pressevertreter für 14.00 bestellt wurden und erst um ca. 22.00 die der Information folgte, man habe sich nicht einigen können], als kapriziös, als schöne kühle Frau ‚je nachdem, wer vorne steht'. In einem anderen Fall werden sie als cleverer Entrepreneur, als ‚Business-Man', dann auch als aufgeschlossener, englischer, Cabrio fahrender Gentleman beschrieben. Das Automotiv taucht auch in einem weiteren Gespräch auf – dann in der Form von Mercedes, Ferrari oder Bentley. Die Person habe einen Nimbus und sei nicht zuallererst sympathisch, könne zunächst gar als arrogant eingeschätzt werden, was jedoch im näheren Kontakt schwinde.

A4.2.2.2 Mahler Chamber Orchestra – MCO

Der Charakter wird als aufgeschlossen, kommunikativ, freundschaftlich-familiär, nett (4), jung und verspielt, aber zugleich sehr eigen beschrieben. Als Person hat das MCO in der Auffassung der Gesprächspartner ein hohes Musiker-, Künstler-, Standes- bzw. Zunftbewusstsein. Es gilt als ‚nicht saturiert' (2), als internationaler, aber westeuropäisch geprägter, dynamischer Intellektueller mit einem unternehmerischen Geist. Eigenschaften und Werte wie Enthusiasmus, Engagement, Esprit, Elan und Spirit werden zugeordnet.

A4.2.2.3 West-Eastern Divan Orchestra – WEDO

Die Persönlichkeit des WEDO zeichnen nach Meinung der Experten die Merkmale jung (2), neugierig, kommunikativ und engagiert aus. Es sei ein politisch wacher (2) und weltoffener, ein politisch bewegter Charakter, ein Intellektueller mit besonderer Herkunft. Auch Attribute wie ‚mediterran und arabisch' werden genannt, es entstehe eine besondere Energie aus der kulturellen Differenz zwischen Arabern und Israelis. Die besondere Ausstrahlung wirke von Innen nach Außen.

A4.2.3 Nachfrage nach einzelnen Aspekten

Der Leitfaden sah vor, in einzelnen Fällen zu besonderen Aspekten nochmals gezielt Zusatzfragen zu stellen, etwa nach Repertoire, Klang, Name, prägnanten Aktivitäten, prägenden Personen, Logo, Herkunft und Tradition, vermittlerischen und sozialen Aktivitäten. Diese Aspekte wurden im Verlauf der Gespräche jedoch weitgehend im Rahmen der Fragen 1a, 1b, sowie der Fragen 2 und 3 abgearbeitet. Teilweise wurden sie von den Interviewpartnern auch im Verlauf des Frageblocks 4 nochmals aufgegriffen. Entsprechend wurden sie hier in der Zusammenfassung auch zugeordnet.

A4.3 Markenpositionierung

Für das Thema Markenpositionierung der drei Orchester sind als Teilaspekte (a) die besonderen Kennzeichen und Merkmale, mittels derer sie sich von anderen Ensembles unterscheiden bzw. unterscheiden könnten und (b) besonders positive Merkmale oder auch kritische Auffälligkeiten erfragt worden.

A4.3.1 Berliner Philharmoniker

Neben der großen Bekanntheit gilt hier als kennzeichnend, dass die Musik und die hervorragenden Musiker im Vordergrund stehen, um das Orchester mit bestmöglichen Interpretationen zu etablieren, der Dirigent sei ‚Primus inter Pares'. Das Orchester sei ‚State of the Art' im großen Format (2) bzw. Marktführer (2) mit dem Anspruch auf Exzellenz, technische Perfektion, höchste Professionalität (2), Innovations- und Pionier- Stärke. Zugleich wird die Verbindung von Tradition mit Moderne (3) zugeordnet, damit verbunden eine Offenheit (4) und ein fester Platz in der Gesellschaft Berlins. Auch der im Logo präsente Saal mit einem besonderen Klang des Orchesters prägt die Positionierung. Ebenfalls hervorgehoben wird die finanzielle Stärke. Teilweise wird angemerkt, dass das Orchester in der Karajan-Ära und darüber hinaus das Bild der Öffentlichkeit von ‚klassischer Musik' geprägt habe. Die Überlegung, dass der musikalische Excellenz-Anspruch, der zunächst eine Distanz zur Öffentlichkeit entstehen lasse, dennoch in Einklang mit der Öffnung für die Menschen im Rahmen der Education-Arbeit stehen könne, wurde als plausibel erachtet. Eine Beschreibung anhand des Ausdrucks ‚Einklang in Vielfalt' passe gut zu diesem Orchester. Nachdem eine Reihe anderer Orchester sich qualitativ deutlich verbessert habe, stelle sich heute durchaus die Frage nach einem Alleinstellungsmerkmal.

A4.3.2 Mahler Chamber Orchestra – MCO

Für die Positionierung des MCO gelten Merkmale wie Aufgeschlossenheit, Internationalität (3), Qualität bzw. hohes Niveau (4), aber auch Freundschaft, Unabhängigkeit, Flexibilität (3) und Menschlichkeit als kennzeichnend. Dass das MCO im Netzwerk mit künstlerischen Partnern und Residenzen arbeitet, wird mehrfach erwähnt und als wichtige Determinante für die künftige Entwicklung eingeschätzt (3). Der kammermusikalische Ansatz und das Konzept der Programme, die ohne Dirigent von renommierten Solisten geleitet werden, wird hier nicht genannt. Obwohl allen Gesprächspartnern bekannt ist, dass das Orchester projektbezogen arbeitet und reist, wird der Bezug zum zentralen Begriff der Reise bzw. ‚journey' (ungestützt und gestützt) nicht bestätigt. Ungestützt ist auch das Projekt ‚Feel the Music' (3) nicht bekannt, wird gestützt jedoch teilweise (3) erinnert. In mehreren Fällen ist die Verwechslung mit dem Chamber Orchestra of Europe COE (4) festzustellen, und auch eine Nähe zur Kammerphilharmonie Bremen (2) wird konstatiert. Das neue Logo wurde erst nach den Interviews platziert und konnte daher nicht abgefragt werden.

A4.3.3 West-Eastern Divan Orchestra – WEDO

Die Positionierung ist nach wie vor geprägt durch Daniel Barenboim. Sie zeichnet sich aus durch eine klare, ‚tolle Geschichte', in der die Musik Brücken baue, mit Engagement und Emphase Musik für alle gemacht werde. Die Idee mit einer philosophischen und politischen Dimension, die eine Botschaft von innen nach außen (2) transportiere, stehe klar im Fokus (3), weniger das musikalische Niveau. Der Claim ‚Equal in Music' ist keinem Interviewpartner präsent, weder gestützt noch ungestützt. Ebenso wenig sind die entsprechende Twitteradresse oder das Logo bekannt. Eine inhaltliche Nähe zu El Sistema [Musikerziehungsprogramm in Venezuela] wird teils angesprochen (2).

A4.4 Außendarstellung und Kommunikation je Orchester

Diese Fragen beziehen sich sowohl (a) auf den kommunikativen Auftritt als Orchester in Öffentlichkeit und Medien, wie auch (b) auf Teil-Aspekte wie Marketing, Musikvermittlung, den kommunikativen Eindruck während des Konzerts. Die zunächst vorgesehenen Teilfragen wurden aufgrund der Gesprächsverläufe oft so nicht gestellt – stattdessen wurden seitens der Interviewerin hin und wieder in anderem Kontext dazu Nachfragen gestellt oder Aussagen ergänzt bzw. kommentiert. Zu der Teilfrage (c) hat sich keiner der Interviewpartner geäußert.

A4.4.1 Berliner Philharmoniker

Die Wahrnehmung der Außendarstellung des Orchesters ist durch eine starke Medienpräsenz gerade in den Wochen und Monaten vor den Experteninterviews geprägt und dies betrifft sowohl die nicht gelungene Wahl eines neuen Chefdirigenten am 11. Mai 2015 sowie die anschließende als unglücklich wahrgenommene Kommunikation, wie auch die gelungene Wahl und öffentliche Verkündung des ‚Rattle-Nachfolgers' am 22. Juni. Weiterhin wird die Kommunikation als umfassend, aber relativ puristisch eingeschätzt. Stark wahrgenommen werden auch die Übertragung von Konzerten in TV und Radio (u.a. Sylvesterkonzert, Waldbühne, während das Maikonzert nicht genannt wird). Der frühere Claim – 128 Musiker, 1 Orchester – wird immer noch genannt (2), während das Logo ungestützt nicht beschrieben werden kann. Die pentagone Form wird gar nicht genannt, die Farbe Gelb wird eher dem Label ‚Deutsche Grammophon', die jahrelang die Platten des Orchesters verlegte, zugeordnet und weniger dem Logo des Orchesters selbst. Im Hinblick auf die Education-Aktivitäten ist der Film ‚Rythm is it' nach wie vor – nach über 10 Jahren noch – präsent (5) und wird als vorbildlich für den pädagogischen Ansatz eingestuft (2). Weiterhin wird betont, dass das Orchester im Gegensatz zu vielen anderen über erhebliche Ressourcen für eine umfassende Etablierung der Musikvermittlung verfüge. Hier wird kritisch angemerkt, dass es innovative Ideen kleinerer Ensembles aufgreife und diesen mit seiner besseren Ausstattung mit Finanzen und personellen Ressourcen dann öffentlichkeitswirksam zur

Etablierung verhelfe und davon stärker profitiere als die eigentlichen Erfinder. Ähnlich wird dies im Hinblick auf das Angebot neuer Konzertformate angemerkt.

A4.4.2 Mahler Chamber Orchestra – MCO

Die Kommunikation des MCO wird als nicht sehr präsent (2) bzw. als ‚mir nicht aufgefallen' (3) beschrieben (Hinweis: alle Interviews fanden vor dem Marken-Relaunch statt). Dies wird von mehreren Interviewpartnern (3) darauf zurückgeführt, dass das Orchester vor Ort nicht präsent ist und darauf, dass derzeit ein Dirigent fehle (3), der dem Orchester ein Gesicht gebe (Hinweis: die Benennung zweier Dirigenten als künstlerische Partner erfolgte im Rahmen des Marken-Relaunch, also kurz nach Abschluss der Interviewphase). Das (bisherige) Logo mit dem Akronym wurde von 2 Personen genannt. Relativ bekannt ist das MCO für seine Nachwuchsarbeit mit den Orchesterworkshops und Akademie-Aktivitäten (3). Die ‚Beethoven-Journey' und das mit einem Marken-Award ausgezeichnete Projekt 'Feel the music' sind teils nicht bewusst (3) bzw. nur gestützt bekannt (3). Gestützt werden sowohl die ‚Journey' als auch der ‚Feel the Music'-Ansatz als stimmig eingeschätzt (2). Außerdem wird dem MCO zugeordnet, dass es früh mit neuen Konzertformaten, u.a. in Clubs und im Radialsystem Berlin gearbeitet hat (2).

A4.4.3 West-Eastern Divan Orchestra – WEDO

Die Wahrnehmung der Kommunikation des WEDO konzentriert sich auf die Story sowie auf Konzerte und Dokumentationen, die von den Medien (Radio, TV, Web) übertragen werden (3). Dass Logo und Claim nicht bekannt sind (5), führen die Gesprächspartner darauf zurück, dass das Orchester nicht präsent ist vor Ort, keine Heimat habe (3). Teilweise kritisch hinterfragt wird der Zugang zur Macht und zu öffentlichen Mitteln, sowie die ‚Verwendung' von Musik für politische Zwecke (2). Im Hinblick auf das Stichwort ‚Vermittlung' weisen mehrere Experten darauf hin (3), dass solche Konzerte wie die des WEDO mit zu den wirksamsten Formen der Musikvermittlung gehörten.

A4.5 Eigene Position zu einzelnen Themen und Aspekten

Im Anschluss an die Betrachtung der Fallstudien wurden in den Interviews (vgl. Leitfaden Fragenkatalog) einzelne Aspekte der zentralen in der Arbeit behandelten Themen angesprochen. Die Gesprächspartner wurden um spontane Aussagen und Überlegungen aus ihrer Perspektive und beruflichen Position heraus gebeten zu diesen Diskussionspunkten im Kontext mit Ensembles, klassischer Musik im Konzert.

Die Reihenfolge für die Stichpunkte orientierte sich an der Liste im Leitfaden und wurde in den meisten Gesprächen auch so bearbeitet. Teilweise gab es Sprünge, so werden u.a. Musik, Kommunikation und Aura als zusammenhängend eingeschätzt und auch Konzertformat und Musikvermittlung als ineinander übergehend betrachtet. Teils wurden einzelne Punkte ausgelassen, wenn die Interviewpartner hierzu eher geringe berufliche Bezüge sahen oder das Zeitbudget erschöpft war. Innerhalb der Blöcke werden im Folgenden einzelne Teil-Themen wiederum sinngemäß gebündelt, bspw. die Diskussion um Begrifflichkeiten, Aura und Charisma, Qualität oder um die Krise des Konzertes.

Um einen Eindruck zu vermitteln, wie sehr die ein oder andere Sichtweise dominiert, mehrfach angesprochen oder Themen kontrovers eingeschätzt werden, sind in Parenthese die Kürzel der Gesprächspartner gesetzt, die den jeweiligen Aspekt thematisierten (vgl. Abb. 14, Namen alphabetisch). Es handelt sich jedoch nicht um Zitate, sondern um eine sinngemäße Widergabe und Zusammenfassung. Insgesamt fällt auf, dass einige Aspekte durchgehend fast einheitlich eingestuft werden, während zugleich andere Sichtweisen und Gedanken auf die Themen teilweise sehr unterschiedlich sind. Auch Interdependenzen wurden deutlich zwischen Kommunikation, Marketing, Formaten, Vermittlung sowie zwischen sozialer Relevanz und Nutzen-Argumentation.

KMH	Kai-Michael Hartig	GM	Gerald Mertens
LL	Laurens Langevoort	HN	Holger Noltze
BL	Berenike Langmaack	AR	Andreas Richter
JL	Jörg Lengersdorf	TS	Thorsten Schmidt

Abb. 14: Namen und Kürzel der Interviewpartner

A4.5.1 Klassische Musik, Klassisches Konzert - Frage 4a

A4.5.1.1 Begriffe

Beide Begriffe wecken ein breites Spektrum an Assoziationen und Gedanken.

Der Begriff ‚klassische Musik' wird als ‚unscharf' insofern eingestuft, als eine Abgrenzung als schwierig gilt und teilweise auch nicht gewollt sei. Die Grenzen seien inzwischen fließend geworden und man solle das Hineinstellen in eine antiquierte Ecke vermeiden (TS, GM). Eine zu starke Eingrenzung wirke eher abschreckend und verhindere somit Relevanz (GM). Hier wird das Kontrastpaar ‚gute und schlechte Musik' als passender vorgeschlagen und dafür plädiert, z.B. komplexe Filmmusik mit einzubeziehen (GM). Mehrfach wird 'Zeitlosigkeit' mit klassischer Musik assoziiert (JL, KMH, TS, HN). Diese Musik habe eine besondere Form und Qualität, die dazu führt, dass sie entdeckt bzw. wieder entdeckt werden sollte. Wie so oft wird dies auch hier am Beispiel Bach – Mendelssohn unterstrichen (KMH), aber auch das Beispiel Mahler – Rott (GM) wird genannt. Alle Interviewpartner betonen, wie sehr diese Musik existentielle Fragen des Menschen thematisiere und transportiere, etwa Freiheit und Selbstbestimmtheit (am Beispiel Beethoven, KMH) und wie sehr sie damit anschlussfähig an aktuelle gesellschaftliche Themen und Diskussionen sei. Dennoch wird vor einer Hierarchisierung von Kunst- und Musikformen im Sinne von ‚höherstehend' gewarnt (KMH, GM).

Mit dem Begriff ‚Konzert' ist verbunden, dass Musiker ‚unverstärkt' solche Musik machen (JL), die – am Beispiel Beethoven versus Rockmusiker – losgelöst vom Komponisten aufgeführt werden kann und dauerhaft als wertvoll, als Bereicherung des Lebens empfunden wird. Dem Konzert wird das besondere Flair einer schöneren Welt mit Ereignis-Charakter (BL), mit einer besonderen Energie (JL) zugeordnet. Hervorgehoben wird außerdem die Vielfalt von Klang und Stille als spezifisches Element eines Klassikkonzertes (KMH). Die hohe Komplexität erfordere zudem ein besonderes Maß an Konzentrationswillen und -fähigkeit (LL, TS).

A4.5.1.2 Krise und Quotenkiller?

Die Stichworte ‚Klassik als Quotenkiller', ‚Klassik in der Krise' stießen auf kritische Repliken. Auf die Prognosen für die Entwicklung der Publikumszahlen reagieren Konzerthäuser und Festivals mit dem Hinweis, dass es fragwürdig sei, einen statistisch berechneten Trend einfach fortzuschreiben, ungeachtet der zahlreichen Aktivitäten im Klassikmarkt (LL, TS, JL) Die Herausforderung sei erkannt und ‚Audience Development' (LL, TS) mit Maßnahmen zur Publikumsgewinnung und -bindung werden umgesetzt. Den fehlenden oder mangelnden Schul-Musik-Unterricht versucht man, durch Musikvermittlung auszugleichen (HN).

Kritisch werden die möglichen Folgen der klammen kommunalen Haushaltssituationen und die Begrenzung klassischer Musik in Hörfunk und TV wahrgenommen (LL, TS). Darüber hinaus sei zu akzeptieren, dass nicht alle Menschen für klassische Musik zu begeistern seien (TS). Wichtiger sei, daran zu arbeiten, dass klassische Musik eine Relevanz habe und bewahre (s.u). Ergänzend wurde angemerkt, dass nicht die Musik in eine Krise gerate, wenn ganze Generationen nicht mehr über eine längere Zeit konzentriert bleiben könnten, sondern dass dies ein gesellschaftliches Problem werde, das sich dann auch am Arbeitsplatz bemerkbar mache (LL).

A4.5.2 Musik und Kommunikation - Frage 4b

Die Gesprächspartner betrachten Musik als Form und Thema der Kommunikation in unterschiedlichen Facetten.

A4.5.2.1 Musik als Form der Kommunikation

Die befragten Musiker sehen Musik zum einen als Parallele zur Sprache, jedoch können andere Inhalte und Ebenen in sehr viel feineren Nuancen und Schattierungen angesprochen werden (BL, JL). Weiterhin findet eine Auseinandersetzung mit den vermuteten Intentionen der Komponisten und Fragen nach Interpretationsmöglichkeiten und -freiheit statt (BL), u.a. im Hinblick auf Dynamik, Klangfarbe, Charakter, Timing (JL, BL). Zum anderen wird die Wechselseitigkeit der Kommunikation von der Bühne zum Publikum und zurück als Idealfall und Merkmal hoher Qualität angesprochen (JL), in dem die Musik ihre Aura und Kommunikationskraft entfalten kann (TS, HN).

A4.5.2.2 Musik als Thema der Kommunikation

Außerdem wird, gerade aus Sicht von Festivals, Konzerthäusern und Musikvermittlung (TS, KMH, HN) die Musik auch als Thema der Kommunikation gesehen, sowohl für die Künstler untereinander, als auch für das Publikum. Deutlich wird hier dann auch ein Bezug zur

Konzertpräsentation, -gestaltung, -programmierung (TS), ebenso wie zu Musikvermittlung und zum Marketing (JL, HN). An der Schnittstelle zum Marketing zeigen sich Verbesserungspotentiale, was u.a. das Spezifikum des ‚Teilens einer kollektiven Erfahrung' betrifft (KMH).

Dazu werden eigens Formate und Anlässe geschaffen, u.a. werden die Formate ‚zweimal hören' (Körber-Stiftung) und ‚Nach(t)gespräche' (Konzerthaus Berlin) erwähnt, die den Austausch des Publikums untereinander fördern. Dies sei jedoch ausbaufähig. ‚Zweimal hören' etwa sieht vor, dass ein Werk zunächst unvoreingenommen angehört wird, gefolgt von einer Moderation, ggfs. mit Interview, gefolgt von der erneuten Aufführung desselben Werks und dann von einem Austausch und Zusammentreffen von Hörern mit Musikern und Moderatoren. Ergänzend zu den inzwischen etablierten Konzerteinführungen wird dies als Möglichkeit eingestuft, das Publikum mehr einzubeziehen, es nicht nur als Marketing-Zielgruppe zu sehen, sondern es mehr als integralen Teil des Gesamtkonzeptes, des Konzert-Gelingens zu verstehen. Ein wichtiges Thema ist, Barrieren abzubauen, wie etwa den Eindruck, zum Hören klassischer Musik gehöre, Noten lesen zu können (HN, BL, JL).

A4.5.2.3 Bezug zu Marketing und Musikvermittlung

Mehrfach wurde angesprochen, dass jede Form von Kommunikation auch als Teil von (so nicht bezeichneter) Musikvermittlung sei, bzw. diese gar verhindern könne. Ziel müsse sein, auf verschiedenen Wegen Neugier und Interesse zu wecken und Türen zu öffnen (HN, JL). Die Häuser in Dortmund, Köln und Berlin (Konzerthaus und Philharmonie) gelten als Beispiele, die Offenheit signalisieren und deutlich machen, dass sie ihre Angebote nicht einer ‚kleinen Elite' vorbehalten (KMH). Es sei notwendig zu kommunizieren, wie viel Energie klassische Musik im Konzert entfalten kann, gerade als Replik auf das Vorurteil, Klassik sei zu leise, oder zu langweilig (JL). Außerdem solle die Kommunikation natürlicher und authentischer werden (JL).

A4.5.3 Marke und klassische Musik - Frage 4c

Das Thema ‚Marke' zeigt, dass trotz der Öffnung des Klassikmarkts für Themen des Marketing ein teils noch eher diffuses Verständnis von Marken in der klassischen Musik besteht.

A4.5.3.1 Spannungsfeld zwischen Authentizität und Verkaufsdruck

Marken werden teilweise noch mit oberflächlicher Etikettierung oder ‚Verlabelung‘ gleichgesetzt, auch unter dem Eindruck dessen, wie einige Plattenfirmen ihre ‚Stars’ reduziert auf Äußerlichkeiten (Nennung der Kleid-Designer im Programmheft) und auf Plattencovern vermarkten. Hier wird vor einem Übergang zu oberflächlichem Verkaufen kritisch gewarnt (TS), weil die Musik mit ihren großen Werken dadurch zu sehr in den Hintergrund gerate.

Zustimmung besteht überwiegend dahingehend, dass Marketing und Marken notwendig sind, um Publikum aufmerksam zu machen auf Konzerte, Solisten und Ensembles. Insofern werden auch die sich dadurch bietenden Chancen gesehen, zumal die Musik bereits die Emotionen enthält, die eine Markenbildung unterstützen (BL, TS, GM, AR). Markenbildung wird darüber hinaus als strategischer Ansatz zum Erreichen gesellschaftlicher Relevanz eingestuft (GM, LL, AR). In der Markenbildung sei wichtig zu berücksichtigen, dass ein Orchester ein lebendiger Organismus ist (BL), dem ein Dirigent Inspiration, Freiheit, Impulse geben kann. In den USA sei es einfacher für einen Dirigenten, den Klang eines Orchesters in seinem Sinne zu prägen, weil er Musiker fast nach Belieben austauschen könne. In Deutschland hingegen habe ein Orchester als solches eine stärkere Position und auch Kontinuität.

Wahrgenommen wird ein Spannungsfeld zwischen Verkauf und Authentizität (GM, BL, JL). Wichtig ist allen Experten, dass die Marke nicht mit oberflächlichem ‚Werbesprech' als Etikett oder leere Hülle entwickelt wird, sondern mit Authentizität und im Einklang mit der Musik als Substanz. Als gelungene Beispiele gelten Künstler oder Ensembles, wie u.a. Berliner Philharmoniker, Mailänder Scala, Maria Callas (LL), Placido Domingo (BL). In dem Kontext wird auch das Instrument des Storytelling als wichtig hervorgehoben (LL, KMH).

A4.5.3.2 Elemente von Markenführung

Für die Markenführung wird die Notwendigkeit hervorgehoben, als Orchester bzw. Ensemble den eigenen Markenkern und die eigene Kernbotschaft zu identifizieren und daraus eine Unverwechselbarkeit mit USP zu definieren, d.h. die Marke von Innen nach Außen zu entwickeln (GM, JL). Wichtig sei auch, sie kontinuierlich weiter zu entwickeln und nicht mit jedem Wechsel eines GMD [General-Musik-Direktor] einen gänzlich neuen Auftritt einführen zu wollen (neues Logo, neuer Claim, neues Design). Hier wurden Negativ-Beispiele genannt, wie Stadttheater teilweise bei Intendantenwechseln verfahren und damit die Nachhaltigkeit ihrer Kommunikationspolitik in Frage stellen und damit gegen Grundregeln der Markenführung wie u.a. Wieder-Erkennbarkeit verstoßen (GM). Authentizität könne außerdem nur entstehen, wenn Musiker, Gremien, Hörer und weitere Stakeholder eingebunden werden (GM).

Dann aber könne eine Marke durchaus intern und extern Orientierung geben. Das sei für ein Orchester mit eigenem Haus leichter machbar als z.B. für ein Opernorchester oder ein Konzertorchester ohne eigenes Haus oder ohne regelmäßige Residencies (GM, AR). Deutlich wird auch, dass hier teilweise erhebliche finanzielle Mittel und Ressourcen verschwendet werden und dennoch eine eher kontraproduktiv wirken. Als Beispiele für Organisationen, die langfristiger ausgerichtet agieren, werden u.a. die Sächsische Staatskapelle Dresden, das Gewandhausorchester Leipzig, das Konzerthaus und die Philharmonie in Berlin genannt (GM).

A4.5.3.3 Bezug zur Kulturpolitik

Auch das Spannungsfeld zwischen Orchestern, Festivals und Konzerthäusern einerseits und der Kulturpolitik auf Länder- und kommunaler Ebene wurde thematisiert, u.a. an den Beispielen Bonn und Beethovenfest. Hier wird als wünschenswert gefordert, dass die Kommunal- oder Landes-Kulturpolitik mit Verantwortungsbewusstsein eine nachhaltige Kultur-Entwicklungsplanung formuliert und umsetzt (GM, KMH). Eine stimmige Markenpolitik von Kultur-einrichtungen, die auch den sozialen Nutzen in Form von Integration, Kultur für breite Bevölkerungskreise deutlich macht, sei an dieser Stelle als Erfolgsfaktor auch für die Verteilungskämpfe um Ressourcen einzustufen.

A4.5.4 Qualität - Frage 4d

Das Stichwort ‚Qualität' löste eine Vielzahl sehr unterschiedlicher Anmerkungen aus, zumal das Verständnis von ‚Qualität' sehr heterogen ausgebildet ist.

A4.5.4.1 Musikalisches Handwerk und Wertigkeit

Aus Sicht von Musikern macht das Zusammenwirken von exzellent beherrschtem handwerklichem Können, emotionaler, menschlich-geistiger Reife und Kommunikationsfähigkeit die Qualität aus (BL, JL).

Betont wird hier vor allem, dass Kunst erst dann entstehen kann, wenn persönliche Gefühle und Befindlichkeiten kontrolliert und zurückgestellt und jegliche Sentimentalität vermieden werde. Thematisiert wird hier erneut die kommunikative Ebene zwischen Musikmachenden und Musikhörenden. Ein wichtiger Faktor seien auch musiktheoretische Kenntnisse, um ein Werk zu erarbeiten und zu verstehen und dabei zentrale Mechanismen von Musik – Kompositionstechnik, Harmonielehre, Formenlehre, musikalische Traditionen – in der Interpretation berücksichtigen zu können (BL).

A4.5.4.2 Kommunikationsfähigkeit

Die Qualität des Musizierens und der Kommunikation sind wichtige Faktoren für die Aura eines Konzertes. Gemeint ist sowohl die Kommunikation der Musiker untereinander (gemeinsames Atmen, Einklang im Zusammenspiel) wie auch mit dem Publikum, die eine besondere Energie entstehen lassen und dafür sorgen könne, dass die in der Musik liegende Mitteilung ankommt (JL, HN). Hier fällt auch das Stichwort ‚Gänsehaut'. Ähnlich wird das Thema ‚Musikvermittlung' als Kommunikationsaufgabe gesehen. Insgesamt mache Qualität aus, wenn ‚das Päckchen' ankommt: (HN) die Mitteilungsstrategie eines Orchesters, eines Solisten, eines Konzerthauses. Zum Hinweis, dass bei der Heidelberger Music Conference von Seiten einiger Intendanten oftmals die Aussage komme, ‚Qualität ist alles' wurde angemerkt, dass Qualität auch als Komplex aus Inhalt (profundes Programm), den richtigen Partnern, einer individuellen Aussage und Authentizität im Kontext mit Kommunikationsfähigkeit zu sehen sei (TS).

A4.5.4.3 Technische Perfektion und Medien

Qualität in Hinblick auf technische Perfektion wird auch im Hinblick auf die allgemeine Verfügbarkeit von CDs, DVDs, Streaming, sonstigen Medien thematisiert. Dies mache etwa lokale Konzerte vergleichbar mit Aufnahmen internationaler Spitzenensembles und Stars. Zugleich wird darauf verwiesen, dass das musikalische Niveau auch in der ‚Provinz' deutlich gestiegen sei (GM). Da die Qualitätsansprüche sowohl auf Seiten der Musiker als auch des Publikums sehr hoch geworden sind, werden gerade angesichts einer Freizeitkonkurrenz zu anderen Angeboten die Menschen nur dann erreicht mit Programmen, die ebenso professionell und qualitativ hochwertig gemacht werden (GM). Nicht zuletzt wird Qualität zumindest in Teilen des Publikums oftmals mit der Anwesenheit von Stars gleichgesetzt (JL).

A4.5.5 Stars und Charisma - Frage 4e

Beim Stichwort Stars und Charisma haben die Interviewpartner sehr unterschiedliche Anmerkungen geäußert.

A4.5.5.1 Faszination und Publikumsmagneten

Zum einen wird den so genannten Klassikstars sehr hoher Respekt entgegen gebracht – aus der Anerkennung der technisch-künstlerischen Höchstleistungen, wie auch der nervlichen Belastungen (Vergleich mit Sport und Gladiatoren) heraus. Teilweise wird als ungerecht empfunden, dass Personen, die als Musiker weniger ernsthaft auftreten, den größeren Erfolg haben (Follower in den Sozialen Medien etwa). Dazu wird mehrfach das Beispiel des eher glamourösen David Garrett im Kontrast zum von hoher Ernsthaftigkeit geprägten Frank Peter Zimmermann genannt. Ebenfalls mehrfach wird die Fähigkeit von Stars herausgestellt, Publikum anzuziehen, Faszination und einen gewissen Glamour entstehen zu lassen (JL, LL, HN). Oft sei die Zufriedenheit eines Publikums mit einem Konzert nur deshalb höher, weil bzw. wenn ein Star anwesend gewesen sei (JL, LL). Deutlich gemacht wird hier der Konnex zu Authentizität und Menschlichkeit einerseits, andererseits die Beobachtung von Tendenzen zu ‚Popstar-Images' (Lang Lang, Yuja Wang, David Garrett).

A4.5.5.2 Authentizität

Eine weitere Beobachtung ist, dass es einerseits äußerst authentische und kommunikationsstarke Persönlichkeiten gebe, wie etwa Placido Domingo oder Maria Callas (BL, LL), während zugleich auch eher introvertierte und dennoch ausdrucksstarke Persönlichkeiten wie Grigory Sokolov ebenfalls ein Charisma entfalten könnten (TS). Aura und Charisma werden im Übrigen teils wie Synonyme verwendet. Charisma entstehe, wenn Musiker tun, was sie gerne und gut tun, sich von Konventionen lösen, von Ängsten, auch Auftrittsängsten, während des Musizierens bei sich selbst und in der Musik zu sein (BL). Angemerkt wird weiterhin, dass man nicht immer internationale Stars einsetzen müsse, sondern auch lokale Stars oder Idole aufbauen könne (GM), wie etwa die Sänger der städtischen Bühnen, Solisten oder

Konzertmeister des städtischen Orchesters. Starqualität müsse stets aus der künstlerischen Qualität folgen (GM).

A4.5.5.3 Reichweite

Deutlich wird auch, dass selbst in der Klassikszene höchst bekannte Persönlichkeiten in der allgemeinen Bevölkerung jedoch durchaus unbekannt sein können; So wurde am Beispiel Anne-Sophie Mutter die Frage gestellt, wer außerhalb der Klassikszene, etwa im Fußballbereich, diese renommierte Musikerin kenne (GM). Hier wird auch ein Kontrast zu Ländern wie den USA beobachtet, in denen Klassikstars (bspw. Renée Fleming) bei nationalen Sport-Anlässen auftreten. Insgesamt wird als wichtig betrachtet, dass für unterschiedliche Hörer-Interessen eben auch eine Vielfalt an Stars da sein sollten – das Bild vom Garten nutzend, in dem jede Pflanze ihren Platz hat (HN) als Plädoyer für Vielfalt statt einseitige Einstufung darüber, was gut und was schlecht sei. Kritisch wird ‚leere Anbetung' gesehen, wenn unbeschadet der tatsächlichen Performance eine Person oder ein Ensemble bewundert und gelobt werde (HN).

A4.5.6 Aura des Konzertes - Frage 4f

Auch der Begriff ‚Aura' rief sehr unterschiedliche Äußerungen hervor, wobei auch Walter Benjamin erwähnt wurde (HN, JL). Wo der Begriff personenbezogen und dann (fast) synonym mit Charisma verwendet wurde, sind die entsprechenden Äußerungen unter 4e) mit Stars & Charisma zusammengefasst.

A4.5.6.1 Aura von Werken und Komponisten

Neben Personen wird einigen zentralen Werken der Musikgeschichte eine Aura zugeordnet, die über ihre Aufführungsgeschichte hinweg entstanden ist und weitergetragen wurde (JL): als Beispiel wird hier u.a. Beethovens neunte Sinfonie genannt, die als Gipfelpunkt einer Gattung sogar von den Menschen anerkannt werde, die Sinfonien mit Chorfinals generell ablehnten. Auch dem Namen von wichtigen Komponisten wie Bach, Beethoven wird eine Aura zugeordnet. Die Klassik lebt danach von der Aura der Schöpfer und der Aufführungsgeschichte „die an den Werken hängen geblieben" ist – als in Werken verhaftete besondere Qualität und Tradition (JL, KMH).

A4.5.6.2 Merkmale zur Beschreibung der Aura des Konzertes

Den Sichtweisen in den Interviews auf die Aura des Konzertes ist gemeinsam, dass man damit besondere Merkmale und eine ganz besondere Atmosphäre zu beschreiben versucht, die dem klassischen Konzert eigen sein kann. Zum einen wird Aura als ein Weg zur Kommunikation von Musik zu Publikum, und von Musikern zum Publikum sowie zurück, hervorgehoben (HN). Weiter wird sie als Energie beschrieben, die durch hohe musikalische Qualität, durch ein besonderes Timing entsteht (JL). Neben der besonderen Energie und Atmosphäre wird die Stille – wie sie auch von namhaften Dirigenten betont wird (Abbado, Barenboim, Chailly) – hervorgehoben, die es nur in Verbindung mit dem klassischen Konzert gibt (KMH). Sie kann dem Publikum wie auch den Musizierenden ganz besondere Erfahrungsmomente bescheren und eine hohe Energie in völliger Stille entstehen lassen. Hier wird verwiesen auf nationale Gedenkminuten der Stille, in denen der Lärmpegel angehalten wird. Insgesamt sei die Stille ein einzigartiges Merkmal des Konzertes. Mehrfach wurde hervorgehoben, dass die Aura des Konzertes stark nicht nur von der Qualität des Musizierens, sondern sehr stark auch vom Rahmen und Format des Konzertes bestimmt oder unterstützt wird (LL, HN, JL, KMH, BL, AR)

A4.5.7 Konzertformate - Frage 4g

Konzertformate werden als sehr bedeutendes Thema eingestuft (TS, LL). Die Interviewpartner unterscheiden hier zwischen Inhalten und Präsentationsformen. Wichtig war den Experten, dass die Form dem Inhalt folgen müsse und dass auch das traditionelle ‚normale Ritual des Konzerts' ein zentrales Element für die Wahrnehmung ist. Jegliche Variation der Form müsse einen inhaltlichen Sinn haben, inhaltlich stimmig sein (TS, LL, BL, JL, AR).

A4.5.7.1 Inhalte

Auf der inhaltlichen Ebene wird zunächst die traditionelle Form des Programms genannt, in der bei Orchesterkonzerten Ouvertüre, Solokonzert und Sinfonie miteinander kombiniert werden (BL). Erwähnt wird auch, dass Liederabende und Kammermusik, wie etwa Streich-Quartett, spezifische Formate bedingen (BL). Als relevant für die inhaltliche Ebene wird außerdem gesehen, dass Orchester und Kammermusik-Interpreten sich wagen durchaus sollten, auch neue, oder selten gespielte

Werke – mit hoher Qualität – in ihre Programme aufzunehmen (BL, LL). Dies könne neue Perspektiven eröffnen, indem es dem Publikum das Erlebnis biete, sich auch auf solche Musik einzulassen, die man zuvor nie gehört hat. Es sei eine Chance, wenn die Spitzenorchester auch zu wichtigen Anlässen und ‚Events', wie dem Silvesterkonzert durchaus Neues wagen (BL), also Werke aufführen, die nicht jeder kennt. Angesprochen wurde auch, dass unbekannte, neue Werke teils auch eine andere Präsentationsform benötigen (KMH).

A4.5.7.2 Präsentationsform und -ort

Hier bestand die einhellige Auffassung aller Experten, dass Experimente mit der Form durchaus interessante Erfahrungen ermöglichen, dass aber stets die Form dem Inhalt folgen und dienen müsse. Variationen und Modifikationen des traditionellen Formats beginnen beim Auftreten der Musiker, z.B. ohne Frack, wie etwa bei ‚Casual Concerts' (BL, AR) oder bei Kinderkonzerten. Andere Varianten sind der zeitliche Beginn des Konzerts, etwa bei den so genannten Lunchkonzerten (LL) oder Late-Night-Konzerten (AR) oder ganzen Konzertnächten, bspw. im Radialsystem Berlin (AR), wo in verschiedenen Sälen von 21 bis 23 Uhr Musik parallel gespielt wird, vom großen Orchesterwerk bis zur Kammermusik. Angesprochen werden auch Kurzkonzerte als ‚niederschwellige Angebote' (TS). Auch die Wahl neuer, ungewohnter Konzertorte, wie Clubs (AR), alte Schwimmbäder (TS) ist hier zu nennen. Gewarnt wird an dieser Stelle vor Aktionismus (BL), der die Hörer vom Wesentlichen, von der Musik, ablenkt aus dem Wunsch – oder der Versuchung – heraus, etwas zu bieten, was noch kein anderer zuvor gemacht hat – nur um neues Publikum anzusprechen oder um in die Schlagzeilen zu kommen und sich profilieren können.

Die Forderung ist, die Konzepte sehr gut zu durchdenken und stets zu hinterfragen, inwiefern ein ‚Erlebnis' möglicherweise davon abhält, sich ganz in die Musik hineinzubegeben und sich dem Hören zu widmen. Die klassische Konzertform produziere ein Podest, und setze einen hilfreichen Rahmen. Neue Formate könnten neue Erfahrungen ermöglichen und andere Kommunikationsformen anregen (HN, KHM). Wichtig sei, Experimente zuzulassen, ohne dass die Konzentration auf die Musik verloren gehe.

Als Beispiel (KMH) wird das Format ‚zweimal hören' genannt, bei dem die Hörer zunächst im Saal länger eine Bilderschleife zu den Themen des Abends sehen. Es folgt die Aufführung eines Werkes ohne

Einführung, anschließend ein Gespräch, in dem ausgelotet wird, warum der Klang so wirkt. Anschließend wird dasselbe Stück nochmals gespielt und danach bietet man Gespräche zwischen Musikern, Moderator und Publikum. Der Wunsch ist, in Form solcher Kombi-Angebote ‚Brücken zu bauen', um so die Kommunikation anzuregen (KMH). Einige Konzertveranstalter ermöglichen diese oder ähnliche Formate bereits, wie u.a. Konzerthaus Berlin, Oper Frankfurt (Hinweis FB). All dies bietet Möglichkeiten, sich dem Publikum zu nähern und es nicht nur als Marketingzielgruppe, sondern als integralen Teil des Gesamtkonzertes, des Konzert-Gelingens, zu verstehen.

Betont wird, dass die klassische Musik zum Großteil für ein Konzertformat geschrieben ist, das ein stilles, konzentriertes Zuhören erfordert, um erfahren zu können, was der Komponist vermitteln möchte. Wer die Musik würdigen und ihr gerecht werden wolle, müsse die Partitur respektieren (LL). Man könne etwa eine Bruckner- oder Mahler-Sinfonie nicht deshalb ändern, weil sie einzelnen Hörern zu lang erscheine. Man müsse sich jedoch damit auseinandersetzen, dass Teile des Publikums nicht mehr über einen längeren Zeitraum konzentrationsfähig seien – auch bedingt durch die Wahrnehmungs-Veränderungen aufgrund der Digitalisierung (LL, GM). Die Gewohnheiten von Rockkonzerten, bei denen gesprochen, gegessen, getrunken und herumgelaufen werden könne, passten nicht. Es sei akzeptabel, auch moderierte Konzerte verstärkt einzusetzen, so lange nicht die Konzentrationsfähigkeit auf die Musik gestört werde (TS, BL).

A4.5.7.3 Vielfalt der Formen

Zugleich kommt der Hinweis, dass vielfältige Formen zulässig sind, wie etwa Open- Air-Angebote, Formate wie Berliner Waldbuhne, die einen Zugang für viele Menschen schaffen und es ermöglichen, die Musik unvoreingenommen zu genießen. Wichtig sei dabei, auf das passende Programm zu achten (BL, HN, JL, TS). Deutlich wird in den Gesprächen auch, dass es für die Herausforderung, neues, jüngeres Publikum anzusprechen, nicht die eine, einzig richtige Lösung gibt – dass etwa die Variation der Formate allein hier nicht genüge (LL), sondern in ein Gesamtkonzept eingebunden sein muss (LL, TS).

Insgesamt überwog die Meinung bei den Befragten, es werde in Zukunft eine größere Vielfalt an Formaten geben.

A4.5.8 Musikvermittlung Frage 4h

Musikvermittlung kann explizit unter dieser Überschrift, wie auch auf anderen Wegen (Konzert selbst, Konzertform, Medien) stattfinden (KMH, HN). Die Gesprächspartner bemerkten mehrheitlich, dass gerade der Übergang von Konzertformat zu Musikvermittlung fließend sei (HN, JL, TS, KMH), so dass einzelne Formen nicht klar zuzuordnen sind und dass es deshalb plausibel ist, diese beiden Teilfragen hintereinander zu stellen (TS). Auch hier wird betont, dass alle Aktivitäten stets von einer inhaltlichen Idee geleitet sein sollten (TS).

A4.5.8.1 Interdependenzen und Übergänge

Als Beispiele für diese Übergangszone werden u.a. ‚Mitmachkonzerte' genannt, in denen professionelle Orchestermusiker gemeinsam mit Laien musizieren. Dies wird als spannend auch für die Profis betrachtet (BL). Moderierte Konzerte werden ebenfalls teilweise bereits der Musikvermittlung zugeordnet (JL), vor allem wenn es sich um Kinderkonzerte handelt. Dabei werden dann auch Ansätze zur Aktivierung eingesetzt, um die Musik besser zu verankern, etwa durch Nachsingen oder Pfeifen (bei Kindern, JL) oder dem Vorschlag, einer bestimmten Stimme oder einem Instrument mit dem Gehör zu folgen, bspw. bei Fugen (JL). Ebenso wichtig sei es, Musikvermittlung im Kontext mit Kommunikation (HN, BL, JL) zu sehen und Bezüge zu Marketing und Audience Development (JL, LL) aufzuzeigen.

Deutlich wurde, dass die Musikvermittlung zahlreiche Variations-Möglichkeiten in Ziel, Inhalt und Form aufweist, zumal sich die früheren, ersten Ansätze der Education-Arbeit inzwischen weiterentwickelt und ausdifferenziert haben, indem sie von der ehemaligen Fokussierung auf Kinder und Spezialzielgruppen wie u.a. Migranten, junge Eltern, Senioren, Demenzkranke sich nun mit spezifischen Angeboten an alle potenziellen Zuhörer und Generationen richten (GM).

A4.5.8.2 Ziele

Wichtig sei stets, vorrangig die Zielsetzung zu klären, d.h. zu definieren, ob Kern der Vermittlungsaktivitäten die Musik selbst und das Verständnis zentraler Werke sei, was am Beispiel Bachs und Beethovens ausgeführt wurde (KMH) oder aber Aspekte der Bildung und Persönlichkeitsentwicklung oder aber des sozialen Austauschs, der Kooperation und Integration (KMH) im Vordergrund stehen sollten.

Dies wurde sowohl am Beispiel ‚Rhythm ist it' als auch an Projekten der Kammerphilharmonie Bremen mit dem Motto „du hast immer eine Wahl" illustriert. Wie auch bei den Willkommenskonzerten und Benefizkonzerten für Migranten (GM, s.u. 4j) soziale Relevanz) dominiert hier der starke Bezug zu gesellschaftlichen Aufgaben und die klassische Musik steht weniger im Vordergrund. Allerdings lassen sich diese Aspekte oft nicht völlig voneinander trennen (KMH).

Musikvermittlung soll Musik erlebbar machen, das Hörerlebnis vertiefen (TS) und zeigen, dass ein Konzert ein Erlebnis ist, bei dem niemand glauben solle, man müsse etwas können oder verstehen (BL). Betont wurde auch, dass es darum geht, Menschen zu sensibilisieren für die Musik (KMH, HN) und möglich zu machen, dass sie ihre Ohren und Seele für die Musik öffnen, die Chance ergreifen, Ideen und Emotionen aus dem Kunstwerk heraus zu entdecken. Dies stehe nicht im Widerspruch dazu, dass Menschen mit den Instrumenten der Musikvermittlung auch durchaus gefordert werden dürfen und müssten (HN, FB). Wichtig ist, dass man den Rezeptionsformen und Rezeptionsmotiven gerecht werde, da die Musik in ihrer Ganzheit all diese Aspekte umfasst.

A4.5.8.3 Barrieren und Schwellenangst abbauen

Mehrfach angesprochen wurde der Abbau von Schwellenangst und Barrieren als zentrale Aufgabe. Diese resultieren u.a. aus der Vorstellung, im klassischen Konzert seien nur die (vermeintlichen) Eliten willkommen und man müsse besonders gekleidet sein. Eine Hauptbarriere sei die Vorstellung, man könne klassische Musik nur hören, wenn man sie ‚verstehen' könne und hier herrsche große Unsicherheit. Viele Menschen glauben, man müsse Noten lesen können, um klassische Musik hören und verstehen zu können (HN, BL). Beobachtet wird die Angst oder gar Überzeugung, ‚diese Musik ist ja schön, aber das verstehe ich ja nicht'. Es wird vermutet, dass womöglich die Schule oder die Medien zu dieser Annahme beitragen, die die Hemmschwellen eher erhöht. Über Musik und Konzert werde teils in einer Weise geschrieben und gesprochen, die sich eher dazu eigne, Menschen vom Konzertbesuch abzuhalten (KMH, HN, BL). Klassische Musik habe den Ruf, etwas Hochintellektuelles und Schwieriges zu sein, dies sei wie ein Makel, mit der Wirkung, dass jeder, der bisher nicht in Berührung damit kam, denke, ‚das kann ich nicht'.

Die Gesprächspartner betonten, wie wichtig es sei, deutlich zu machen, wie einfach es sein könne, ins Konzert zu gehen, zuzuhören –

hier wird der Vergleich mit der bildenden Kunst und Malerei gezogen. Dort bestehe ebenfalls die Einladung, sich doch die Bilder und Skulpturen einfach anzuschauen (BL wie auch Metzmacher, vgl. Hauptteil). Erneut wird der Vergleich mit dem Fußball gezogen – dort gebe es zahlreiche Menschen, die sich die Spiele ansehen, ohne die Regeln zu kennen oder etwa Abseits zu erkennen und dennoch gebe es wohl wenige Menschen mit der Ansicht, Fußball sei zu fremd und zu schwer für jemand, der Abseits nicht erkenne (JL). Selbst klassische Musiker hätten oft Hemmungen, mit einer Selbstverständlichkeit über ihren Beruf zu sprechen.

A4.5.8.4 Inhalte und Anspruch

Hier wird angemerkt, dass der Moment, in dem behauptet wird, die klassische Musik brauche Vermittlung, teils bereits kritisch zu sehen ist (JL), obwohl zugleich auch der Nutzen von Vermittlung herausgestellt wird. Mehrfach wird bestätigt, dass man die Hörer fordern dürfe und solle, weil sie erst dann merken könnten, welche Bereicherung aktives Hören sein könne (JL, KMH, JL). Dazu gehört Fachwissen (Handwerkszeug), Hintergrundwissen, die Bereitschaft, sich auf eine besondere, auch ernsthafte Erfahrung einzulassen und grundsätzliche Fragen des Lebens zu stellen (HN, KMH, TS). Man solle auch werben für ein gesellschaftliches Ideal, das Zugänge und den Kontakt mit der gesellschaftlichen Tradition und Ideengeschichte eröffnet. Man solle nicht vorgeben, klassische Musik sei so leicht zu erfassen wie ein Popsong oder Schlager. Gewarnt wird auch davor, die Wirkung und Tragweite der klassischen Musik zu begrenzen auf Sprüche wie ‚Mozart macht schlau' (HN), d.h. Musik und Musikvermittlung zu funktionalisieren und auf den Beitrag als ‚sozialen Kit' zu reduzieren (KMH).

A4.5.8.5 Methoden

Mehrfach wird betont, dass ein gutes Konzert mit einem überzeugenden Programm die ‚beste Musikvermittlung' sein könne (HN, TS, FB) und am Beispiel des WEDO erläutert

Leonard Bernsteins Vorgehen dient als Beispiel dafür, dass es nicht das eine Rezept gibt, das immer funktioniere, sondern eine Vielfalt der Methoden (JL, KMH, HN) mit einem weiten Repertoire an Kommunikationsmöglichkeiten und -wegen (HN: „Es gibt kein Reinheitsgebot in der Methodik"). Die Ansätze könnten sich sogar widersprechen, insofern sie mal technisch-theoretische Schwerpunkte setzen, ein anderes

Mal sich sehr leidenschaftlich-emotional darstellen. Mal ist ein Sitzkissenkonzert in der Dunkelheit als Zugang wertvoll, das Menschen auf sich wirken lassen, unbeschwert und unbedarft (HN) – ein anderes Mal ist es die musiktheoretische Erläuterung (TS) der Sonatenform, ein weiteres Mal ist es das Mitmachen (BL) oder Nachsingen, Nachpfeifen (JL). Wichtig sei ein in sich stimmiger Ansatz und der Anspruch, mehr zu erwarten, zu fordern und zu wagen (HN).

Aktivierende Formen werden als sehr wichtig eingeschätzt, wie u.a. Mitmachkonzerte, Mitsingkonzerte, das Ausprobieren von Instrumenten, mit Musikern sprechen können (BL, JL), moderierte Konzerte, in denen die Zuhörer zum aktiven Hören angeregt werden (JL).

Gerade für Menschen aus den so genannten ‚bildungsfernen Schichten, also die Kinder, Jugendliche und Erwachsene aus Gruppen, die der Klassik von der Herkunft her ferner stehen, würden am ehesten durchs eigene Musikmachen herangeführt. Dabei sei unwichtig, ob es E-Gitarre sei, denn primär gehe es darum, sich für Musik generell zu begeistern. Das führe dazu, dass man auch Musik hört und sich auch für andere Stilrichtungen öffnen könne (BL). Wichtig sei dabei die Einstellung gegenüber den Hörern, denen nicht der Eindruck gegeben werden sollte, man müsse sie ‚heranführen, weil sie es nicht verstehen könnten' (BL). Betont wird auch, dass man das Publikum ernst nehmen, fordern und ‚nicht für dumm' halten sollte (TS, HN).

Bei der Entwicklung der Methodik arbeitet die Koerber-Stiftung aktiv mit anerkannten Institutionen und Personen zusammen. Dies wird am Beispiel einer ‚Masterclass Music Education' erläutert (KMH), wo in Zusammenarbeit mit der Intendanz der Festspiele Mecklenburg-Vorpommern ein Eröffnungs-Feature entwickelt wird, das analog einem Radio-Feature, live in die Werke einführt. Dabei werden Elemente wie ‚Vox-Pops' (O-Töne) und Storytelling berücksichtigt und umgesetzt. Inhaltlich geht es dabei um die Umsetzung von Beethovens Freiheitsbegriff in seine Musik (KMH). Eine lebendige Vermittlung, die auch unkonventionelle Wege geht, könne in hohem Maße zu einem Bildungsprozess beitragen – erläutert am Beispiel des Films „der Club der toten Dichter“.

A4.5.9 Nutzenargumentation und Marketing - Frage 4i

Die Bedeutung von Marketing – als Teil von Kommunikation und Audience Development – wurde als hoch eingestuft (HN, LL, GM). In vielen Gesprächen blieb nicht genügend Zeit, um diese Aspekte ausführlich zu diskutieren.

A4.5.9.1 Fokussierung in Nutzenargumentation und Maßnahmen

Die Überlegung, dass sich Ensembles aus dem Markenkern heraus auf solche Maßnahmen fokussieren, die genau dazu passen und dies in der Nutzenargumentation entsprechend darzulegen, wurde als interessant und plausibel aufgefasst (KMH, GM). Der Stil der musikalisch-künstlerischen Auffassung, die Kernkompetenzen und spezifischen Anliegen sollten sich auch in den sozialen Projekten widerspiegeln, um die Chance auf Wahrnehmung und Zuordnung von Öffentlichkeit und wichtigen Stakeholdern zu erhöhen und so die Daseinsberechtigung für verschiedene Orchester zu untermauern (GM, KMH).

A4.5.9.2 Legitimationszwang

Zustimmung fand die Überlegung, dass angesichts des weitgehend aufgehobenen Rechtfertigungskonsens' die Orchester sehr wohl deutlich machen müssten, dass sie Sinn und Nutzen für den Zusammenhalt oder auch für die Bildung in der Stadt stiften und dass sie so trotz klammer öffentlicher Kassen ihre Finanzierung und ihren Platz in der Kommune legitimieren könnten (GM, KMH).

A4.5.10 Soziale Relevanz - Frage 4j

Das Thema ‚soziale Relevanz' wurde in den Interviews als zentral und sehr komplex eingestuft.

A4.5.10.1 Bedeutung

Zum einen wird darauf verwiesen, dass die klassische Musik existenzielle Fragen des Menschen thematisiere (HN), und dass es wesentlich ist, sich mit Musik aktiv auseinanderzusetzen (TS). Das Thema wird als wichtig genug erachtet, um es bei der für 2016 geplanten Heidelberg Music Conference unter der Fragestellung „Warum machen wir das eigentlich?" zur Diskussion zu stellen (TS).

Die Musik als solche brauche keine Funktionalität, habe ihren Wert in sich und aus sich. Ein städtisches Orchester jedoch müsse seine Funktionalität durchaus beweisen, um rechtfertigen zu können, dass das öffentliche Mittel kostet (GM). Zustimmend wurde die Überlegung gesehen, soziale Relevanz für ein Ensemble auch über die Markenpolitik anzustreben (TS, GM, KMH), diesen Aspekt in die Nutzenargumentation aufzunehmen und dabei auch von freien Orchestern, wie etwa in den USA zu lernen (TS, GM). Wichtig sei, das Thema Relevanz für das konkrete Umfeld zu definieren, für jedes Ensemble, für jedes Stadttheater u.a. (GM). Zugleich sei dieses Thema als Anspruch auch „abnutzungsgefährdet" (GM). Dies zeige sich u.a. daran, dass es bspw. kein amerikanisches Orchester gebe, das in seinem Mission Statement nicht Formeln wie „to be relevant to the community" verankert habe (GM).

A4.5.10.2 Eliten und ‚Musikblase'

Dennoch ist das Thema ‚soziale Relevanz' zentral für die weitere Entwicklung in der Klassiklandschaft (HN, GM). So wird hervorgehoben, wie gefährlich es ist, dass der deutschen Klassik-Musikszene zumindest teilweise als „Musikblase" die Verbindung zur Außenwelt fehle (HN). Grundsätzlich sei dies Musik für alle, und jeder müsse das Recht und die Möglichkeit haben, sie kennenzulernen, gerade in einem Land, in dem sie so stark subventioniert wird (HN).

In diesem Kontext fällt mehrfach das Stichwort ‚Eliten', als unscharfer Begriff, der zunächst den Ausschluss von vielen signalisiert. In den Gesprächen zeigte sich, dass er zumindest von den Interviewpartnern nicht ‚prohibitiv' gemeint ist in dem Sinne, dass bewusst Menschen ausgeschlossen werden sollen. Vielmehr beschreibt er eher, dass Hörer von klassischer Musik zumindest über die Fähigkeit verfügen müssen, über einen längeren Zeitraum still zu sitzen und zuzuhören und dass sie die Offenheit brauchen, sich mit komplexen Themen und Inhalten auseinanderzusetzen (TS, LL). Es setze ein differenzierteres Rezeptionsverhalten voraus als das Hören eines Schlagers oder Popsongs.

In diesem Zusammenhang wird auf eine aktuelle Allensbach-Studie verwiesen, die der Rat für Kulturelle Bildung im Juli 2015 veröffentlicht hat (HN) und die die fehlende Berührung von Schülern (Neunt- und Zehntklässler) aller Schulsysteme mit ästhetischer Erfahrung und auch mit klassischer Musik aufzeigt. Der Befund ist, dass trotz der musikalischen und kulturellen Infrastruktur Deutschlands nur eine Minderheit jemals in Kontakt mit Konzert und Oper gekommen ist, weder im Musikunterricht, noch auf Schul- oder Klassenfahrten. Die Studie zeigt auch, wie stark nach wie vor die Herkunft (Bildungsstand, soziale Schicht, Wohngegend) die Chancen beeinflussen (vgl. auch Hauptteil). Betont wurde an dieser Stelle, dass es eine Pflicht sei, das Kulturangebot tatsächlich allen Bürgern anzubieten und zugänglich zu machen (HN).

A4.5.10.3 Kultur- und Bildungspolitik

Auch die Rolle und Verantwortung von Bildungs- und Kultur-Politik wurde thematisiert (KMH, HN, GM) mit der Forderung, dass sich die Politik dafür einsetzen müsse, dass klassische Musik wie auch andere Kulturformen genauso zum lokalen und regionalen öffentlichen Leben gehören müssten, wie der Fußball. Die Finanzierung dürfe genauso wenig infrage gestellt werden, wie der Polizei-Einsatz beim Fußballstadion. Dies bedeute zugleich eine Verpflichtung für die Kultur-Institutionen, sich stärker zu öffnen, verständlich zu sein in den Programmen und Angeboten, ohne simpel zu sein, ohne sich anzubiedern und sich auf Events zu verlassen

Mit Interesse werden in diesem Kontext Entwicklungen verfolgt, die sich aus der Verankerung von Kultur in den Landesverfassungen ergeben werden (KMH), u.a. in NRW.

A4.5.10.4 Musik als Verständigungsmittel und soziale Projekte

Als sehr aktuelles Beispiel, das zeigt, wie Kulturinstitutionen und besonders Orchester und Konzerthäuser soziale Relevanz beweisen können, wird das Stichwort ‚Willkommens- Konzerte für Flüchtlinge' genannt (GM). Es gebe Aktionen und Integrationsprogramme (GM nennt Sächsische Bläserphilharmonie mit dem Einzugsgebiet Nordsachsen als Beispiel), die zeigen, wie über Musik als Brücke mit Menschen kommuniziert werden kann und Sprachbarrieren überwunden werden. Dies erzeuge Relevanz, die auch für die Politik sichtbar wird.

Hier wird mit den Instrumenten der Musikvermittlung, jedoch mit anderer Intention gearbeitet, um Wertschätzung auszudrücken, Menschen zu aktivieren und zur Verständigung beizutragen. Allerdings muss dies durchaus nicht nur und nicht vorrangig mit klassischer Musik geschehen, denn hier sind auch viele andre Musik- und Kunstformen einsetzbar. Außerdem wird auch auf das umfassende soziale Engagement verwiesen, das viele Orchester und freie Ensembles inzwischen entwickelt haben und in Form von Konzerten in Krankenhäusern, Schulen, Problemvierteln, sozialen Brennpunkten, Altersheimen, Benefizkonzerten zeigen. Betont wurde, dass sich die meisten Ensembles hier fokussieren müssten, sowohl aus Ressourcengründen, wie auch aus dem Motiv der Wahrnehmbarkeit der jeweiligen Aktivitäten heraus (KMH).

A4.5.10.5 Übergreifendes Engagement für den Klassik- und Kulturbereich

Diskutiert wurde weiterhin, inwiefern eine starke Musik- und Kultur-Institution einen über das eigene Haus oder Ensemble hinaus gehenden gesellschaftlichen Dialog zugunsten der klassischen Musik anregen kann. Je stärker eine Institution sei, desto mehr Einflussmöglichkeiten habe sie auch, u.a. darauf hinzuwirken, dass Politiker im Wahlkampf nicht polemisch die klassische Musik gegen Fußball ausspielen und Orchester schließen, um damit Stimmen zu holen (AR, GM). Große Orchester und Konzerthäuser hätten die Möglichkeit, sich in der kulturpolitischen Diskussion stärker zu beteiligen.

A4.5.10.6 Nationale und soziale Identifikation und Symbolkraft

Orchester werden zum einen als Mittler und Bewahrer einer kulturellen Tradition einer Nation gesehen (TS). Ein weiterer Aspekt nationaler Identifikation ist die Rolle, die Musik als Identifikationssymbol für Gruppen oder ganze Nationen bietet. Als Beispiele werden hier u.a. die USA angeführt, in denen Musik auch emotional im Interesse des Nationalbewusstseins eingesetzt wird, Beispiel Independence Day (GM) oder Einsatz auch von Klassikstars um die Hymne bei wichtigen Sportereignissen anzustimmen. Auch in Frankreich und in Großbritannien spielen Werke der Klassischen Musik in diesem Kontext eine andere Rolle (bspw. ‚Rule Britannia' bei der Last Night of the Proms).

Allerdings wird hier darauf hingewiesen, dass Deutschland aufgrund seiner Geschichte und dem Missbrauch von Musik im Nationalsozialismus (Beispiel ‚Liszt – Les Préludes') sensibler und distanzierter mit diesen Mitteln verfahren müsse (GM). Inzwischen sei das Verhältnis jedoch entkrampfter, u.a. nach der Wiedervereinigung, der Fußball-WM in Deutschland (GM). Es wurde deutlich, dass es in Deutschland weiterhin wichtig sein wird, mit diesen Themen sensibel umzugehen, und gefährliche Tendenzen zu thematisieren und zu hinterfragen (‚braune Decke').

A4.6 Ergänzungen und freie Anmerkungen

Die Frage 5 des Leitfadens sah vor, dass die Interviewpartner unter dem Eindruck der in Frage 4 diskutierten Themen noch weitere Ergänzungen zu ihren Aussagen im Hinblick auf die Ensembles in den Fallstudien vornehmen konnten (vgl. Leitfaden III Frage 5). Dies ist jedoch in allen Gesprächen ausgeblieben, teils aus Zeitgründen, teils auch, weil der Eindruck bestand, sich bereits umfassend geäußert zu haben.
Abschließend hatten alle Experten unter Frage 6 die Gelegenheit, aus ihrer Sicht für die Gesamtfragestellung relevante Themen und Gedanken zu ergänzen. Hier sind, sofern sie nicht den o.g. Punkten zugeordnet wurden, die folgenden Punkte genannt worden.

A4.6.1 Finanzierung

Weitere Hinweise richteten sich auf die Finanzierung, teils veranlasst durch ein Diskussionspanel auf der Heidelberg Music Conference 2015. Hier sieht man zum einen die angespannte Finanzlage von Kommunen (LL, GM, KMH), zum anderen auch Chancen, über einen Finanzierungsmix mit einem steigenden Anteil privater Financiers – etwa Stiftungen, Unternehmenspartner, Sponsoren, Freundeskreise – ein stabileres und diversifiziertes Finanzierungsfundament zu gestalten. Auch hierfür werde eine Aufstellung in hoher Qualität und mit einer ausgeprägten Kommunikation und Marketing benötigt. Konzertanbieter müssten nachweisen können, dass die privat organisierten Mittel die gewünschte Wirkung erzielen könnten (LL).

A4.6.2 Musik und Politik, Musik und Macht

Ein Zusammenhang von Musik und Macht wurde nicht nur im Hinblick auf soziale Relevanz und die nationale Identifikation über Konzerte (GM) angesprochen, sondern auch im Hinblick auf den Zugang zu Macht im Rahmen der Repräsentation eines Landes im Ausland (KMH). Als Beispiele wurden u.a. genannt, der Bezug des WEDO zur Politik, aber auch die Begleitung von Auslandsreisen und offiziellen Festereignissen und Feiern, auch im Deutschen Bundestag etwa durch Kammer-Ensembles der Berliner Philharmoniker. Ein weiterer Aspekt ist die Überzeugungskraft gegenüber der Politik, die Musik und das Konzertleben selbst lebendig zu gestalten und zu halten. Hier geht es darum,

Musik nicht nur zu archivieren, sondern für Aufführungsmöglichkeiten in der Fläche zu sorgen. Auch hier stelle sich für jedes Ensemble nach der Daseinsberechtigung und nach überzeugenden Argumenten in der Diskussion um Fusionen und Schließungen.

A4.6.3 Musik und Medien

Kritisch angemerkt wurde, dass die öffentlich-rechtlichen Medien und sogar diejenigen Sender, die kulturorientiert ausgerichtet sind, die klassische Musik zunehmend als ‚Quotenkiller' an den Rand drängen, ganz aus dem Programm nehmen oder ins Internet zu verlagern. Dass sowohl Klassik-Radiosender, aber auch TV-Anstalten gerade Programme für eine weniger netzaffine Zielgruppe auf das Netz verlagerten, sei bemerkenswert. Hier bestehe eine Verantwortung, mehr als Fußball und Shows anzubieten und auch für Minderheiten zu senden (LL). Außerdem hätten die Medien auch die Chance, ein neues Publikum für diese Kunstform zu erschließen, zumal Dinge, die man nicht anbiete, auch nicht nachgefragt werden könnten. Betont wurde auch, dass diese Musik ein zentrales Element der Gesamtkultur und Tradition des Landes sei (LL) und auch deshalb ihren Platz in den öffentlich-rechtlichen Medien habe.

A4.7 Fazit

Insgesamt haben die Experteninterviews die Überlegungen in den Kapiteln des Hauptteils bestätigt und zudem wichtige Impulse aus der Praxis und aus unterschiedlichen Perspektiven gesetzt.

A5 Endnoten

(1) Ein Orchester sollte weiterhin Beethoven und Tschaikowsky aufführen – wäre es nicht furchtbar, wenn dieses ‚Museum' sterben würde? Aber es benötigt eine Veränderung, wenn es nicht selbst verschwinden soll. Es sollte nicht nur ‚Museumskonzerte' geben, die hin und wieder ein neues Stück anhängen [...] Es sollte einfach verschiedene Arten von ‚Museen' für verschiedene Sachen geben."

(2) Insofern werden Aspekte von ‚Kunstkommunikation' auf den Bereich der klassischen Musik als einer Form der Künste angewandt.

(3) In Abwandlung des Vierecks „Legitimation, Akzeptanz, Ressourcensicherung und Qualität", (Siebenhaar 2008: 0). Begründung: Es ist einleuchtend, dass künstlerische Qualität und Ressourcen einander bedingen. Im Hinblick darauf, dass ein Konzert das Publikum braucht, um überhaupt zum Konzert zu werden, ist es notwendig, dieses explizit zu nennen. Eine Legitimation im Sinne von Rechtfertigung braucht Musik vor allem dann, wenn sie öffentlich finanziert wird. Sie braucht aber immer Publikum und gesellschaftliche Relevanz – die lokal oder regional begrenzt sein kann –, um Zugang zu Ressourcen welcher Art auch immer zu erhalten.

(4) Im Marketing sind mit ‚Zielgruppen' solche Personen bzw. Gruppen gemeint, die aktiv angesprochen werden.

(5) Eine Ausnahme ist das Festspielhaus in Baden-Baden, das privat getragen und finanziert wird.

(6) Siehe dazu ausführlich etwa das Buch von Glogner-Pilz/Föhl 2011 sowie spezifisch darin Rhein 2011: 183 ff., „Musikpublikum und Musikpublikumsforschung", sowie zahlreiche Studien von Universitäten, wie u.a. des ZAD in Berlin und auch des MIZ.

(7) Wie z.B. die einleitend erwähnte Forsa-Körber-Studie; zur Problematik siehe auch Glogner-Pilz/Föhl 2011a: 17 ff

(8) Vgl. dazu u.a. jeweils umfangreiche Studien des Landes NRW 2010 sowie von Allmanritter 2009 vom ZAD (Zentrum für Audience Development, Berlin).

(9) Die Disziplinen sind u.a. Neurowissenschaft, Musikpsychologie, Musiksoziologie, Jugendsoziologie, Kultur und Musikwissenschaft, Marketing, Musikpädagogik usw.

(10) Dass alle drei Orchester eine Adresse in Berlin haben, war Zufall, nicht Auswahlkriterium.

(11) Auf die Abbildung von Bildimpressionen aus Konzerten, Musikvermittlung wie auch Kommunikationsmaßnahmen wie u.a. Logo wird in allen drei Fallstudien aus rechtlichen Gründen verzichtet. Eindrücke bieten die jeweiligen Web-Auftritte (vgl. Links im Literaturverzeichnis)

(12) „Ich habe viel gelernt in den Stunden mit den tauben Kindern aus aller Welt, aber ich würde sagen, das Wichtigste ist, ein offenes Herz zu haben, einen offenen Geist – so, wie die Kinder es haben. Sie sind so offen für neue Erfahrungen, und fast nie erlegen sie sich selbst Barrieren auf. Es war eine wunderbare Lernerfahrung, von der ich hoffe, dass sie in Zukunft fortgesetzt wird" (Emma Schied, Oboe MCO)

(13) „Ihr seid das Erste, was ich von Israel gesehen habe, was kein Soldat oder Panzer ist".

(14) „Die Musik baut eine Brücke. Durch die Musik öffnet man sich für Dinge, denen gegenüber man sonst nie offen wäre." „Die Probleme sind weiterhin ungelöst und der Konflikt ist weiterhin da, der Krieg ist immer da. Ich meine, solche Gedanken werden immer dabei sein. Aber wie wir damit umgehen und vorankommen, das ist der wichtige Teil."

(15) „Die Kraft der Musik liegt in ihrer Fähigkeit, alle Aspekte des menschlichen Wesens zu erreichen – die animalische Seite, die emotionale, die intellektuelle und die spirituelle. Wie oft denken wir, dass persönliche, soziale oder politische Fragen unabhängig wären und sich nicht gegenseitig beeinflussen. Von der Musik lernen wir, dass dies tatsächlich unmöglich ist; es gibt einfach keine unabhängigen Elemente. Logisches Denken und intuitive Emotionen müssen andauernd vereint sein. Musik zeigt uns komprimiert, dass alles miteinander verbunden ist."

(16) „Sie ist abstrakt ausgehend davon, dass sie direkt von Emotionen handelt, und zwar durch das transparente Medium der Töne, und das ist losgelöst von jeglichen greifbaren Aspekten des Lebens. Die einzige Realität, die diese Töne je annehmen können, ist Form – das heißt, das konkrete Motiv in den Noten wie auch in der Phrase oder wie in dem ganzen zweiten Akt einer Oper. Man kann die Töne der Musik nicht weiter abstrahieren – auf der anderen Seite wird ihnen durch die Form ihre Realität gegeben: hoch, tief, lang, kurz, laut, leise."

(17) „communicare: etwas mit jemandem teilen, jemand an etwas teilnehmen lassen, sich besprechen, beraten" (vgl. Pons 2015)

(18) „Musik bietet etwas für Neugier, Erwartungen, Rätsel, Aufregung, und wir entdecken nach wie vor Haydn-Sinfonien und Händel-Opern. Und es erfordert weiterhin einen anstrengenden Akt der Konzentration für einen Konzertbesucher, um die Eroica als ganze, kontinuierliche formale Erfahrung aufzunehmen."

(19) In der sogenannten „Auditorischen Szenenanalyse": Die Prozesse auditorischer Gestaltbildung sind nicht nur für die Wahrnehmung und Erzeugung von Musik wichtig, sondern auch im alltäglichen Leben von großer Bedeutung. Dadurch können beim Hören akustische Objekte verfolgt und eine kognitive Repräsentation der akustischen Umwelt aufgebaut werden, z.B. um die Stimme eines Gesprächspartners von den Umgebungsgeräuschen zu trennen (vgl. Koelsch 2005: 0).

(20) Die Verarbeitung musikalischer Syntax scheint stark automatisierten neuronalen Prozessen zu unterliegen: So wurden elektrophysiologische Effekte (EEG) der Verarbeitung musikalischer Syntax selbst dann beobachtet, wenn die Versuchspersonen beim Musikhören ein Buch lasen oder ein Videospiel spielten (vgl. Koelsch/Schroeger 2008: 10).

(21) Während frühe Verarbeitungsstufen der Musikwahrnehmung wie Tonhöhen- und Lautstärkeunterscheidung bei allen Menschen in der primären und sekundären Hörrinde beider Hirnhälften erfolgen, sind für spätere Verarbeitungsstufen und komplexere Mustererkennung – wie etwa die Wahrnehmung von Melodien und Zeitstrukturen – jedoch bei jedem Menschen zumindest teilweise unterschiedliche Hirngebiete zuständig (vgl. Altenmüller 2002: 22).

(22) Dieses Phänomen ist nicht direkt der Musik geschuldet, sondern basiert auf „archaisch-biologischen Prozessen", wonach akustische Signale mit körperlicher Aktivierung einhergehen, deren ursprüngliches Ziel die Fluchtreaktion war. Musik ist danach Ausdruck der Fähigkeit des Menschen, sich dies in einer kulturell sublimierten und kunstvoll gestalteten Form nutzbar zu machen (vgl. Schaub 2002: 238).

(23) Schaub 2002: 248 bezeichnet diesen logisch-architektonischen Teil mit Bezug auf Eggebrecht als „Mathesis".

(24) „Wir sind uns bewusst, dass weises und balanciertes Urteilen aus der Integration des kritisch-logischen und empathischen [Urteilens/Wahrnehmens] resultiert und dabei sowohl die Gefühle als auch den Verstand berücksichtigt. Dies kann zwar nicht simultan geschehen, aber es entsteht durch einen Zirkelprozess mit abgestuftem Feedback. Michelangelo sagte bekanntlich, ‚ich befreie die Statue aus dem Marmor'. Ganz ähnlich entsteht meine Musik aus dem Leben um mich herum und der Welt, die wir alle teilen. Das eine ist die Bedingung des anderen."

(25) „Der Beobachter hat einen Einfluss auf das, was er beobachtet – er verändert es. Und genauso tun es auch die aktiven Hörer".

(26) Glenn Gould im Gespräch mit Tim Page: „Als Sie von der Bühne abtraten, haben Sie unmissverständlich behauptet, dass das Livekonzert tot sei und dass die Zukunft der Musik in Schallplatten liege ..." (Frage Page) – Antwort Gould: „Na, ich habe mich abgesichert, indem ich gesagt habe, dass die Konzerte so um das Jahr 2000 herum aussterben würden, nicht wahr?" (Gould 1986: 297).

(27) „Die Werte hinter den Künsten – Integration, Zusammenarbeit, flexibles Denken und disziplinierte Phantasie – führen zur Fähigkeit der Innovation. Ein Musiker, der sowohl Musik lesen als auch improvisieren kann, ist offen für das, was um ihn herum ist, und weiß, dass er – um wirklich gut zu sein – diese Fantasie durch die Disziplin des Wissens und der Erkenntnis filtern muss. Wenn er spielt, wird man sofort wissen, ob er diese richtige Balance erreicht hat oder nicht."

(28) Ein Programm kann auch zur ‚gezielten Provokation' genutzt werden, was die wiederholten und oft umstrittenen Wagner-Aufführungen des WEDO zeigen, die gerade für die israelischen Musiker eine besondere Herausforderung darstellen (siehe dazu Riiser 2009: 60 ff.).

(29) Es gibt derzeit jedoch auch Ansätze und Experimente, die tendenziell die Richtung einschlagen, Pop- oder Techno-Musik teilweise von etablierten Klassikkünstlern im Konzertsaal anzubieten, was aber weniger der klassischen Musik dient, sondern eher den Künstlern und Konzerthallenbetreibern (vgl. 3sat-Sendung ‚Kulturpalast' mit dem Thema ‚Krise der Klassik' vom 18.07.2015).

(30) „dass das Wort ‚Education' abgeleitet ist aus dem lateinischen educare – weiterführen, was im Inneren ist ..." und „dass die Lehre die nobelste Profession sei".

(31) „Unter ‚Kultur' werden hier auf der Basis eines engeren, kunstbezogenen Kulturbegriffs künstlerische und ästhetische Produktionen, deren Distribution sowie kulturelle Vermittlungsleistungen verstanden: künstlerisches Schaffen in klassischen Kultursparten wie dem Theater oder den Museen; Kulturdistribution etwa in Bibliotheken, Buchverlagen oder auch in Kulturprogrammen von Hörfunk und Fernsehen; Kulturvermittlung in Jugendkunstschulen oder soziokulturellen Zentren. In diesem Sinne umfasst Kultur sowohl Produktionen der ‚Hochkultur' wie der ‚Off-Kultur' ebenso wie Prozesse und Manifestationen kultureller Bildung" (Mandel 2009: 13).

(32) Definition des Rats: „Unter Kultureller Bildung verstehen wir die ästhetisch-expressive Dimension der Bildung des Subjekts in kritischer Wechselbeziehung mit Gesellschaft und Natur. Die ästhetische Wahrnehmung von Selbst und Welt sowie die Gestaltung der eigenen Praxis im Lebenslauf, ihrer Sinnlichkeit und Leiblichkeit werden durch sie eröffnet und kultiviert. Ästhetische Wahrnehmung, Erfahrung und Praxis stellen einen Weltzugang eigener Art dar. [...] Der Rat will dazu beitragen, Kulturelle Bildung zu einer alltäglich erfahrbaren Wirklichkeit für alle werden zu lassen. Der Begegnung und Auseinandersetzung mit den Künsten kommt dabei besondere Bedeutung zu" (Rat für Kulturelle Bildung 2013: 15 f.).

(33) „Ich kam in das Orchester mit festgefahrenen Meinungen und ich dachte, niemand könnte sie ändern; aber nach drei Tagen hatte ich ein Verständnis für die andere Seite entwickelt.

(34) „Musizieren ist nicht ein Weg, Ideen auszudrücken; es ist ein Weg, sie zu leben."

(35) Der Begriff führt aufgrund seiner Unschärfe zu kontroversen Diskussionen und Missverständnissen (vgl. u.a. Experteninterview mit Schmidt 2015: E).

(36) vgl. ‚Plan M 2015', ‚Pegasus 2015'; Konzerthäuser und Orchester verfügen – wenn überhaupt – oft nur über einen einzigen Mitarbeiter mit der Zuständigkeit für Musikvermittlung; damit müssen dann alle Schulen im Einzugsgebiet betreut werden.

(37) „Dies ist unsere Antwort auf Gewalt: Musik zu machen mit mehr Intensität, mehr Schönheit, mehr Zuneigung als jemals zuvor. Und mit jeder Note werden wir den Geist von J. F. Kennedy ehren, an seinen Mut erinnern und sein Vertrauen in den Sieg des Geistes immer wieder bestätigen.“

(38) „Die Herausforderung, die vielen losen Enden aller Aspekte der Orchesterarbeit, des Erarbeitens eines klaren Profils und eine Mission zusammenzuführen, ist größer denn je. Das Potenzial für Musik und Orchester, eine bedeutsame Rolle in Bildung und sogar im sozialen Wandel zu übernehmen ist inzwischen erkannt, und die Notwendigkeit, proaktiv in den Bereichen von Musikvermittlung und ‚outreach‘ zu agieren, ist nicht mehr eine Frage des Ob, sondern des Wie.“ – Alan Gilbert, Chefdirigent des renommierten New York Philharmonic Orchestra und damit u.a. in der Nachfolge Gustav Mahlers, Arturo Toscaninis, John Barbirollis, Bruno Walters und Leonard Bernsteins stehend.

(39) Zu den Argumenten pro und kontra Marken und Marketing im Kunstbereich siehe ausführlich z.B. Schmidt 2013, Baumgarth 2014a und Klein 2011a.

(40) Das Markenrecht nimmt im Markengesetz (MarkenG) eine enumerative Definition vor, indem die Anlage 1 zu § 19 der Markenverordnung (MarkenV) eine international vereinbarte Klasseneinteilung vorsieht, die in den Klassen 35 bis 45 spezifische Dienstleistungen aufführt, u.a. Kultur (vgl. Bruhn/Stauss 2008: 5).

(41) Was im Übrigen auch Bruhn/Stauss 2008: 5 vornimmt, ohne dies explizit zu begründen. Und obwohl die Analyse in Anlehnung an das in der Praxis bewährte MAK-Modell („MarkenAuditKultur“) erfolgen soll, das eine besucher- bzw. nachfragebezogene Definition von Marke zugrunde legt, wird im Folgenden die Sichtweise um alle relevanten Stakeholder erweitert.

(42) „einzigartig, stark, begehrenswert“. Das Buch ‚Die Gewinnung des öffentlichen Vertrauens‘ von Hans Domizlaff, 1939 erschienen, gilt als das erste Markenbuch überhaupt.

(43) Allerdings fokussiert das Tool Markenaudit für Kulturinstitutionen (MAK) von Baumgarth insbesondere auf die besucherbezogenen Stakeholder-Gruppen.

(44) Die Marketingliteratur bietet im Markenkontext eine große Vielfalt an verschiedenen, oft Ähnliches meinenden Begriffen wie Markensubstanz, -DNA, -ikonen, -attribute, -mythos, -glaube, -sympathie, -faszination, die mithilfe von „Steuerrädern“, „Leuchttürmen“ und „Leitplanken“ geführt werden. Hier werden hingegen solche eindeutigen Begriffe verwendet, die von unterschiedlichen Autoren über einen längeren Zeitraum hinweg verwendet werden und insofern als allgemein etabliert und auch für den Kulturbereich geeignet scheinen

(45) Bis zum 20.07.2015 wurde das Namenskürzel MCO abgestuft in Schwarz-Weiß-Grau-Rot als Wort-Bildmarke verwendet. Die Erläuterung des neuen Logos ab dem 21.07.2015 lautet: „Das Logo soll das Orchester in bestmöglicher Form widerspiegeln – seine Identität, seine Ziele und Struktur. Das neue Logo des MCO besteht aus einem Kreis, dem demokratischsten Symbol aller geometrischen Formen. Es symbolisiert somit die Struktur des Orchesters, das alle Entscheidungen auf demokratischer Basis trifft. Der äußere Kreis besteht aus einzelnen Punkten, die für die Mitglieder des Orchesters sowie alle Personen stehen, die in die Projekte involviert sind. Die Punkte werden durch Linien zum Zentrum geführt, die für die Annäherung der Beteiligten an ein Projekt (z.B. ein Konzert) stehen. In der Mitte befindet sich ein schwarzer Kreis, der symbolisiert, wie alle für ein Projekt zusammen kommen und zusammen arbeiten. Wie man sehen kann, ändern sich die Farben, nachdem sie den inneren Kreis verlassen haben. Dies steht für die Veränderung eines jeden Beteiligten durch ein MCO-Projekt – die Menschen ändern sich aufgrund ihrer gemeinsamen Erfahrungen auf manchmal unmerkliche Weise. Dies ist lediglich eine Interpretationsweise des Logos, das Spielraum für viele weitere gibt.“ [Übersetzung einer Mail des MCO an FB].

(46) Eine Erläuterung der Bedeutung der Form des WEDO-Logos steht aus.

(47) „Ungewöhnliche Programme, legere Konzerte, Filmnächte, Musikvermittlung, Musik in den Gemeinden, offene Proben – die Liste könnte fortgeführt werden. Viele dieser Aktivitäten sind sehr wichtig und ausdrucksstark. Das Problem ist, dass Orchester in immer mehr Bereiche eingebunden werden, und oft ist gar nicht klar, warum sie tun, was sie tun. Wenn es nicht zum Kern der Organisation stimmig ist, fragt man sich, worum es denn eigentlich geht."

(48) „Ein Wandel ist schwierig, aber möglich und notwendig. Niemand kann wirklich sicher sein, wohin wir genau gelangen oder was die Antworten sein werden. Aber die richtigen Fragen zu stellen, leistet schon einen wichtigen Beitrag dazu, die Antworten zu finden. Der Schlüssel liegt darin, eine Veränderung herbeizuführen, ohne unsere künstlerischen Seelen zu kompromittieren. Da ist etwas Mystisches in dem, was auf der Bühne geschieht, und mit den Menschen, die dies erzeugen und das soll vermutlich so sein. Wenn aber ein Publikum nicht die Menschlichkeit der Musiker fühlt oder nicht einen großzügigen Impuls aus offenem Herzen heraus spürt, wird der unsichtbare Vorhang der ‚vierten Mauer' undurchdringbar bleiben."

(49) Der Begriff ‚Elite' wurde auch in den Experteninterviews und in Diskussionen der Heidelberger Music Conference mehrfach genannt, bleibt aber unscharf und bedarf der Präzisierung. Auf Nachfrage von FB sei er dahingehend zu interpretieren, dass er Menschen meint, die z.B. in der Lage sind, einem komplexen Werk der Musik über einen Zeitraum von etwa einer Stunde konzentriert und still zuzuhören

(50) „Ascolta, ascolta per favore, ascolta bene – hört, hört bitte aufeinander, hört gut zu."

(51) „Wichtig ist die Sichtweise, dass Antagonismus, das ganz paradoxe Wesen der Dinge, der eigentliche Gehalt der Musik ist." – „Spannung, dialektische Entwicklungen sind wesentlich innerhalb des einzelnen Musikstücks, innerhalb eines Abendprogramms, der ganzen Saison und eines ganzen Lebens" (Barenboim 2005: 296).

(52) „Ein Maler malt seine Bilder auf Leinwand. Aber Musiker malen ihre Bilder auf Stille. Wir machen die Musik, und ihr gebt dazu die Stille."

(53) Beispiele dafür, wie an sich emotionslose Produkte durch Events und Spektakel künstlich emotional aufgeladen werden, zeigen u.a. Bauer et al. 2012: „Erlebniskommunikation".

(54) „Wie ich in meinen Lectures an der Harvard University im Jahre 1973 erläutert habe, werden alle Kinder mit sprachlicher und musikalischer Kompetenz geboren ... und das größte Geschenk ist die Fähigkeit zu sprechen und zu kommunizieren. Und ein großer Teil von Kommunikation ist Musik." – „Leben ohne Musik ist völlig undenkbar. Musik ohne Leben ist akademisch. Das ist der Grund dafür, dass mein Kontakt zur Musik eine vollständige Umarmung ist."

(55) Hinzu kommen nicht bezifferte Kosten infolge fehlenden gesellschaftlichen Zusammenhalts

(56) Siehe etwa Wartelisten WDR-Musikvermittlung, Kontingentierung ‚Pegasus' Frankfurt.

(57) Nur ein Beispiel ist Anne-Sophie Mutter, die sich in den Medien explizit dafür einsetzt (Beobachtung FB).

Literatur und Quellenverzeichnis

Monographien

Abbado 2002 – Abbado, Claudio im Gespräch mit Bamani, Lidia: „Musik über Berlin“, Axel Dielmann Verlag, Frankfurt, 2. Auflage 2002

Barenboim 2005 – Barenboim, Daniel: „Die Musik – mein Leben“, List/Ullstein, Berlin 2005

Barenboim 2008a – Barenboim, Daniel: „Everything is connected – the Power of Music“, Phoenix-Paperback, London 2008

Barrico 2006 – Barrico, Alessandro: „Hegels Seele oder die Kühe von Wisconsin – Nachdenken über Musik“, dtv, München 2006

Baumgarth 2014a – Baumgarth, Carsten mit Kaluza, Marina; Lohrisch, Nicole: „Markenaudit für Kulturinstitutionen – Ganzheitliches Tool zur Analyse und Professionalisierung der Markenführung im Kultursektor“, VS Springer, Wiesbaden 2014

Baumgarth 2014b – Baumgarth, Carsten: „Markenpolitik – Markentheorien, Markenwirkungen, Markenführung, Markencontrolling, Markenkontexte“, VS Springer, Wiesbaden, 4. überarbeitete und erweiterte Auflage, 2014

Bendixen 2011 – Bendixen, Peter: „Einführung in das Kultur- und Kunstmanagement“, VS Springer, Wiesbaden, 4. Auflage 2011

Bernstein 2007 – Bernstein, Leonard: „The infinte variety of music“, Amadeus Press, New York 2007

Blanning 2009 – Blanning, Tim: „The Triumph of Music – Composers, Musicians and Their Audiences from 1700 to the Present“, Penguin, London 2009

Bogner et al. 2014 – Bogner, Alexander; Littig, Beate; Menz, Wolfgang: „Interviews mit Experten – Eine praxisorientierte Einführung“, VS Springer, Wiesbaden 2014

Brendel 2005 – Brendel, Alfred: „Über Musik“, Piper, München, Zürich 2005

Burton 2001 – Burton, Humphrey: „Menuhin – Die Biographie“, Piper, München, Zürich 2001

Cott 2013 – Cott, Jonathan: „Dinner with Lenny – The last long interview with Leonard Bernstein“, Oxford University Press, New York 2013

Erkelenz 2012 – Erkelenz, Elisa: „Markenbildung für Kulturorchester. Ein Handlungskonzept", Reihe „Europäische Hochschulschriften", Bd. 269, Peter Lang Verlag, Frankfurt am Main 2012

Fischer 2003 – Fischer, Jens Malte: „Gustav Mahler – der fremde Vertraute“, Paul Zsolnay Verlag, Wien 2003

Gerhaher 2015 – Gerhaher, Christian: „Halb Worte sind's, halb Melodie – Gespräche mit Vera Baur“, Henschel–Bärenreiter, Leipzig, Kassel 2015

Gould 1986 – Gould Glenn: „Von Bach bis Boulez – Vom Konzertsaal zum Tonstudio“, Band 2 „Vom Konzertsaal zum Tonstudio“ – Coda: „Glenn Gould im Gespräch mit Tim Page“; Doppelband Piper Verlag, Edition Zweitausendeins, München 1986

Günter/Hausmann 2012 – Günter, Bernd; Hausmann, Andrea: „Kulturmarketing“, Springer Fachmedien, Wiesbaden, 2., überarbeitete und erweiterte Auflage 2012

Gutjahr 2013 – Gutjahr, Gert: „Markenpsychologie – Wie Marken wirken – Was Marken stark macht“, VS Springer, Wiesbaden, 2. Auflage 2013

Hager 2000 – Hager, Frithjof: „Die Anderen in der Stille hören“, Suhrkamp, Frankfurt/Main 2000

Hofstadter 1991 – Hofstadter, Douglas R.: „Gödel, Escher, Bach – ein endlos geflochtenes Band“, Klett-Cotta im DTV, Stuttgart, München 1991

Jourdain 2001 – Jourdain, Robert: „Das wohltemperierte Gehirn – wie Musik im Kopf entsteht und wirkt“, Spektrum Akademischer Verlag, Heidelberg, Berlin 2001

Kahrmann 2010 – Kahrmann, Klaus-Ove: Beiträge und Kapitel in: Kahrmann, Klaus-Ove; Bendixen, Peter;: „Umkehrungen – über den Zusammenhang von Wahrnehmen und Wirtschaften“, VS Verlag für Sozialwissenschaften, Wiesbaden 2010

Klein 2010b – Klein, Armin: „Projektmanagement für Kulturmanager“, VS Springer, Wiesbaden, 4. Auflage 2010

Klein 2011a – Klein, Armin: „Der exzellente Kulturbetrieb“, VS Springer, Wiesbaden, 3. Auflage 2011

Lachmann 2002 – Lachmann, Ulrich: „Wahrnehmung und Gestaltung von Werbung“, Gruner und Jahr, Hamburg 2002

Lüddemann 2007 – Lüddemann, Stefan: „Mit Kunst kommunizieren – Theorien, Strategien, Fallbeispiele“, VS Springer, GWV Fachverlage GmbH, Wiesbaden, 2007

Mandel 2009 – Mandel, Birgit: „PR für Kunst und Kultur – Handbuch für Theorie und Praxis“, Transcript, Bielefeld, 2. Auflage 2009

Mayer 2008 – Mayer, Horst Otto: „Interview und schriftliche Befragung. Entwicklung, Durchführung und Auswertung“, München, Oldenbourg, 4., überarbeitete und erweiterte Auflage 2008

Mertens 2010 – Mertens, Gerald: „Orchestermanagement“, VS Springer, Wiesbaden 2010

Metzmacher 2005 – Metzmacher, Ingo: „Keine Angst vor neuen Tönen – eine Reise in die Welt der Musik“, Rowohlt, Berlin 2005

Mortier 2014 – Mortier, Gérard: „Dramaturgie einer Leidenschaft – Für ein Theater als Religion des Menschlichen“, Metzler/Bärenreiter, Kassel 2014

Nagano 2014 – Nagano, Kent mit Kloepfer, Inge: „Erwarten Sie Wunder – Expect the Unexpected“, Berlin Verlag, Berlin 2014

Noltze 2010 – Noltze, Holger: „Die Leichtigkeitslüge – über Musik, Medien und Komplexität“, Edition Körber-Stiftung, Hamburg 2010

Rosu 2014 – Rosu, Stefan: „Zukunftsstrategien für Orchester – Kompetenzen und Kräfte mobilisieren“, VS Springer, Wiesbaden 2014

Sacks 2008 – Sacks, Oliver: „Der Einarmige Pianist – Über Musik und das Gehirn“, Rowohlt Verlag, Reinbek bei Hamburg, 5. Auflage 2008 – Originalausgabe 2007 unter dem Titel „Musicophilia. Tales of Music and the Brain“

Schaub 2002 – Schaub, Stefan: „Erlebnis Musik – eine kleine Musikgeschichte“, DTV/Bärenreiter, München 2002

Wersin 2011 – Wersin, Michael: „Bach hören – Eine Anleitung“, Reclam, Stuttgart 2011

Beiträge in Herausgeberwerken

Allmanritter 2009 – Allmanritter, Vera: „Migranten als Publikum in öffentlichen deutschen Kulturinstitutionen – Der aktuelle Status Quo aus Sicht der Angebotsseite“ – Eine Untersuchung des Zentrums für Audience Development ZAD (Hrsg.) am Institut für Kultur- und Medienmanagement der Freien Universität Berlin, Band 1, Berlin 2009

Ammon 2011 – Ammon, Frieder von: „Jean-Jacques Rousseau“, in: „Texte zur Musikästhetik“, Ammon, Frieder von; Böhm, Elisabeth (Hrsg.), Reclam, Stuttgart 2011

Barenboim 2004 – Barenboim, Daniel: Beiträge (im Wechsel mit Edward Said), in: „Parallelen und Paradoxien – über Musik und Gesellschaft“, Guzeliman, Ara (Hrsg.), List/Ullstein, Berlin 2004

Bauer 2012 – Bauer, Hans H. mit Heinrich, Daniel; Samak, Michael (Hrsg.): „Erlebniskommunikation – Erfolgsfaktoren für die Marketingpraxis“, Springer-Verlag, Berlin, Heidelberg 2012

Beckles Willson 2009 – Beckles Willson, Rachel: „Whose Utopia? Perspectives on the West-Eastern Divan Orchestra", in: „Music and Politics: vol. III", No. 2, Michigan Publishing, University of Michigan (Hrsg.) – Library, Ann Arbor 2009

Bode 2012 – Bode, Otto: „Theoretische Konzepte der Kommunikation", DISC der TU Kaiserslautern (Hrsg.), MKN0220, Kaiserslautern, 2012

Böhm 2011 – Böhm, Elisabeth: „Ernst Bloch", in: „Texte zur Musikästhetik", Ammon, Frieder von; Böhm, Elisabeth (Hrsg.), Reclam, Stuttgart 2011

Bruhn 2009 – Bruhn, Manfred: „Planung einer Integrierten Kommunikation", S. 427–453, in: Bruhn, Manfred; Esch, Franz-Rudolf; Langner, Tobias (Hrsg.): „Handbuch Kommunikation: Grundlagen – Innovative Ansätze – Praktische Umsetzungen", Gabler GWV Fachverlage, Wiesbaden 2009

Bruhn/Esch/Langner 2009 – Bruhn/Esch/Langner: „Herausforderungen und Ansätze eines systematischen Kommunikationsmanagements", S. 5–18, in: Bruhn, Manfred; Esch, Franz-Rudolf; Langner, Tobias (Hrsg.): „Handbuch Kommunikation: Grundlagen – Innovative Ansätze – Praktische Umsetzungen", Gabler GWV Fachverlage, Wiesbaden 2009

Bruhn/Stauss 2008 – Bruhn, Manfred; Stauss, Bernd: „Dienstleistungsmarken – Eine Einführung in den Sammelband", S.3–36, in: Bruhn, Manfred; Stauss, Bernd (Hrsg.): „Dienstleistungsmarken", Gabler GWV Fachverlage, Wiesbaden 2008

Burmann/Maloney 2008 – Burmann, Christoph; Maloney, Philip: „Innengerichtete, identitätsbasierte Führung von Dienstleistungsmarken", S. 191–212, in: Bruhn, Manfred; Stauss, Bernd (Hrsg.): „Dienstleistungsmarken", Gabler GWV, Wiesbaden 2008

Esch et al. 2014 – Esch, Franz-Rudolf; Tomczak, Torsten; Kernstock, Joachim; Langner, Tobias; Redler, Jörn (Hrsg.): „Corporate Brand Management – Marken als Anker strategischer Führung von Unternehmen", Springer Gabler Fachmedien, Wiesbaden, 3., vollständig überarbeitete und erweiterte Auflage 2014

Esch/Fischer 2008 – Esch, Franz-Rudolf; Fischer, Alexander: „Markenidentität als Basis für die Gestaltung der internen und externen Kommunikation", S. 379–396, in: Bruhn, Manfred; Esch, Franz-Rudolf; Langner, Tobias (Hrsg.): „Handbuch Kommunikation: Grundlagen – Innovative Ansätze – Praktische Umsetzungen", Gabler GWV Fachverlage, Wiesbaden 2009

Gartiser 2014 – Gartiser, Peter: Beitrag zu Kapitel 4.4.3 „Die allgemeine Entwicklung und Megatrends", S. 47–53, in: Rosu, Stefan: „Zukunftsstrategien für Orchester – Kompetenzen und Kräfte mobilisieren", Springer VS Springer Fachmedien, Wiesbaden 2014

Glogner-Pilz/Föhl 2011a – Glogner-Pilz, Patrick; Föhl, Patrick S.: „Das Kulturpublikum im Fokus der empirischen Forschung: Relevanz, Systematisierung, Perspektiven", S. 9–26, in: Glogner-Pilz, Patrick; Föhl, Patrick S. (Hrsg.): „Das Kulturpublikum – Fragestellungen und Befunde der empirischen Forschung", VS Verlag für Sozialwissenschaften Springer Fachmedien, Wiesbaden, 2., erweiterte Auflage 2011

Glogner-Pilz/Föhl 2011b – Glogner-Pilz, Patrick; Föhl, Patrick S.: „Spartenübergreifende Kulturpublikumsforschung: Ansätze und Ergebnisse", S. 27–53, in: Glogner-Pilz, Patrick; Föhl, Patrick S. (Hrsg.): „Das Kulturpublikum – Fragestellungen und Befunde der empirischen Forschung", VS Verlag für Sozialwissenschaften Springer Fachmedien, Wiesbaden, 2., erweiterte Auflage 2011

Heinze 2009 – Heinze, Thomas: „Kritische Theorie und Kulturmanagement", in: Heinze, Thomas (Hrsg.): „Innovation durch Kommunikation: Kommunikation als Innovationsfaktor für Organisationen", VS Springer Fachmedien, Wiesbaden 2009

Hoppe 2013a – Hoppe, Bernhard: „Einführung in das Kulturmanagement – Themen, Kooperationen, gesellschaftliche Bezüge", DISC der TU Kaiserslautern (Hrsg.), MKN0120, Kaiserslautern, 4. Auflage 2013

Hoppe 2013b – Hoppe, Bernhard: „Funktionen der Kultur in der Gesellschaft – Bildung – Soziales – Demokratie“, DISC der TU Kaiserslautern (Hrsg.), MKN0710, Kaiserslautern 2013

Kahrmann 2009 – Kahrmann, Klaus-Ove: „Balance: ästhetische Konstituenten kommunikativen Handelns“, in: Heinze, Thomas (Hrsg.): „Innovation durch Kommunikation: Kommunikation als Innovationsfaktor für Organisationen“, VS Springer Fachmedien, Wiesbaden 2009

Kahrmann 2013 – Kahrmann, Klaus-Ove: „Das Prinzip Werkstatt als Handlungsfeld. Wege zum selbst organisierenden Denken und Handeln“; in: Heinze, Thomas (Hrsg.): „Kunstkommunikation im Praxisbezug – Arbeitsfelder und Methoden“, DISC der TU Kaiserslautern (Hrsg.), MKN0320, Kaiserslautern 2013

Kaiser 2011 – Kaiser, Hans-Georg: „Das Freiburger Barockorchester als Beispiel für einen andersartigen Musikbetrieb“, S. 125–132, in: Klein, Armin (Hrsg.): „Taten. Drang. Kultur – Kulturmanagement in Deutschland 1990–2030“, VS Springer Fachmedien, Wiesbaden 2011

Kernstock et al. 2014 – Kernstock, Joachim; Esch, Franz-Rudolf; Tomczak, Torsten; Redler, Jörn; Langner, Tobias: „Bedeutung des Corporate Brand Management erkennen und Denkschulen verstehen“, S. 3–28, in: Esch, Franz-Rudolf; Tomczak, Torsten; Kernstock, Joachim; Langner, Tobias; Redler, Jörn (Hrsg.): „Corporate Brand Management – Marken als Anker strategischer Führung von Unternehmen“, Springer Gabler Fachmedien, Wies-baden, 3., vollständig überarbeitete und erweiterte Auflage 2014

Klein 2011b – Klein, Armin (Hrsg.): „Taten. Drang. Kultur – Kulturmanagement in Deutschland 1990–2030“, VS Springer Fachmedien, Wiesbaden 2011

Koelsch 2004 – Koelsch, Stefan: „Das Verstehen der Bedeutung von Musik“, in: Forschungsbericht 2004, Max-Planck-Institut für Kognitions- und Neurowissenschaften (Hrsg.), Leipzig 2004

Leifeld 2009 – Leifeld, Ulrich: „Perspektiven interkultureller Kommunikation“, S. 191 ff., in: Heinze, Thomas (Hrsg.): „Innovation durch Kommunikation: Kommunikation als Innovationsfaktor für Organisationen“, VS Springer, Wiesbaden 2009

Leifeld 2014 – Leifeld, Ulrich: „Grundlagen wissenschaftlichen Arbeitens“; TU Kaiserslautern (Hrsg.), Kaiserslautern 2014

Lohmann 1942 – Lohmann, Paul: „Das Lied im Unterricht“, darin: Nr. 25/S. 40, „An die Musik“ von Franz Schubert, Op. 88 Nr. 4, Vertonung des Gedichtes von Franz von Schober, Schott Verlag, Mainz 1942 (Erstauflage; aktuelle Auflage o.J.)

Lüddemann 2009 – Lüddemann, Stefan: „Ausbruch aus der Überraschungsroutine – Wann ist eine Kommunikation mit Kunst innovativ?“, in: Heinze, Thomas (Hrsg.): „Innovation durch Kommunikation: Kommunikation als Innovationsfaktor für Organisationen“, VS Springer, Wiesbaden 2009

Mandel 2011 – Mandel, Birgit: „Gesellschaftliche Diskussionen über und mit Kunst und Kultur initiieren und moderieren – Besondere Herausforderungen, Strategien und Zukunftsvisionen für Kultur-PR“, S. 267–274, in: Klein, Armin (Hrsg.): „Taten. Drang. Kultur – Kulturmanagement in Deutschland 1990–2030“, VS Springer Fachmedien, Wiesbaden 2011

Meffert/Dettmers 2008 – Meffert, Heribert; Dettmers, Sebastian: „Markenführung von Stiftungen“, S. 449–470, in: Bruhn, Manfred; Stauss, Bernd (Hrsg.): „Dienstleistungsmarken“, Gabler GWV Fachverlage, Wiesbaden 2008

Rhein 2011 – Rhein, Stefanie: „Musikpublikum und Musikpublikumsforschung“, S. 183–224, in: Glogner-Pilz, Patrick; Föhl, Patrick S. (Hrsg.): „Das Kulturpublikum – Fragestellungen und Befunde der empirischen Forschung“, VS Springer Fachmedien, Wiesbaden, 2., erweiterte Auflage 2011

Riiser 2009 – Riiser, Solveig: „Negotiating the Divan – A study of the West-Eastern Divan Orchestra“, Department of Musicology, University of Oslo (Hrsg.), Oslo 2009

Said, Edward 2004 – Said, Edward: Beiträge (im Wechsel mit Barenboim) in: Guzeliman, Ara (Hrsg.): „Parallelen und Paradoxien – über Musik und Gesellschaft“, List/Ullstein, Berlin 2004

Sträßner 2011 – Sträßner, Matthias: „Sekt. Mozart. Sekt. Fragen zur eventorientierten Musikvermittlung“, in: Tröndle, Martin (Hrsg.): „Das Konzert – Neue Aufführungs-konzepte für eine klassische Form“, Transcript, Bielefeld, 2., erw. Auflage 2011

Tröndle 2011 – Tröndle, Martin: „Worum es gehen soll“, in: Tröndle, Martin (Hrsg.): „Das Konzert – Neue Aufführungskonzepte für eine klassische Form“, Transcript, Bielefeld, 2., erweiterte Auflage 2011

Zeitschriften und Medien (teilweise online verfügbar)

Altenmüller 2002 – Altenmüller, Eckart: „Musik im Kopf“, in: „Gehirn und Geist“, Nr. 1-2002, S. 18–25

Altenmüller et al. 2007 – Altenmüller, Eckart; Grewe, Oliver; Nagel, Frederik; Kopiez, Reinhard: „Der Gänsehautfaktor“, in: „Gehirn und Geist“, Nr. 1-2007, S. 58–63, http://musicweb.hmt-hannover.de/kopiez/Gehirn&Geist01_2007-Chills.pdf; Zugriff am 05.06.2015

Beckles Willson 2007 – Beckles Willson, Rachel: „The West-Eastern Divan Orchestra“, in: British Academy Review, Issue 10, 2007, S. 15–17

Engel 2014 – Engel, Esteban: „Kann das Internet die Klassik retten“, in: Neue Musikzeitung vom 02.12.2014, http://www.nmz.de/kiz/nachrichten/kann-das-internet-die-klassik-retten-die-berliner-philharmoniker-setzen-massstaebe; Zugriff am 10.06.2015

Fein 2014 – Fein, Markus: „Essay – Die Musik im Fokus“, http://www.-concerti.de/de/2380/essay-markus-fein.html; Zugriff am 05.05.2015

Krause 2015 – Krause, Peter: „Musik ist eher horizontal – Dirigent Andris Nelsons gastiert mit den Sinfonikern aus Birmingham in der Musikhalle“, in: ‚Die Welt‘ vom 01.06.2015

Kulturpalast 2015 – 3sat-Sendung ‚Kulturpalast‘ mit dem Thema „Krise der Klassik“ vom 18.07.2015, 3sat Mediathek vom 18.07.2015, http://www.3sat.de/mediathek/?mode=play&obj=52908; Zugriff am 20.07.2015

Laudenbach 2014 – Laudenbach, Peter: „Berliner Philharmoniker – Alte Musik in neuen Kanälen“, in: brand eins, Ausgabe 01/2014 – Schwerpunkt Originalität, S. 60–65, http://www.brandeins.de/archiv/2014/originalitaet/alte-musik-in-neuen-kanaelen/; Zugriff am 19.06.2015

Lerch 2007 – Lerch, Wolfgang Günter: „Diener der Friedenskunst“ – Dokumentation der Verleihung des Hessischen Friedenspreises 2006 an Daniel Barenboim, in: HSFK-Standpunkte Nr. 2/2007, HSFK – Hessische Stiftung Friedens- und Konfliktforschung (Hrsg.), Frankfurt 2007

Mahrenholz 2011 – Mahrenholz, Simone: „Kritik des Musikverstehens“, in: Neue Zeitschrift für Musik 4/2011, Schott Music, Mainz 2011, S. 27 ff.

Scheytt/Sievers 2010 – Scheytt, Oliver; Sievers, Norbert: „Kommentar – Kultur für alle!“, in: Kulturpolitische Mitteilungen der kulturpolitischen Gesellschaft, Nr. 130 III/2010, S. 30–31

Schmidt/Weinland 2006 – Schmidt, Holger J.; Weinland, Lothar: „Der Erfolg beginnt im Unternehmen“, in: Absatzwirtschaft asw-Science Factory, 4/2006, S. 5–9

Uhde 2014 – Uhde, Folkert: „Essay – Die Zukunft des Konzertes – Form Follows Function“, http://www.concerti.de/de/2772/essay-folkert-uhde.html; Zugriff am 03.05.2015

Onlinequellen (0)

Allwardt 2012 – Allwardt, Ingrid: „Musikvermittlung“, MIZ und Deutscher Kulturrat (Hrsg.), http://www.miz.org; Zugriff am 19.06.2015

Barenboim 2006 – Barenboim, Daniel: „Reith Lectures 2006 – In the Beginning was Sound“, http://www.bbc.co.uk/radio4/features/the-reith-lectures/transcripts/2000/; Zugriff am 01.12.2014: Lecture 1 „In the Beginning was Sound“, Recorded at Cadogan Hall, London; Lecture 2 „The Neglected Sense“, Recorded at Symphony Center, Chicago; Lecture 3 „The Magic of Music“, Recorded at the Berlin State Opera; Lecture 4 „Meeting in Music“, Recorded in Jerusalem (arabian part instead of Ramallah where it was planned to be held); Lecture 5 „The Power of Music“, Recorded in Jerusalem (israel part)

Barenboim 2008b – Barenboim, Daniel: „Reflections on the West-Eastern Divan Tour“, http://www.danielbarenboim.com/journal/reflections-on-the-west-eastern-divan-tour-summer-2008.html; Zugriff am 20.12.2013

Barenboim 2014 – Barenboim, Daniel: „Im Interview mit Deutsche Welle“, http://www.dw.de/barenboim-die-welt-leidet-unter-f%C3%BChrungsmangel/a-18022200; Zugriff am 29.11.2014

Barenboim 2015 – Barenboim, Daniel: „2015 Edward Said London Lecture“: http://www.west-eastern-divan.org/news/daniel-barenboim-delivers-2015-edward-said-london-lecture/; Zugriff am 08.07.2015

BBC 2014 – BBC (ohne Verfasser): „Who Killed Classical Music?, http://boulezian.blogspot.co.uk/2014/01/the-bbc-asks-who-killed-classical-music.html?m=1; Zugriff am 20.05.2015

Bernstein 1982 – Bernstein, Leonard: „Response to violence“, http://www.leonardbernstein.com/response_to_violence.htm; Zugriff am 25.04.2015

Blech 2015 – Blech, Volker: „Daniel Barenboims großes Herz für Revolutionäre“, http://www.morgenpost.de/kultur/berlin-kultur/article137944518/Daniel-Barenboims-grosses-Herz-fuer-Revolutionaere.html; Zugriff am 01.03.2015

Bosio 2014 – Bosio, Laura: „Riflessione – Quello sguardo che fa condivisione“, http://www.avvenire.it/Cultura/Pagine/quello-sguardo-che-fa-condivisione.aspx; Zugriff am 20.07.2015

BPhil-Website 2015 – Website der Berliner Philharmoniker: www.berliner-philharmoniker.de sowie BPhil-Website/Education, 2015: Unterseite mit Informationen zu den Konzertvermittlungsprojekten: http://www.berliner-philharmoniker.de/education/); Zugriff am 01.05.2015

Brachmann 2015 – Brachmann, Jan: „Die Kunst ist frei, aber wie lange noch?“, Keynote zur Heidelberg Music Conference 2015 am 16.04.2015: http://www.heidelberger-fruehling.de/wp-content/uploads/2015/04/Keynote-Brachmann_hdmc-2015.pdf; Zugriff am 20.04.2015

Brandstätter 2012 – Brandstätter, Ursula: „Ästhetische Erfahrung“, http://www.kubi-online.de/artikel/aesthetische-erfahrung, dieser Text wurde erstmals im Handbuch Kulturelle Bildung (Hrsg.: Bockhorst; Reinwand; Zacharias, kopaed, München 2012) veröffentlicht.

Brendel 2011 – Brendel, Alfred im Gespräch mit Claus Spahn, in: ‚Die Zeit‘ vom 05.01.2011, „Man hat mich nicht vergessen“, http://www.zeit.de/2011/01/Brendel; Zugriff am 05.07.2015

Brendel 2012 – Brendel, Alfred: Auszüge aus dem Buch „A bis Z eines Pianisten“ auf der Website der ‚Neue Zürcher Zeitung‘ vom 18.07.2012, http://www.nzz.ch/aktuell/feuilleton/buehne_konzert/a-bis-z-eines-pianisten-1.173507, Zugriff am 05.07.2015

Büning 2015 – Büning, Eleonore im Interview mit Sir Simon Rattle: „Der Tanz auf dem Rasiermesser“, ‚FAZ‘, http://www.faz.net/aktuell/feuilleton/buehne-und-konzert/zwischen-berlin-und-london-dirigent-simon-rattle-13509635-p2.html; Zugriff am 13.05.2015

Caluwe 2014 – Caluwe, Peter de: „Le vrai massacre culturel“, 20 octobre 2014, http://www.lalibre.be/culture/politique/peter-de-caluwe-le-vrai-massacre-culturel-544906353570a5ad0edd2061#efc90; Zugriff am 24.10.2014

Castell 2015 – Castell, Annette zu im Interview mit Rinck, Janina: „Kontinuität des Wandels – Ein Klangportrait des MCO“, https://van.creatavist.com/janinarinck-mco; Zugriff am 08.04.2015

DgCH 2015 – Website der Digital Concert Hall der Berliner Philharmoniker: http://www.digital-concert-hall.com/; Zugriff am 01.05.2015

DIW 2015 – DIW-Pressemitteilung vom 13.05.2015 „Keine Kulturbanausen“, http://www.diw.de/sixcms/detail.php?id=diw_01.c.504663.de; Zugriff am 15.05.2015

Dorin 2014 – Dorin, Stéphane: „speaking for musical education and new showcases in classical music” – Meldung anlässlich der internationalen Messe ‚classicalnext‘ in Rotterdam, http://www.musik-heute.de/10401/classicalnext-sociologist-stephane-dorin-speaking-for-musical-education-and-new-showcases-in-classical-music/; Zugriff am 24.05.2015

DW 2014 – Deutsche Welle (ohne Verfasser): „Grundstein für Barenboim-Said-Akademie“, http://www.dw.de/grundstein-f%C3%BCr-barenboim-said-akademie/a-17615178; Zugriff am 22.10.2014

Eggert 2015 – Eggert, Moritz: „E- und U-Wir sollten uns mal ernsthaft unterhalten!“, http://www.van-magazin.de/e-und-u-wir-sollten-uns-mal-ernsthaft-unterhalten/; Zugriff am 29.05.2015

Finkernagel 2015 – Finkernagel, Daniel im WDR-3-Interview „Keine Entscheidung über Rattle-Nachfolge“, http://www.wdr3.de/musik/berlinerphilharmoniker108.html; Zugriff am 12.05.2015

Fischer 2012 – Karin Fischer im Gespräch mit Birgit Mandel: „Debatte um den ‚Kulturinfarkt‘“, Deutschlandfunk-Beitrag vom 20.03.2012, http://www.deutschlandfunk.de/debatte-um-den-kulturinfarkt.691.de.html?dram:article_id=56846Kultur; Zugriff am 20.4.2015

Fladt 2012 – Fladt, Hartmut: „Der Musikversteher“ im SWR2-Kulturgespräch mit Ulla Zierau vom 13.08.2012, http://www.swr.de/swr2/kultur-info/was-wir-fuehlen-wenn-wir-musik-horen/-/id=9597116/did=10179280/nid=9597116/-qfsenc/index.html; Zugriff am 19.06.2015

Gassmann 2014 – Gassmann, Michael: „Innovation ist ein scheues Reh“, Tagungsbericht von der Heidelberg Music Conference 2014, www.heidelberger-fruehling.de; Zugriff am 05.04.2015

GEMA 2015 – Website der GEMA (Gesellschaft für musikalische Aufführungs- und mechanische Vervielfältigungsrechte), www.gema.de/musiknutzer/musik-lizenzieren/konzert-der-ernsten-musik; Zugriff am 02.05.2015

Gilbert 2015 – Gilbert, Alan: „Orchestras in the 21st Century – a new paradigm“, edited version of Alan Gilbert’s Royal Philharmonic Society Lecture, delivered at Milton Court Concert Hall, London on 15 April, http://www.theguardian.com/-music/2015/apr/15/alan-gilbert-orchestras-in-the-21st-century-a-new-paradigm; Zugriff am 30.04.2015

Glaser 2015 – Glaser, Uli: „Mythos Kultur für Alle? Kulturelle Teilhabe als unerfülltes Programm – Von der Dringlichkeit des Themas ‚Kulturelle Teilhabe‘“, http://www.kubi-online.de/artikel/mythos-kultur-alle-kulturelle-teilhabe-unerfuelltes-programm-4; Zugriff am 08.04.2015

Grewe 2006 – Grewe, Oliver: „Musik und Emotion oder: die Leidenschaft der Selbstverantwortung“, D-A-CH-Tagung des Schweizerischen Musikpädagogischen Verbands (SMPV), Zürich, 27.09.2006, http://www.smpv.ch/my-UploadData%5Cfiles%5CD-A-C-H08%20O.%20Grewe-Referat.pdf; Zugriff am 04.06.2015

Hagedorn 2015 – Hagedorn, Volker: „Hört doch endlich auf zu jammern“, in: ‚Die Zeit‘ vom 12.01.2015, http://www.zeit.de/kultur/musik/2015-01/klassik-branche-publikum-zukunft; Zugriff am 15.05.2015

Hellmann o.J. – Hellmann, Kai-Uwe: „Kultur als Marke – Perspektiven und Probleme“, www.markeninstitut.de/fileadmin/user_upload/dokumente/Kultur.pdf; Zugriff am 03.06.2015

HMC 2014 – Programm der Heidelberg Music Conference 2014; www.heidelberger-fruehling.de/heidelberger-fruehling/music-conference; Zugriff am 15.4.2015

Höppner 2012 – Höppner, Christian: „Musik und Kulturelle Bildung“, http://www.kubi-online.de/artikel/musik-kulturelle-bildung; Zugriff am 03.06.2015. Der Text wurde erstmals im Handbuch „Kulturelle Bildung“ (Hrsg. Bockhorst; Reinwand; Zacharias, kopaed, München 2012) veröffentlicht.

Hoffmann 2015 – Hoffmann, Martin: „Musikmesse Classical:NEXT eröffnet“, http://www.musik-heute.de/10356/musikmesse-classicalnext-eroeffnet/; Zugriff am 21.5.2015

Jebsen Foundation 2015 – Foundation Kristian Gerhard Jebsen (Sponsor des 4-jährigen MCO-Beethoven-Zyklus) zu „The End of the Beethoven Journey“: http://www.stiftkgj.no/the-end-of-the-beethoven-journey/?lang=en; Zugriff am 06.08.2015

Kirschner 2015 – Stefan Kirschner im Gespräch mit Peter Brem (einer der ersten Geiger der Berliner Philharmoniker): „Berliner Luft bedeutet für die Philharmoniker Urlaub“, http://www.morgenpost.de/berlin/article205549533/Berliner-Luft- bedeutet-fuer-die-Philharmoniker-Urlaub.html; Zugriff am 10.08.2015

Koelsch/Schroeger 2008 – Koelsch, Stefan; Schroeger, E.: „Neurowissenschaftliche Grundlagen der Musikverarbeitung“, http://www.stefan-koelsch.de/papers/Koelsch-Schroeger-Musikpsychologie_20070221.pdf; Zugriff am 02.06.2015. Auch erschienen in: Bruhn, H.; Kopiez, R.; Lehmann, A. C. (Hrsg.): „Musik-Psychologie – Das neue Handbuch“, Rowohlt Verlag, Reinbek 2008

Körber-Stiftung 2014 – Pressemeldung der Körber-Stiftung, http://www.koerber-stiftung.de/presse/pressemeldungen/presse-details-stiftung/artikel/kaum-interesse-an-klassischer-musik.html; Zugriff am 04.05.2015

Lampson 2014 – Lampson, Elmar: „Essay – Ein Konzert ist ein Konzert ist ein Konzert“, http://www.concerti.de/de/2660/essay-elmar-lampson.html; Zugriff am 10.04.2015

Lemke-Matwey 2005 – Lemke-Matwey, Christine: „Barfuß aus der Unterwelt“, in: ‚Die Zeit’ 17/2005, http://www.zeit.de/2005/17/Feuervogel; Zugriff am 22.05.2015

Lieben-Seutter 2015 – Lieben-Seutter, Christoph im Interview: „Elbphilharmonie-Intendant: Jeder wird sich eine Karte leisten können“, http://www.musik-heute.de/9937/elbphilharmonie-intendant-jeder-wird-sich-eine-karte-leisten-koennen/; Zugriff am 12.05.2015

Ma 2014 – Ma, Yo-Yo: „Behind the Cello“, http://www.huffingtonpost.com/yoyo-ma/behind-the-cello_b_4603748.html; Zugriff am 10.12.2014

Maedler/Witt 2014 – Maedler, Jens; Witt, Kirsten: „Gelingensbedingungen kultureller Teilhabe“, Beitrag für die im Beltz-Verlag geplante Publikation „Balanceakt Kulturvermittlung“, http://www.kubi-online.de/artikel/gelingensbedingungen-kultureller-teilhabe; Zugriff am 10.06.2015

MCO-Website 2015 – Website des Mahler Chamber Orchestra, http://www.mahler-chamber.de mit diversen Unterseiten; Zugriff am 05.06.2015

MCO-Stiftung 2015 – Website der MCO-Foundation, www.mco-foundation.eu; Zugriff am 05.06.2015

Mertens 2012 – Mertens, Gerald: „Konzerthäuser und Orchester als Orte kultureller Bildung“, http://www.kubi-online.de/artikel/konzerthaeuser-orchester-orte-kultureller-bildung; Zugriff am 20.05.2015

Mertens 2014 – Mertens, Gerald: „Kulturorchester, Rundfunkensembles und Opernchöre“, MIZ, Stand: 01.06.2014, http://www.miz.org/static_de/themenportale/ein fuehrungstexte_pdf/. Der Text wurde erstmals im Handbuch „Kulturelle Bildung“ (Hrsg. Bockhorst; Reinwand; Zacharias, kopaed, München 2012) veröffentlicht; Zugriff am 05.05.2015

MIZ 2014 – Musikinformationszentrum: Hinweise auf spezifische Studien des Zentrums für Kulturforschung zu Kulturnutzung von Jugendlichen, Migranten, Senioren (Jugend-Kulturbarometer und Kulturbarometer 55+), http://miz.org/details_8074_31.html; Zugriff am 04.07.2015

Mörchen 2008 – Mörchen, Raoul: „Konzerthäuser in Deutschland“, MIZ 2008, http://www.miz:org/static_de/themenportale/einfuehrungstexte_pdf/; Zugriff am 05.05.2015

Musik-Heute 2015 – Musik-Heute (o.Verf.): „Richtfest für Barenboims Musikakademie Mitte Juni“, 20.05.2015, http://www.musik-heute.de/10345/richtfest-fuer-barenboims-musikakademie-mitte-juni/; Zugriff am 20.05.2015

Neuhoff 2008 – Neuhoff, Hans: „Konzertpublika. Sozialstruktur, Mentalitäten, Geschmacksprofile“, MIZ Deutsches Musikinformationszentrum und Deutscher Kulturrat (Hrsg.), http://www.miz.org/static_de/themenportale/einfuehrungstexte_pdf/03_KonzerteMusiktheater/neuhoff.pdf; Zugriff am 04.05.2015

Nézet-Séguin 2015 – Nézet-Séguin, Yannick im Interview mit Deutsche Welle: „Großzügigkeit ist der Schlüssel“, http://www.dw.de/n%C3%A9zet-s%C3%A9guin-gro%C3%9Fz%C3%BCgigkeit-ist-der-schl%C3%BCssel/a-18522927; Zugriff am 18.06.2015

Nooteboom 2015 – Nooteboom, Cees: „Mit Arvo Pärt in der Sixtinischen Kapelle“, NZZ vom 14.08.2015; Zugriff am 15.08.2015

NRW 2010 – Der Ministerpräsident des Landes Nordrhein-Westfalen: „Von Kult bis Kultur. Von Lebenswelt bis Lebensart. Ergebnisse der Repräsentativuntersuchung ‚Lebenswelten und Milieus der Menschen mit Migrationshintergrund in Deutschland und NRW‘“, Düsseldorf, April 2010, www.kultur.nrw.de; Zugriff am 20.04.2015

Pegasus 2015 – „Alte Oper Frankfurt baut Kinder-Programm PEGASUS aus“, , http://www.musik-heute.de/10812/alte-oper-frankfurt-baut-kinder-programm-pegasus-aus/; Zugriff am 09.07.2015

Plan M 2015 – Plan M der WDR-Musikvermittlung: http://www1.wdr.de/radio/orchester/planm/planm_index100.html Zugriff am 9.7.2015

Putorek 2008 – Putorek, Shane: „Leopold Stokowski, Biography“, http://pabook.libraries.psu.edu/palitmap/bios/Stokowski__Leopold.html; Zugriff am 20.07.2015

Rat für Kulturelle Bildung 2013 – Rat für Kulturelle Bildung e.V. (Hrsg.): „Alles immer gut – Mythen kultureller Bildung“, www.rat-kulturelle-bildung.de; Zugriff am 20.06.2015

Rat für Kulturelle Bildung 2014 – Rat für Kulturelle Bildung e.V. (Hrsg.): „Schön, dass ihr da seid – Kulturelle Bildung: Teilhabe und Zugänge“, www.rat-kulturelle-bildung.de; Zugriff am 20.06.2015

Rat für Kulturelle Bildung 2015 – Rat für Kulturelle Bildung e.V. (Hrsg.): „Jugend-Kunst-Erfahrung. Horizont 2015 – Studie: Kulturverständnis, Kulturelle Interessen und Aktivitäten von Schülerinnen und Schülern der 9. und 10. Klassen an allgemeinbildenden Schulen. Begegnungsmöglichkeiten und Erfahrungen mit den Künsten“ (eine Repräsentativbefragung des Instituts für Demoskopie Allensbach, initiiert vom Rat für Kulturelle Bildung), Juli 2015, https://www.stiftungmercator.de/media/downloads/3_Publikationen/Rat_fuer_Kulturelle_Bildung_Jugend_Kunst_Erfahrung_Horizont_2015.pdf; Zugriff am 16.07.2015

Rebstock 2009 – Rebstock, Matthias: „Erlebnis Musikhören“, www.netzwerkneuemusik.de, 23.06.2009. Der Text beruht auf einem Vortrag, gehalten 2008 im Rahmen der Tagung „Zukunftskonzert“ in der Bundesakademie Wolfenbüttel; Zugriff am 19.06.2015

Richter 2015a – Richter, Andreas, http://www.tagesspiegel.de/politik/deutsche-orchester-sind-unesco-weltkulturerbe-das-klingt-gut/v_print/11208472.html?p=; Zugriff am 20.04.2015

Said 2012 – Said, Mariam: „Interview von Gunther Neumann mit Mariam Said“ in ‚Wiener Zeitung‘ vom 28.09.2012, http://www.wienerzeitung.at/themen_channel/wz_reflexionen/zeitgenossen/490205_Mariam-Said.html; Zugriff am 22.12.2014

Schied 2014 – Schied, Emma: „Oboistin Emma Schied über ‚Feel the Music‘, ein Education-Projekt für gehörlose Kinder“, publiziert am 25.11.2014 von Lucerne Festival, https://blog.lucernefestival.ch/2014/11/25/oboistin-emma-schied-ueber-feel-the-music-ein-education-projekt-fuer-gehoerlose-kinder/; Zugriff am 01.07.2015

Schmid 2015 – Schmid, Rebecca: „A Berlin Institutions lively shift“, 27.05.2015, http://mobile.nytimes.com/2015/05/27/arts/international/a-berlin-institutions-lively-shift.html?referrer&_r=1; Zugriff am 28.05.2015

Schmidt 2013 – Schmidt, Holger J.: „Vorhang auf: Darum müssen Kulturanbieter die Kunst der Markenführung beherrschen“, Artikel vom 11.04.2013, http://www.brand-trust.de/de/insights/artikel/2013/Kulturbranding-Kulturanbieter-Kunst-Markenfuehrung.php; Zugriff am 18.05.2015

Schreiber 2014 – Schreiber, Wolfgang: „Vor 25 Jahren – ‚Ode an die Freiheit‘ – Bernstein dirigiert in Ost-Berlin“, http://www.deutschlandfunk.de/vor-25-jahren-ode-an-die-freiheit-bernstein-dirigiert-in.871.de.html?dram:article_id=306155; Zugriff am 07.07.2015

Siebenhaar 2008 – Siebenhaar, Klaus: „Audience Development oder die Kunst, neues Publikum zu gewinnen“, Begrüßung und Einführung zur Konferenzmesse 15.02.2008, Siebenhaar-2008-eroeffnungsvortrag__km150208.pdf; Zugriff am 20.05.2015

Spinola 2013 – Spinola, Julia: „Der Fluss des Ganzen - Claudio Abbado im Gespräch mit Julia Spinola“, in: ‚Die Zeit‘, http://www.zeit.de/2013/26/interview-claudio-abbado-80-geburtstag; Zugriff am 26.06.2013

Stampa 2012 – Stampa, Benedikt im Interview mit Deutschlandfunk-Redakteur Christoph Schmitz: „Der kulturelle Wind dreht sich – Die Ansprüche des Publikums und der Künstler haben sich geändert“, http://www.deutschlandfunk.de/der-kulturelle-wind-dreht-sich.691.de.html?dram:article_id=227418; Zugriff am 25.03.2015

Stenzl 2014 – Stenzl, Jürg: „Luigi Nonos Werk und die Schweiz“ vom 12.06.2014, http://www.nzz.ch/feuilleton/festspiele-zuerich/als-musiker-wie-als-mensch-zeugnis-ablegen-1.18319519; Zugriff am 07.05.2015

Tewinkel 2004 – Tewinkel, Christiane: „Rhythm is it“, http://www.film-zeit.de/Film/13343/RHYTHM-IS-IT/Kritik/; Zugriff am 22.05.2015

Theurich 2015 – Theurich, Werner: „Wahl bei den Berliner Philharmonikern: Wer folgt auf Simon Rattle?“, http://www.spiegel.de/kultur/musik/berliner-philharmoniker-wer-folgt-auf-simon-rattle-a-1033157.html; Zugriff am 09.05.2015

Tröndle 2009 – Tröndle, Martin: „Musik und Identität – Was Musikvermittler über ihr Publikum wissen sollten“, http://www.kulturmanagement.net/downloads/publikum-troendle.pdf; Zugriff am 22.04.2015

WEDO-Website 2014a – Website des West-Eastern Divan Orchestra: Porträt/Selbstdarstellung, www.west-eastern-divan.org/home; Zugriff am 20.12.2014

WEDO-Website 2014b – Website des West-Eastern Divan Orchestra: „Musician Spotlight“ – Interviews mit Musikern, http://www.west-eastern-divan.org/news; Zugriff am 22.12.2014

Willnauer 2012 – Willnauer, Franz: „Musikfestivals und Festspiele in Deutschland“, http://www.miz.org/fachbeitraege.html#konzerteundmusiktheater; Zugriff am 16.07.2015

Zalfen 2013 – Zalfen, Sarah: „Gefühlsbildungen des Musik-Erlebens“, Forschungsbericht 2013, Max-Planck-Institut für Bildungsforschung, http://www.mpg.de/6769466/-MPIB_JB_2013, Zugriff am 26.4.2015

Zirfas 2012 – Zirfas, Jörg: „Die Künste und die Sinne“, http://www.kubi-online.de/artikel/kuenste-sinne. Der Text wurde erstmals im Handbuch „Kulturelle Bildung“ (Hrsg. Bockhorst; Reinwand; Zacharias, kopaed, München 2012) veröffentlicht; Zugriff am 20.4.2015

Lexika

Gabler 2015 – Kommunikation/Gabler – Gabler Wirtschaftslexikon, Stichwort: ‚Kommunikation‘, Springer Gabler Verlag (Hrsg.), online im Internet: http://wirtschaftslexikon.gabler.de/Archiv/54937/kommunikation-v9.html; Zugriff am 05.06.2015

Metzler 2005 – Musik, Konzert/Metzler – Stichwörter ‚Musik‘, ‚Konzert‘ in Lexikon „Musik“, Metzler Kompakt, Stuttgart, Weimar 2005

Pons 2015 – Stichwörter ‚communicatio’ und ‚communicare’ in; Pons-Wörterbuch Lateinisch-Deutsch, online: http://de.pons.com/%C3%BCbersetzung?q=communicatio&l=dela&in=la&lf=la und http://de.pons.com/%C3%BCbersetzung/latein-deutsch/communicare; Zugriff am 05.06.2015

Experteninterviews (E)

Hartig 2015 – Hartig, Kai-Michael (KMH), Leiter Kultur Koerber-Stiftung Hamburg; Interview am 08.07.2015 (Telefon)

Langevoort 2015 – Langevoort, Louwrens (LL), Intendant der Kölner Philharmonie, Geschäftsführer der KölnMusik GmbH und Künstlerische Gesamtleitung des Festivals „Acht Brücken – Musik für Köln“; Interview am 03.07.2015 im Gebäude der Philharmonie Köln

Langmaack 2015 – Langmaack, Berenike (BL), Musikerin und Musikpädagogin (Cello, Gesang, Chor); Interview am 30.06.2015 in Köln

Lengersdorf 2015 – Lengersdorf, Jörg (JL), Musiker, Moderator WDR und SWR (Kultur- bzw. Klassikkanäle), Konzertmoderator, Musikvermittler; Interview am 29.07.2015 (Telefon)

Mertens 2015 – Mertens, Gerald (GM), Geschäftsführer der deutschen Orchestervereinigung DOV, Berlin; Interview am 07.07.2015 (Telefon)

Noltze 2015 – Noltze, Holger (HN), Prof. für Musikjournalismus, TU Dortmund, Journalist, Sprecher des Rats für Kulturelle Bildung; Interview am 23.06.2015 in Köln

Richter 2015b – Richter, Andreas (AR), Geschäftsführer Cultural Consulting, Berlin und Künstlerischer Direktor Esterházy Kulturbetriebe, Eisenstadt ; Interview am 06.07.2015 (Telefon)

Schmidt 2015 – Schmidt, Thorsten (TS), Intendant des Musikfestivals Heidelberger Frühling; Interview am 13.07.2015 (Telefon)

Printed in Poland
by Amazon Fulfillment
Poland Sp. z o.o., Wrocław

90476708R00116